LE

DÉSERT.

1re SÉRIE GRAND IN-8°.

LE CAPITAINE MAYNE-REID.

LE DÉSERT

TRADUCTION

DE RAOUL BOURDIER

SOIGNEUSEMENT REVUE

PAR E. DU CHATENET.

LIMOGES,
EUGÈNE ARDANT ET C. THIBAUT,
Imprimeurs-Libraires-Éditeurs.

LE DÉSERT.

I. — LE SAHARA AMÉRICAIN.

Il existe dans l'intérieur de l'Amérique septentrionale un vaste désert presque aussi étendu que le fameux Sahara de l'Afrique, car il compte environ seize cents milles de long sur une largeur de plus de neuf cents. Si ce désert affectait une forme régulière, celle d'un parallélogramme, par exemple, rien ne serait plus aisé que d'obtenir sa surface. Il n'y aurait alors, comme vous le savez, jeunes lecteurs, qu'à multiplier sa base par sa hauteur pour obtenir un résultat qui serait d'un million quatre cent quarante mille milles carrés. Mais les contours de cet immense territoire sont encore fort mal déterminés, et bien qu'on soit certain que sur plusieurs points il a en effet seize cents milles de long sur neuf à treize cents milles de large, il est cependant plus que probable que sa surface n'excède pas un million de milles carrés, étendue assez raisonnable encore, puisque ce n'est pas moins de vingt-cinq fois la grandeur de l'Angleterre. Qu'on se représente donc une étendue de terrain avec ces dimensions énormes, et on n'aura pas de peine à convenir que c'est avec raison qu'on lui a donné le nom de Grand Désert de l'Amérique.

Maintenant, mes jeunes amis, savez-vous ce que c'est qu'un désert ? Je parierais bien que non. Le mot désert ne présente-t-il pas toujours à votre esprit l'idée d'une vaste plaine couverte de sable, sans arbres et sans aucune espèce de végétation? Ne vous imaginez-vous pas aussi que l'atmosphère y est toujours remplie de nuages de sable, mis en mouvement par les vents, et qu'on n'y rencontre pas la moindre goutte d'eau? Telle est bien, n'est-ce pas, l'idée que vous vous étiez formée jusqu'à présent de ces vastes espaces que vous voyez figurer sur les cartes sous la dénomination de désert? Quoiqu'il y ait du vrai dans cette opinion, permettez-moi de vous dire cependant que vous errez sur plusieurs points. Sans doute, un désert se compose principalement de grandes plaines de sable. Néanmoins il y a aussi dans les déserts, quels qu'ils soient, certaines étendues de terrain qui affectent des caractères tout-à-fait différents.

Ainsi, bien que le Sahara d'Afrique n'ait point été entièrement exploré, on le connaît assez cependant pour être certain qu'il renferme dans ses limites des collines, des vallées, de grandes chaînes de montagnes, des lacs, des cours d'eau et même des rivières. On y rencontre aussi de loin en loin des espaces privilégiés, ornés d'arbres magnifiques et recouverts de plantes d'une végétation luxuriante. Quelques-unes de ces îles de verdure ne sont que de très petite dimension, d'autres au contraire ont une grande étendue. Les voyageurs nous apprennent qu'il existe sur certaines d'entre elles des tribus indépendantes, et même des peuplades considérables. Ces espaces fertiles se nomment oasis, et vous pouvez vous convaincre facilement, en jetant les yeux sur une carte d'Afrique, qu'il existe dans le désert plusieurs terrains de cette nature.

Pas plus que les solitudes de l'Afrique, le grand désert américain ne possède un caractère uniforme, sa physionomie géographique, si l'on peut ainsi s'exprimer, est même encore plus variée. Tantôt ce sont des plaines de plusieurs centaines de milles d'étendue, où l'œil fatigué n'aperçoit rien qu'une masse uniforme de sables blancs que le vent soulève de temps à autre, et qui s'accumulent et s'entassent, semblables à des amas de neige bouleversés par le vent d'hiver de nos contrées septentrionales; tantôt ce sont d'autres plaines où il n'y a ni sable ni végétation. On y marche sur un sol dur et sonore, crevassé de toutes parts par l'ardeur du soleil. Ailleurs s'étendent à perte de vue des champs couverts d'une herbe pâle, dont le feuillage cendré n'offre aux regards qu'une fatigante monotonie. En certains endroits cette herbe est si épaisse, et pousse ses jets avec tant de force, que c'est à peine si un homme à cheval peut se tirer du milieu de ses tiges entrelacées. Cette triste plante du Désert se nomme l'armoise, espèce de sauge sauvage, qui a fait donner par les chasseurs à la terre qui la produit, le nom de *prairie des sauges*. On poursuit sa route, la sauge disparaît, et se trouve remplacée par les couches pressées d'une lave noirâtre, produits vingt fois séculaires de quelques volcans, maintenant répandus sur la terre en fragments aussi multipliés que les pierres qui se trouvent sur une route nouvellement macadamisée.

Ce n'est pas tout, les déserts de l'Amérique ont encore bien d'autres particularités ; par exemple, le voyageur qui les parcourt voit tout d'un coup s'étendre devant ses pas un tapis aussi blanc que la neige : c'est du sel qui recouvre ainsi le sol d'une couche de six pouces d'épaisseur. Il y a des champs ornés de cette singulière moisson, qui n'ont pas moins de cinquante milles dans toutes les directions. Dans d'autres contrées, la même blancheur de terrain s'offre encore aux yeux étonnés ; seulement ce n'est plus le sel qui donne à la terre cette brillante apparence, c'est la soude. Pendant des journées entières, on marche sur des efflorescences de cette nature.

Le Grand Désert d'Amérique n'est point dépourvu de montagnes. Une moitié de ce vaste territoire est au contraire très montagneuse. C'est là qu'on trouve la grande chaîne des montagnes Rocheuses, dont vous avez sans doute entendu parler. Cette chaîne traverse le Désert du nord au sud, et le partage en deux parties égales. Les montagnes Rocheuses ne sont pas les seules qu'on rencontre dans le Désert, il en existe beaucoup d'autres, dont quelques-unes fort élevées offrent à l'œil les formes les plus bizarres et les aspects les plus pittoresques. On en voit qui se prolongent horizontalement sur une longueur de plusieurs milles, semblables à des toits de maisons, et terminées par des arêtes si étroites, qu'il paraît impossible qu'un homme puisse s'y tenir. D'autres, au contraire, affectent la forme conique, et s'élèvent brusquement du milieu des plaines, comme des pains de sucre qu'on aurait posés sur une table. Quelquefois ce sont des pitons amoncelés les uns à côté des autres, semblables à ces réunions de clochers qu'on admire sur les cathédrales gothiques, et notamment sur le dôme de l'église Saint-Paul de Londres. Toutes ces montagnes ne diffèrent pas moins entre elles par la couleur que par la forme ; il y en a de blanches et de noires, d'autres sont d'un vert sombre ou gros bleu. Ces dernières couleurs sont particulières à celles qui portent sur leurs flancs des forêts de pins ou de cèdres, les deux plus grands arbres du Désert. Parmi ces montagnes, plusieurs sont entièrement dépourvues d'arbres et de toute espèce de végétation; leurs flancs rudes et abrupts sont hérissés de noirs rochers, et surmontés de pitons aigus, qui doivent aux neiges éternelles dont ils sont couverts la blancheur éclatante qui les distingue. Ces pitons s'aperçoivent de tous côtés à de grandes distances; car ce sont des points très élevés, ainsi que l'indiquent suffisamment leurs neiges, qui ne fondent jamais.

La neige n'est cependant pas l'unique cause de la blancheur des montagnes, et l'on voit souvent se dresser des pics dont le sol paraît d'une blancheur éclatante, mais dont les flancs, armés d'une riche et puissante végétation, prouvent suffisamment que ce n'est point à la neige qu'ils doivent leur éblouissante splendeur. Ce sont en effet des montagnes de quartz blanc laiteux.

D'autres sommets ne portent ni arbres ni plantes; cependant on voit leurs flancs reluire des couleurs les plus vives et les plus variées : ils sont partout sillonnés par de longues et larges bandes de vert, de jaune et de blanc. Cette variété de teinte est due tout entière à la diversité des couches de roches dont ces masses sont composées. Mais parmi toutes ces montagnes à l'aspect étrange et fantastique, celles qui étonnent le plus le voyageur, et le forcent à s'arrêter avec admiration, sont les pitons brillants que recouvrent les écailles étincelantes du mica et de la sélénite. A une certaine distance, et lorsque les flancs de ces colosses sont frappés par les rayons du soleil, on se croirait transporté au pied de ces montagues fabuleuses d'or et d'argent, dont la tradition s'est conservée dans les contes arabes.

Nous l'avons dit, le Désert renferme aussi des rivières; mais quelles rivières étranges et singulières! Les unes roulent leurs ondes dans de larges lits, sur un sable jaune et brillant. Ces grands fleuves, qui ont plusieurs milles de largeur, et qui s'avancent avec majesté en faisant entendre un sonore mugissement, suivez-les... Que sont-ils devenus?... Au lieu d'aller en augmentant le volume de leurs eaux comme des fleuves ordinaires, ils se sont amoindris à chaque pas, et ont fini par s'infiltrer et disparaître dans les sables, ne laissant derrière eux, pendant plusieurs lieues, qu'un lit stérile et desséché. Continuez votre route, et plus loin le fleuve disparu va reparaître à vos yeux plus beau, plus grand, plus majestueux que jamais, et roulant vers l'Océan des masses d'eau dont les flots supportent d'immenses voiles et d'énormes pyroscaphes. Tels sont l'Arkansas et la Platte.

D'autres fleuves coulent entre deux rives rocheuses, resserrées, escarpées, s'élevant jusqu'à plus de mille pieds au-dessus des eaux. Coupées perpendiculairement, ces rives abruptes dominent le torrent qui écume à leur pied : ce sont autant de précipices à l'aspect effrayant et sinistre. Impossible de gravir ces ravins, plus impossible de les descendre, et souvent il est arrivé qu'un malheureux voyageur perdu dans le Désert est venu mourir de soif au sommet escarpé d'une de ces rives, tandis qu'il entendait mugir à ses pieds des masses d'eau torrentueuses dont une seule goutte eût suffi pour lui sauver la vie.

Tels sont le Colorado et le Snake.

Quelques fleuves aussi parcourent le Désert sans même s'y tracer un lit. Chaque année ils changent leur cours, et il n'est pas rare de les voir porter leurs eaux à des centaines de milles de la route qu'elles avaient d'abord suivie. Parfois ils se creusent une galerie souterraine, parfois aussi ils roulent sous des amas d'arbres qu'ils ont déracinés dans leur cours. Souvent encore, après avoir traversé de vastes terrains d'argile rouge, ils étendent leurs sinuosités au travers de grandes plaines, semblables aux anneaux sans fin d'un immense serpent couleur de sang.

Tels sont le Brazos et la rivière Rouge.

Les lacs du Désert ne sont pas moins curieux que ses fleuves.

Les uns dorment dans la profondeur des montagnes, si bien défendus par des remparts de rochers, que le pied de l'homme ne peut atteindre leurs abrupts rivages. L'oiseau du ciel lui-même n'a jamais effleuré de son aile légère la surface de leurs eaux stagnantes, tant il craint de s'aventurer au milieu de la nature volcanique et désolée qui les entoure.

D'autres s'étendent comme de vastes étangs au milieu de larges plaines stériles. Le voyageur admire ces mers intérieures, il passe ; quelques mois après il revient au même lieu, les eaux ont disparu, il n'y a plus qu'un sable stérile et brûlant.

Quelques-uns de ces lacs renferment des eaux fraîches comme la neige, limpides et pures comme le cristal ; d'autres eaux sont boueuses et tièdes, un plus petit nombre sont salées comme celles de l'Océan lui-même.

Le Désert compte encore plusieurs sources dont quelques-unes sont sulfureuses et alcalines, d'autres salées. Il y en a qui sont aussi chaudes que si on les eût fait bouillir dans une grande cuve. On ne peut y tremper la main sans se brûler horriblement.

On rencontre dans les montagnes de nombreuses cavernes et dans les plaines des crevasses si énormes qu'elles feraient croire parfois à l'imagination effrayée qu'elles sont le résultat des efforts d'un bras de géant qui a tenté de séparer deux mondes. Ces précipices singuliers s'appellent *barrancas*. Sans cause apparente connue, ils s'ouvrent béants et menaçants au milieu d'un plateau qu'ils divisent par des profondeurs qui parfois vont jusqu'à plus de mille pieds. La plupart du temps, au fond de ces abîmes roule une eau torrentielle descendue de quelque montagne escarpée. Les barrancas prennent alors le nom de *cagnon*.

Tels sont à peu près les caractères principaux de cette sauvage contrée qu'on appelle le *Grand Désert Américain*.

Tout désolée et stérile que soit cette terre, elle a pourtant ses habitants. Elle renferme des oasis dont quelques-unes, fort étendues, sont cultivées par des hommes civilisés. Une des plus importantes est celle du Nouveau-Mexique, sur laquelle s'élèvent plusieurs villes, et qui ne compte pas moins de cent mille habitants d'origine espagnole et indienne. Le pays qui entoure le grand lac salé et celui d'Utah forme aussi une oasis importante par son étendue, mais sur laquelle il n'existe jusqu'à présent qu'un établissement fondé en 1846 par des Américains et des Anglais : c'est la petite colonie des Mormons, qui, malgré son éloignement considérable de la mer, n'en paraît pas moins destinée à devenir la source d'une grande et puissante nation (1).

Indépendamment des deux grandes oasis que nous venons de nommer, le Désert en renferme des milliers d'autres qui ne diffèrent pas moins entre elles par leur forme que par leur étendue. Quelques-unes n'ont pas moins de cinquante milles carrés de superficie, tandis que d'autres renferment à peine quelques arpents de terre fertilisés par un humble ruisseau. Ces dernières sont pour la plupart entièrement inhabitées. Celles plus considérables sont au contraire généralement occupées par des tribus d'Indiens dont quelques-unes, riches et puissantes, possèdent de nombreux troupeaux de chevaux, de bœufs et de moutons. Mais la majeure partie de ces tribus qui peuplent les oasis du Désert se composent à peine de trois ou quatre familles qui vivent misérablement de racines, d'herbes, de graines, de reptiles et d'insectes.

En outre des populations stables que nous venons de signaler, on trouve encore d'autres hommes répandus sur ce vaste terri-

(1) Etrange établissement ! Si honteuse est la vie de ces sectaires, qu'on les a chassés de partout, et leur colonie, soit par suite de la répression des tribunaux américains, soit sous la pression du mépris des âmes restées honnêtes, est en ce moment presque éteinte. *(Note des Editeurs.)*

toire. Ce sont des individus de race blanche, *chasseurs* et *trappeurs*, qui passent leur vie à la poursuite du castor, du wison et des autres bêtes sauvages. L'existence de ces hommes singuliers est une lutte continuelle non-seulement contre les animaux objets de leurs poursuites, mais encore contre les féroces Indiens avec lesquels ils se trouvent souvent en contact. Ce sont ces hommes qui livrent au commerce les fourrures du castor, de la loutre, du rat musqué, de la martre, de l'hermine, du lynx, du renard et de plusieurs autres animaux dont la chasse constitue, comme nous l'avons dit, leur unique occupation et leur seul moyen d'existence. D'aventureux marchands ont élevé dans le Désert de petites forteresses qui servent de postes d'échange. C'est à ces établissements situés à de grandes distances les uns des autres que les chasseurs viennent à des époques périodiques apporter les fourrures qu'ils ont conquises au prix de leurs travaux, et recevoir en échange des vivres, des vêtements, des munitions, en un mot toutes les choses indispensables à leur périlleuse carrière.

Les chasseurs et les trappeurs ne constituent pas la seule population nomade de ces sauvages contrées. Le Désert est encore traversé par une autre classe d'hommes qui depuis un certain nombre d'années entretiennent un commerce important entre les Etats-Unis et l'oasis du Nouveau-Mexique. Ce commerce, qui emploie des capitaux considérables, occupe aussi un grand nombre d'hommes, Américains pour la plupart. Les marchandises sont transportées à travers le Désert dans de grands chariots d'une forme particulière désignés sous le nom de *wagons*. Les bœufs et les mulets sont les bêtes de trait employées au service de ces chariots. Un train de wagons forme ce qu'on appelle une caravane. Les Espagnols ont aussi leurs caravanes qui, traversant la partie occidentale du Désert, vont de Sonora en Californie, et de là au Nouveau-Mexique.

Ces caravanes sont, comme vous le voyez, un nouveau trait de ressemblance entre le Sahara africain et celui du nouveau monde.

Ces convois trouvent pendant des centaines de milles des pays où l'on ne rencontre que quelques bandes éparses d'Indiens *peaux-rouges*. Plusieurs parties de ces vastes contrées sont même si stériles que les Indiens eux-mêmes craignent de s'y aventurer.

Les caravanes suivent ordinairement une route sinon tracée, du moins connue et sur laquelle on est sûr de rencontrer suivant les saisons de l'eau et de l'herbe. Il existe plusieurs routes de ce genre désignées par les Américains sous le nom particulier de *trails* (piste ou sentier), elles vont toutes des frontières des Etats-Unis à celles du Nouveau-Mexique. Entre ces routes connues s'étendent de vastes espaces entièrement inexplorés et déserts, et dans lesquels il est supposable qu'il existe plusieurs oasis fertiles que le pied de l'homme n'a jamais foulées.

Ce n'est là, mes jeunes amis, qu'un aperçu bien rapide du Grand Désert Américain. Si vous voulez en voir davantage, cela dépend entièrement de vous, car il ne s'agit que de me suivre. J'ai à vous montrer des scènes aussi variées qu'intéressantes, je ne vous cacherai que celles dont l'aspect trop sauvage pourrait effrayer vos jeunes imaginations. Abandonnez-vous donc à moi avec confiance, ne craignez rien, je ne vous conduirai pas dans le danger.

Allons, je marche en avant, ayez le courage de me suivre!

II. — LE PIC BLANC.

Il y a quelques années, je faisais partie d'une caravane de marchands de la Prairie, qui, partie de Saint-Louis, sur le Mississipi, se rendait à Santa-Fé, dans le Nouveau-Mexique. Après avoir gagné cette ville par la route ordinaire, voyant que nous ne pouvions pas nous y défaire de toutes nos marchandises, nous résolûmes d'aller jusqu'à Chihuahua, grande cité qui se trouve plus avant dans le sud. Après quelque temps employé dans cette ville à la terminaison des affaires qui nous y avaient amenés, nous nous disposions à revenir aux Etats-Unis par la route que nous avions déjà suivie, quand quelqu'un d'entre nous fit la proposition d'essayer d'une nouvelle voie à travers la Prairie. La chose était d'autant plus faisable que nous n'étions plus encombrés de bagages; aussi acceptâmes-nous avec joie, et nous décidâmes de revenir par la ville d'El-Paso, le fleuve du Del Norte, et de longer pendant un certain temps la frontière des Arkansas.

Arrivés à El-Paso, nous nous défîmes de nos wagons, que nous échangeâmes contre quelques mules de charge, qui furent confiées à la direction d'un certain nombre d'*arrieros* ou muletiers que nous louâmes à cet effet. Nous nous pourvûmes aussi de chevaux de selle du pays, montures légères autant qu'infatigables, et vraiment inappréciables pour voyager dans le Désert. Nous n'oubliâmes pas non plus de faire acquisition des vêtements et des provisions de toute espèce, qui pouvaient nous être nécessaires pour un trajet aussi long par une route tout-à-fait inconnue. Ces préparatifs terminés, nous dîmes adieu à El-Paso, et nous nous mîmes en marche dans la direction de l'est. Notre caravane se composait de douze marchands, auxquels s'étaient joints un certain nombre de chasseurs qui se trouvaient heureux de traverser le Désert dans notre compagnie. Nous avions encore parmi nous un ingénieur qui dirigeait une mine de cuivre dans le voisinage d'El-Paso. Les quatre Mexicains chargés de la conduite de nos mules en leur qualité d'arrieros complétaient notre petite troupe. Chacun de nous était armé de pied en cap et monté sur le meilleur cheval qu'il avait pu se procurer.

Nous avions d'abord à traverser une partie des montagnes Rocheuses, qui s'étendent par toute la contrée dans la direction nord et sud. La chaîne qui se trouve à l'est d'El-Paso est connue sous le nom de la *sierra de Organos* ou montagnes des Orgues, et est ainsi désignée à cause de la ressemblance que les roches basaltiques dont elle abonde présentent par leur disposition avec un buffet d'orgues.

Vous n'ignorez pas, sans doute, quelles singulières dispositions et quelles formes fantastiques affectent parfois les montagnes de roches basaltiques ; mais la montagne des Orgues dépasse de beaucoup ce que vous connaissez et même ce que vous avez entendu dire à cet égard. Sur l'un des sommets de cette montagne se trouve un vaste lac qui a ses mouvements de flux et de reflux tout aussi bien que l'Océan, phénomène unique, qui a mis jusqu'ici en défaut la science des plus fameux géologues. C'est sur le bord de ce lac que semblent s'être donné rendez-vous tous les animaux sauvages qui peuplent au loin ces solitudes. Le daim et l'élan s'y rencontrent surtout en grand nombre, et y prospèrent d'autant mieux qu'il est rare que leur paix soit troublée par les chasseurs mexicains, qu'une crainte superstitieuse retient presque toujours loin de ces lieux élevés. La tradition a depuis longtemps établi qu'il existait des esprits dans ces montagnes, et les Espagnols ne sont pas gens à les troubler dans leur retraite.

Nous n'éprouvâmes pas de grandes difficultés à traverser ces montagnes, et au bout de quelques jours nous débouchions dans les vastes plaines qui s'étendent du côté opposé à celui par lequel nous y étions entrés. Nous longeâmes quelque temps le pied de deux chaînes escarpées connues sous le nom de sierras Sacramento et de Guadalupe jusqu'à ce que nous arrivâmes sur les bords d'une petite rivière. Nous suivîmes son cours, et nous atteignîmes bientôt son confluent avec un grand fleuve que nous n'eûmes pas de peine à reconnaître pour le Pecos, qu'on désigne aussi parfois sous le nom de Puerco.

Vous remarquerez en passant que tous les noms que nous venons de citer sont espagnols; c'est qu'en effet les pays dont nous parlons, bien que complètemeut inhabités et tout-à-fait inexplorés pour la plupart, n'en sont pas moins censés faire partie du territoire des Hispano-Mexicains, et ce sont eux qui ont donné des noms aux objets et aux lieux dont l'existence leur avait été révélée par les récits de quelques chasseurs.

Nous traversâmes le Pecos et descendîmes pendant quelques jours sur sa rive gauche, avec l'espoir de rencontrer un nouvel affluent qui nous conduirait dans l'est. Mais notre espoir fut déçu; et nous nous vîmes plus d'une fois contraints de nous éloigner des rives du Pecos à une distance de plusieurs milles, car ce fleuve a creusé son lit dans des rochers inaccessibles qui ne permettent pas toujours de cheminer sur ses bords.

Nous avions été de la sorte entraînés beaucoup plus au nord que nous n'aurions voulu. Force nous fut enfin de songer à couper directement dans l'est et à nous enfoncer dans la plaine aride qui se déroulait à perte de vue devant nous. Ce n'était pas une entreprise sans périls que d'abandonner le fleuve pour nous lancer à l'aventure au milieu d'un désert dans lequel nous pouvions ne pas rencontrer une seule goutte d'eau. La prudence exige en pareil cas qu'on ne s'éloigne jamais beaucoup d'une rivière ou d'un fleuve; mais nos recherches pour découvrir un affluent oriental du Pecos avaient été inutiles, et nous étions impatients d'entrer enfin dans la véritable voie qui devait nous conduire à notre but. Aussi, après avoir rempli au fleuve nos outres et nos gourdes et avoir fait absorber à nos bêtes toute la quantité d'eau qu'elles purent boire, nous tournâmes la tête de notre caravane dans la direction du soleil levant.

Après plusieurs heures de marche, nous nous trouvâmes au milieu d'un immense désert où la vue ne rencontrait ni montagnes, ni collines, ni arbres, ni quoi que ce fût en un mot qui pût arrêter le regard; seulement, d'espace en espace, quelques touffes de sauge ou quelques buissons épineux de cactus, mais tout cela racorni, desséché et d'une couleur cendrée. La verdure avait entièrement disparu, on ne voyait pas un seul brin d'herbe. Non-seulement on ne rencontrait pas une goutte d'eau, mais encore à l'aridité qui nous entourait nous pouvions croire que jamais la pluie n'était tombée dans ces lieux de désolation. Le sol était aussi sec que de la poudre à canon, et les pieds de nos chevaux et de nos mules soulevaient à chaque pas des nuages de poussière qui obscurcissaient l'air et gênaient la respiration. A ces inconvénients se joignait encore une excessive chaleur, qui rendit bientôt plus insupportable et la fatigue à laquelle nous succombions et l'horrible soif à laquelle nous commencions à être en proie, car nous eûmes bientôt épuisé toute notre provision d'eau. Longtemps avant la chute du jour nous avions vidé nos outres jusqu'à la dernière goutte, et chacun de nous râlait en criant à la soif. Nos pauvres chevaux et nos mules partageaient nos souffrances; leur position, si cela est possible, était même plus déplorable encore, car nous, au moins, nous avions de quoi manger, et rien dans le Désert n'offrait à ces malheureuses bêtes de quoi relever leurs forces épuisées.

Un moment nous songeâmes à retourner sur nos pas, mais nous réfléchîmes bientôt qu'il nous faudrait probablement plus de temps pour retourner au fleuve que nous avions quitté que pour trouver un nouveau cours d'eau, et nous continuâmes de pousser en avant. Nous approchions de la chute du jour, quand nos yeux furent subitement frappés d'un admirable spectacle qui nous fit tous tressaillir sous le coup d'un inexprimable sentiment de joie. Vous allez croire que nous venions de découvrir de l'eau? Point. Ce que nous entrevoyions était un grand objet de couleur blanche qui se dessinait dans le ciel à une distance éloignée, une forme triangulaire qui semblait suspendue dans l'air comme un immense cerf-volant. Au premier coup d'œil, nous reconnûmes cet objet : nous avions devant nous la tête blanche du piton des neiges.

Vous allez vous étonner, sans doute, du sentiment de joie que nous éprouvâmes à cette vue, car dans votre opinion ce ne doit pas être un aspect bien réjouissant que celui d'un sommet inaccessible et couvert de neige. Si vous connaissiez mieux le Désert, cet étonnement n'aurait pas lieu. En effet, la seule apparence de cette montagne suffit pour nous faire comprendre que nous avions devant nous un de ces pics couverts de neiges éternelles qu'on désigne dans le Mexique sous le nom de *nevada*, et d'où découlent presqu'en tout temps, mais surtout pendant la saison chaude, des cours d'eau provenant de la fonte des neiges. Notre joie vous est maintenant expliquée, elle provenait de la certitude où nous étions que nous approchions enfin du but de nos désirs : de l'eau. Une distance assez grande nous séparait encore de la montagne, mais l'espoir nous avait rendu nos forces, nos bêtes elles-mêmes, excitées par l'instinct plus encore peut-être que nous ne l'étions par le raisonnement, semblèrent aussi s'animer d'un nouveau courage ; nous continuâmes notre route d'un pas plus rapide et d'un esprit plus content que jamais.

Le triangle blanc devenait à chaque pas plus distinct. Au coucher du soleil nous pouvions déjà distinguer les couches de roches brunes qui forment sa base, tandis que son sommet neigeux, frappé par les rayons de l'astre à son déclin, semblait un dôme d'or dont les reflets brillants nous éblouissaient les yeux.

Le soleil disparut, la lune le remplaça dans le ciel. Sa pâle et tremblante lueur éclaira nos pas que continuait à guider, comme un phare lumineux, le blanc sommet de la montagne. Nous marchâmes ainsi toute la nuit sans nous reposer un seul instant, car le repos c'eût été la mort.

La longueur de cette nuit fut terrible. Lorsque l'aurore commença à paraître nous nous traînions à peine. Jugez, nous avions fait au moins cent milles depuis que nous avions quitté les bords du Pecos. Cependant, nous n'étions point encore au but et la montagne se dressait à une grande distance en avant de nous. Le soleil parut à l'horizon, sa lumière nous permit de distinguer la base de la montagne et nous découvrîmes sur son versant méridional une ravine profonde qui prenait naissance à son sommet, et venait se perdre dans la plaine. Le versant occidental, celui-là même qui nous faisait face ne nous offrait rien de semblable ; et nous fûmes tout naturellement amenés à conjecturer que le seul endroit où nous avions chance de trouver de l'eau, était cette profonde ravine du sud qui devait indubitablement servir d'écoulement aux neiges.

Nous nous dirigeâmes donc en conséquence vers le point où il nous semblait que cette ravine devait déboucher dans la plaine. Nos conjectures ne nous avaient point trompés. Au fur et à mesure que nous nous approchions en contournant le pied de la montagne, nous voyions se dessiner davantage une bande de verdure dont l'émeraude tranchait admirablement sur la teinte grisâtre et monotone de l'aride Désert. C'était comme des herbes et des taillis que surmontaient çà et là les têtes élevées de quelques grands arbres. La nature du feuillage nous indiquait assez celle des arbres, nous avions reconnu des saules et des cotonniers végétaux qui ne croissent jamais que sur un sol humide. Les doutes étaient fixés, la joie était dans tous les cœurs, les hommes poussaient des hourras de satisfaction, les chevaux hennissaient, les mules les imitaient, et tous, gens et bêtes, emportés par une nouvelle ardeur, couraient au bord d'un ruisseau limpide où chacun put bientôt étancher à longs traits, dans une eau aussi pure que le cristal, la soif ardente qui le dévorait.

III. — L'OASIS.

Après une marche aussi longue et aussi fatigante nous avions grand besoin de repos, aussi fîmes-nous nos préparatifs pour passer la nuit sur les bords du cours d'eau et y demeurer même un ou deux jours si les circonstances l'exigeaient. Les saules qui formaient de chaque côté du ruisseau une lisière d'au moins cinquante pas de profondeur, nous offraient la place la plus favorable qu'on pût désirer pour un campement, d'autant mieux que sous l'ombrage de ces arbres s'étendait un vert tapis formé d'une herbe nommée par les Mexicains *gramma*, qui offre pour les animaux une excellente nourriture. Les buffles et les autres bêtes sauvages n'en sont pas moins friands que les chevaux et les bœufs. Nos chevaux et nos mules ne furent pas longtemps à nous prouver que le mets était de leur goût, car à peine ils avaient fini de se désaltérer qu'ils se jetèrent au milieu des herbes et se mirent à les brouter avec une activité et un plaisir que trahissait la joie de leurs yeux, non moins que le bruit de leurs mâchoires. Nous nous hâtâmes de débarrasser ces pauvres bêtes de leurs fardeaux et de leurs selles, et après les avoir attachées avec de longues cordes à des pieux fichés en terre, nous les laissâmes paître à leur aise une nourriture dont elles avaient si grand besoin.

Le moment était arrivé de songer à notre souper : nous y pensâmes non sans quelqu'inquiétude. Jusqu'alors nous n'avions point encore souffert de la faim, ayant toujours eu à notre disposition quelques morceaux de viande séchée ; mais pendant notre traversée du désert nous avions à peu près dévoré jusqu'à notre dernière bande de *tasajo* (c'est le nom qu'on donne à cette espèce de nourriture) : d'ailleurs c'était un triste régal que nous aurions été bien aises de pouvoir échanger contre de la viande fraîche, n'ayant encore mangé depuis notre départ d'El-Paso qu'une pauvre antilope fort maigre que nous étions parvenus à abattre d'un coup de fusil. Pendant que quelques-uns d'entre nous s'occupaient à attacher les mules et que les autres ramassaient le bois nécessaire à la cuisson d'un maigre souper qui ne devait se composer que de café et de quelques bandes de tasajo, un de nos compagnons, garçon infatigable, qui se nommait Lincoln, s'était mis à remonter la ravine; nous ne tardâmes pas à entendre un coup de fusil se répéter plusieurs fois dans les échos de la montage, et nous vîmes en même temps s'éparpiller de tous côtés un troupeau de bighornes, espèce de chèvres ou moutons sauvages particulier aux montagnes Rocheuses. Ils franchissaient les précipices et bondissaient de rochers en rochers avec la rapidité d'oiseaux effrayés. Derrière eux marchait, d'un pas plus mesuré, le chasseur Lincoln ployant sous le poids d'un lourd fardeau qu'à ses grandes cornes qui se dressaient en l'air, nous reconnûmes bientôt pour le corps d'un compagnon des animaux effrayés dont nous avions un moment avant entrevu la fuite rapide. L'animal tué se trouvait être un mâle; les couteaux des chasseurs furent tirés aussitôt et en moins d'un clin d'œil l'animal fut dépouillé et dépecé convenablement par ces habiles maîtres-queux du Désert. Pendant ce temps on avait abattu des arbres et préparé un ardent brasier sur lequel nous eûmes bientôt le plaisir de voir rôtir en crépitant d'appétissantes tranches de venaison. A l'odeur succulente qui s'échappait de ce rôti se mêlaient les effluves aromatiques du café qui chantait dans la bouilloire. Le souper fut trouvé délicieux, mais nous n'avions pas le loisir de rester longtemps à table, le sommeil dont nous étions privés depuis plusieurs jours nous réclamait à son tour, et quand nous eûmes apaisé en toute hâte les murmures de nos estomacs, nous nous roulâmes dans nos couvertures de voyage et nous ne tardâmes pas à oublier le souvenir des fatigues passées et la crainte de celles qui nous restaient à affronter.

Le soleil, en se levant, nous trouva frais et dispos. Nous déjeunâmes des restes du souper de la veille, puis nous tînmes conseil sur ce qui nous restait à faire. Si nous suivions le cours d'eau, nous étions emmenés dans le sud; si nous nous éloignions de l'eau nous courions risque de retrouver les mêmes dangers auxquels nous avions failli succomber. Le cas était embarrassant. Pendant que nous étions à délibérer, une brusque exclamation qui fut poussée à côté de nous attira notre attention et nous fit détourner la tête: elle était de Lincoln. Le chasseur, placé à quelque distance, se tenait debout et du geste nous montrait le sud. Chacun regarda dans cette direction, et à sa grande surprise aperçut une colonne de fumée dont les spirales bleuâtres montaient du milieu de la plaine et se perdaient dans le vague du ciel.

— Ce sont des Indiens, s'écria l'un de nous.

— J'ai remarqué dans la Prairie, dit Lincoln, une sorte d'enfoncement qui m'a paru fort singulier; je n'ai point eu le temps de bien examiner la chose, car je n'ai découvert cela qu'à la tombée de la nuit, au moment où j'étais à la poursuite des bighornes; mais ce qu'il y a de sûr, c'est que la fumée paraît provenir de là, et comme dit le proverbe, il n'y a pas de fumée sans feu; donc il y a quelqu'un près de ce feu; sont-ce des blancs, sont-ce des Indiens, voilà la question.

— Ce ne peuvent être que des Indiens, répondit-on, car on ne trouverait pas un seul homme blanc à plus de cent milles à la ronde. Pour sûr ce sont des Indiens.

On se consulta un instant sur ce qu'il y avait de mieux à faire. Par précaution on crut prudent de couvrir le feu et de cacher les mules et les chevaux derrière les broussailles, puis on proposa d'envoyer quelques personnes faire une reconnaissance sur les bords du ruisseau, tandis que d'autres tâcheraient de gravir la montagne et d'atteindre un point duquel on pût découvrir et dominer la place d'où sortait cette étrange fumée. Ce plan, qui était le seul raisonnable, fut adopté à l'unanimité et une demi-douzaine d'entre nous procédèrent immédiatement à l'ascension de la montagne.

Tout en gravissant, nous nous retournions de temps à autre pour jeter un regard sur la plaine. Nous arrivâmes de la sorte jusqu'à un point fort élevé d'où nous dominions du regard toute la ravine ou barranca au fond de laquelle coulait le cours d'eau dont nous avons déjà parlé plusieurs fois. Mais à la distance où nous étions, les détails nous échappaient, et nous ne voyions rien qu'une plaine sans borne, aride et désolée. D'un seul côté, à l'orient, s'étendait une ceinture de verdure d'où s'élevaient, d'espace en espace, quelques arbres isolés entre lesquels on distinguait une ligne noirâtre qui paraissait être une crevasse. Evidemment c'était le lit que le cours d'eau devait suivre à sa sortie de la barranca; mais de l'objet qui nous occupait, nous ne vîmes absolument rien, et persuadés qu'une plus longue ascension ne nous réussirait pas mieux, nous nous mîmes en devoir de redescendre vers le lieu de notre campement.

Quand nous eûmes rejoint nos compagnons et que nous leur eûmes fait part de l'inutilité de nos recherches, on décida qu'il fallait choisir quelques hommes pour descendre le cours d'eau et pousser avec précaution une reconnaissance vers cette vallée mystérieuse qui nous intriguait et nous inquiétait à la fois. Nous partîmes sans bruit, et nous nous avançâmes à travers les arbres en nous tenant le plus près possible du bord de l'eau. Après avoir fait de la sorte environ un mille et demi, nous nous aperçûmes que nous approchions de l'extrémité de la barranca, et nous distinguâmes un bruit sourd semblable à celui d'une chute d'eau. Nous conjecturâmes que ce devait être une cataracte formée par la petite rivière, au moment où elle s'engouffrait dans l'étrange ravine qui commençait à se dessiner d'une manière plus nette à nos yeux. Nos suppositions ne tardèrent pas à se vérifier, et quelques pas plus loin nous atteignîmes la crête escarpée d'un précipice effrayant au fond duquel le ruisseau se précipitait avec violence d'une hauteur de plusieurs centaines de pieds.

C'était un spectacle magnifique que cette onde écumante qui tombait en s'arrondissant comme une immense queue de cheval et allait se perdre en poussière humide dans le vide d'un gouffre dont l'œil effrayé n'osait sonder la sombre profondeur. Le soleil, en frappant sur les innombrables globules de ce cristal mobile, les teignait de mille feux éblouissants qui reflétaient dans leurs gerbes brillantes toutes les couleurs du prisme. Oui, je vous le répète, jeunes lecteurs, c'était un magnifique spectacle sur lequel pourtant nous ne pûmes longtemps arrêter nos regards, car d'autres objets attiraient notre attention et faisaient naître notre étonnement. Au-dessous de nous, à une profondeur effrayante, s'étendait une vallée délicieuse pleine de verdure et de soleil. On eût dit, à la voir, une vaste coupe d'agate dont des rochers coupés à pic formaient les bords inaccessibles. Dans sa forme ovale elle avait au moins dix mille de long sur une largeur de près de moitié. Nous nous trouvions placés à son extrémité supérieure, et nous l'embrassions par conséquent dans toute son étendue. Sur les flancs abrupts du précipice, plusieurs arbres avaient poussé dans une direction horizontale; il en existait même quelques-uns dont les racines étaient en haut et le feuillage en bas. Ces arbres étaient pour la plupart des cèdres et des pins. Du milieu des nombreuses fissures des rochers s'élançaient quelques tiges ardues de cactus mêlées à celles du mezcal ou maguey sauvage dont les feuilles écarlates contrastaient admirablement avec le vert sombre des pins et des cèdres. Quelques-unes de ces plantes, suspendues au-dessus du précipice, donnaient, par la bizarrerie de leurs lignes, un caractère étrange et fantastique au paysage qui nous environnait. En un mot, toute cette muraille circulaire de rochers avait à la fois quelque chose de sombre et de pittoresquement sauvage.

Bien différent était le spectacle qui s'offrait à nous lorsque nous jetions nos regards en bas. Là, tout était calme et sourire. La végétation était si riche, les arbres étaient si beaux et leur feuillage si épais, qu'à la distance où nous étions placés, leur têtes feuilleus nous offraient l'aspect d'un riche tapis sur lequel l'automne avait pris soin de dessiner, avec ses brillantes couleurs, les figures les plus variées et les plus fantastiques.

Plus bas encore que ce riant tableau, se dessinait un large ruban de moire : c'était de l'eau ; un lac du plus pur cristal, aussi transparent qu'un miroir, et qui, reflétant en ce moment même les rayons du soleil à son zénith, nous renvoyait du fond de l'abîme des éclairs brillants qui nous éblouissaient. Les arbres nous dérobaient une partie du lac et nous empêchaient d'en saisir la forme et les contours ; nous en vîmes assez cependant pour demeurer convaincus que la fumée, objet principal de notre excursion, s'élevait d'un point situé sur le côté occidental du lac.

Nous rejoignîmes nos compagnons et nous décidâmes tous d'un commun accord de suivre la rive de la barranca, jusqu'à ce que nous eussions trouvé un point d'où nous pussions facilement descendre dans l'intérieur. Il était évident que cette issue devait exister ; car sans cela comment ceux qui avaient allumé le feu auraient-ils eux-mêmes pénétré dans la vallée ?

Nous laissâmes aux Mexicains la garde du camp et des mules, et, montés sur nos chevaux, nous nous mîmes en route tous de compagnie. Nous nous dirigeâmes du côté de l'est, le dos tourné à la plaine, de telle sorte que, quelque chose qu'il arrivât, il nous était possible de voir sans nous exposer nous-mêmes à être découverts. Lorsque nous nous trouvâmes en face du lieu d'où s'élevait la fumée, nous nous arrêtâmes et deux d'entre nous mettant pied à terre s'avancèrent jusque sur le bord de l'abîme. Nous avions eu soin, par surcroît de précaution, de nous abriter derrière quelques buissons. Nous nous avançâmes si près, qu'en nous tenant aux branches des arbres, nous pûmes enfin découvrir ce qui se trouvait directement au-dessous de nos pieds. Ce que nous vîmes était étrange, du moins par rapport au lieu où la scène se passait, car certes nous étions loin de nous y attendre.

Comme nous l'avons déjà dit, au fond de la vallée se trouvait un grand lac et sur le côté de ce lac qui nous était opposé, à cent pas environ de ses bords, s'élevait une jolie maison de bois derrière laquelle se dressaient d'autres constructions plus petites. Tout autour de ces bâtiments s'étendait un parc fermé par une barrière et dans lequel on voyait un grand nombre d'animaux domestiques. Plus loin s'étendaient des champs spacieux, les uns couverts d'une riche culture, les autres pleins d'herbes verdoyantes que paissaient de nombreux troupeaux. En un mot, nous avions sous les yeux une ferme avec ses champs, ses bois, ses jardins, et tout son appareil champêtre. Nous étions trop loin pour reconnaître la nature des troupeaux qui peuplaient et le parc et les prés. Tout ce que nous pouvions distinguer, c'est qu'il y en avait de différentes espèces, de rouges, de noirs et de tachetés. Plusieurs figures d'hommes et d'enfants circulaient de côté et d'autre et animaient encore le paysage. Nous comptâmes jusqu'à quatre personnes occupées dans l'enclôture, plus une femme arrêtée devant la porte de la maison. La distance nous empêchait de distinguer si c'étaient des Indiens ou des hommes de race blanche; mais il ne nous vint même pas à l'esprit de penser que ce fussent des Indiens; les constructions que nous apercevions ne pouvaient être en effet l'œuvre de ces sauvages. Quoi qu'il en fût, cette vue nous remplit d'étonnement; nous nous attendions si peu à trouver au milieu du désert ce frais et charmant tableau!

Nos regards découvraient plus loin que le lac, sur le bord duquel nous distinguions plusieurs grands animaux enfoncés dans l'eau jusqu'aux genoux. Il y avait aussi de distance en distance différents objets dont nous ne nous rendions pas parfaitement compte. Mais quoique notre curiosité fût excitée, nous ne demeurâmes pas longtemps à contempler ce spectacle, et nous nous hâtâmes de retourner vers nos compagnons, qui nous attendaient avec anxiété.

Notre rapport eut pour effet d'exciter l'enthousiasme général. Il fut décidé qu'on continuerait à marcher jusqu'à ce qu'on eût découvert la route qui conduisait à cette singulière oasis. Une légère dépression de terrain qu'il nous semblait remarquer dans la plaine, du côté de l'extrémité inférieure de la vallée, nous fit supposer que nous pourrions trouver par là l'issue que nous cherchions. Ce fut en conséquence de ce côté que nous dirigeâmes nos pas. Après une course de quelques milles nous arrivâmes à la place où le cours d'eau sortait de la vallée en se dirigeant vers l'orient. Ce devait être indubitablement la route dont nous avions besoin ; aussi nous nous mîmes à suivre le cours de l'eau par une sorte de sentier large à peine comme une voie de wagon, et suspendu au bord d'un précipice au fond duquel on ne pouvait regarder sans avoir des éblouissements.

IV. — SINGULIÈRE COLONIE.

Cette route nous eut bientôt conduits au fond de la vallée. Le ruisseau continuait à y couler, et nous persévérâmes à suivre son cours, certains d'arriver de la sorte au grand lac près duquel nous avions aperçu la maison.

La beauté et la variété des arbres qui composaient le principal ornement de cette partie boisée nous surprirent encore moins que le nombre infini d'oiseaux qui s'envolaient par troupes à notre approche en poussant des cris de toute sorte. Nous ne tardâmes pas à arriver dans un endroit découvert, d'où nous pouvions facilement apercevoir et le lac et la maison. On s'arrêta de nouveau, et il fut décidé qu'on pousserait une dernière reconnaissance avant de s'engager plus loin. Deux cavaliers dont je faisais partie mirent pied à terre et furent se poster à l'abri d'un buisson, dans un endroit d'où l'on pouvait tout voir sans craindre d'être soi-même découvert. La place était aussi favorable que possible, car nous avions en face de nous les objets principaux de notre exploration.

Comme nous l'avions reconnu dès l'abord, la maison était bâtie en bois et semblable en tous points à celles que nous avions eu occasion de rencontrer plus d'une fois dans les Etats de l'Amérique de l'Ouest. Elle paraissait bien construite, touchait par une de ses extrémités à un jardin cultivé, et était entourée de tous les autres côtés par des champs et des prairies. Plusieurs de ces champs étaient en plein rapport : dans l'un nous remarquâmes du maïs et dans l'autre du froment. Mais ce qui nous étonna plus que tout cela fut l'espèce d'animaux que nous aperçûmes dans les parcs. Au premier abord, nous avions cru y voir les bêtes domestiques qu'on est habitué de rencontrer dans les fermes de France, d'Angleterre et d'Amérique, c'est-à-dire des chevaux, des bœufs, des moutons, des chèvres, des cochons et des volailles ; mais qu'on juge de notre surprise lorsque, en examinant les choses de plus près, nous pûmes nous convaincre qu'il n'y avait pas là un seul animal domestique qui fût de notre connaissance, à l'exception pourtant des chevaux; encore ceux-ci ne ressemblaient-ils pas exactement à l'espèce ordinaire, étant d'une taille plus petite et d'une robe mouchetée comme celle des chiens de chasse. C'étaient, à n'en pas douter, des mustangs, espèce de chevaux sauvages particuliers au Désert.

En examinant les animaux que nous avions pris pour des bœufs noirs, nous reconnûmes que c'étaient des buffles, mais des buffles bien différents de ceux que nous avions rencontrés dans la Prairie; car ils se laissaient parquer et ne paraissaient animés d'aucune colère contre les figures humaines qui circulaient au milieu d'eux. Chose plus étonnante encore, nous vîmes même deux de ces animaux qu'on venait d'atteler à une charrue, et qui traçaient paisiblement leur sillon avec une gravité tranquille digne de nos bœufs les plus civilisés.

Nos regards furent bientôt attirés sur d'autres animaux non moins extraordinaires que les buffles; ils étaient plus petits de taille, mais plus fortement encornés, et nous voyions leur image reflétée par le lac, dans les eaux duquel ils se tenaient enfoncés jusqu'aux genoux. Nous les reconnûmes bientôt pour avoir vu leurs pareils dans les solitudes de la Prairie. Ils étaient de l'espèce du quadrupède connu sous le nom de grand élan d'Amérique. Tout autour d'eux paissaient de nombreux troupeaux de daims et d'antilopes, et plusieurs autres espèces d'animaux qui ressemblaient assez par les formes de leur corps et par la nature de leurs cornes recourbées à des chèvres et à des moutons; quelques-uns ressemblaient aussi à des cochons sans queue, d'autres avaient l'apparence de renards et de chiens. Plusieurs espèces de volatiles se remarquaient devant la porte de la maison, mais aucun d'eux ne ressemblait à ceux qui peuplent d'ordinaire nos pigeonniers et nos basses-cours. Pour donner une idée en un mot de la colonie singulière que nous avions sous les yeux, elle avait bien moins l'apparence d'une ferme que du jardin des Plantes de Paris ou de la ménagerie d'un nouveau Carter. Nous avions également deux hommes en vue : l'un, de couleur blanche et de teint coloré, était d'une haute stature : l'autre, court et ramassé, appartenait à la race nègre; ce dernier était occupé à la charrue. Deux autres individus de l'espèce humaine, que la petitesse de leurs proportions faisait reconnaître pour des adolescents, se trouvaient à quelques pas des deux hommes. Devant la porte de la maison une femme était assise et paraissait occupée de quelque travail; près d'elle se tenaient deux petites filles, les siennes apparemment.

Ce qui nous parut plus extraordinaire encore que tout cela fut ce que nous aperçûmes devant la maison et non loin de la porte près de laquelle était placée la femme en question. Ce que nous voyions là était en effet de nature à nous effrayer. Deux gros ours noirs prenaient leurs ébats en toute liberté, tandis qu'à côté d'eux circulaient plusieurs animaux que nous avions pris d'abord pour des chiens, mais qu'à leur poil rude, à leur queue touffue et à leurs oreilles droites nous reconnûmes bientôt pour des loups. C'étaient en effet des loups de l'espèce de ceux que nous avions souvent rencontrés dans les pays indiens, et qu'on pourrait appeler à bon droit chiens-loups ou loups-chiens, tant ils participent à la fois des caractères particuliers à ces deux races d'animaux. Il n'y en avait pas moins d'une douzaine à la ferme. Ce n'était pas tout cependant, et ces lieux comptaient encore des hôtes beaucoup plus effrayants. Non loin de la femme et presque à ses pieds étaient couchées deux énormes bêtes d'un brun rouge. Leurs têtes rondes, leurs oreilles pointues comme celles des chats, leurs gros museaux noirs, leurs cous blancs et leurs poitrails d'un rouge pâle nous les firent reconnaître au premier coup d'œil.

— Des panthères! s'écria mon compagnon en me regardant d'un air stupéfait.

Effectivement, ces animaux étaient des panthères; du moins c'est le nom que leur donnent les chasseurs, bien que ce soit celui de kougars qui leur appartienne légitimement. C'est le *felis concolor* des naturalistes, le lion de l'Amérique.

Les deux petites filles s'ébattaient à côté de ces bêtes féroces, sans paraître le moins du monde s'inquiéter de leur présence. Les panthères, de leur côté, ne semblaient point faire attention aux enfants. Cette scène nous transportait à des siècles en arrière, au milieu des délices du paradis terrestre, alors que les bêtes féroces vivaient en paix avec les animaux les plus timides, et que, selon l'expression de l'Ecriture, le lion dormait à côté de l'agneau.

Nous ne nous arrêtâmes pas plus longtemps à contempler ce tableau. Nous en avions assez vu, et nous retournâmes vers nos compagnons. En moins de cinq minutes nous étions tous dans la clairière, nous dirigeant du côté de la maison. Notre apparition produisit la sensation la plus vive; les hommes parurent s'entretenir ensemble, les chevaux hennirent, les chiens hurlèrent et aboyèrent avec force; il n'y eut pas jusqu'aux volatiles qui ne rent leur partie dans ce brouhaha général. Evidemment on nous prenait pour une troupe d'Indiens, mais notre présence et nos paroles eurent bien vite dissipé cette erreur. Après quelques courtes explications, l'homme blanc, qui paraissait le chef de la petite colonie, nous engagea à mettre pied à terre et nous offrit l'hospitalité avec la politesse la plus affectueuse. En même temps il donna des ordres pour qu'on nous préparât à dîner. Nos chevaux ne furent point négligés, et notre hôte, en homme prévoyant, les enferma dans une enclôture et leur porta du grain dans une grande vannette en bois. Il était aidé dans ces soins par le nègre, qui était son domestique, et par les deux jeunes gens, qui paraissaient être ses enfants.

Notre étonnement, loin de cesser, croissait au contraire à chaque pas, tant ce que nous voyions autour de nous était étrange et inexplicable. Les animaux dont nous étions entourés, et que nous n'avions jamais rencontrés jusqu'alors que dans l'état sauvage, paraissaient aussi doux et aussi dociles que les bestiaux d'une ferme ordinaire. Les végétaux qui croissaient de tous côtés nous surprenaient également. C'étaient des vignes sauvages attachées en espaliers, des moissons de blé qui couvraient les champs, des fleurs, des fruits et des légumes qui remplissaient le jardin, et dont nous n'avions encore aucune idée.

Nous en eûmes ainsi pour une heure à marcher de surprise en surprise ; au bout de ce temps on nous appela pour dîner.

— Veuillez me suivre, Messieurs, nous dit notre hôte en nous précédant dans la direction de la maison.

Nous entrâmes derrière lui et nous nous plaçâmes, sur son invitation, autour d'une table sur laquelle fumaient des plats de l'aspect le plus attrayant. Quelques-uns étaient pour nous de vieilles connaissances, d'autres au contraire étaient complètement nouveaux. Il y avait des tranches de venaison, des langues de buffle, des bosses de bison, des rôtis de volaille et une excellente omelette faite avec des œufs d'une sorte de vautour qu'on nomme turkey. Le pain et le beurre y abondaient, le lait et le fromage s'y trouvaient également ; en un mot, il y avait devant nous un festin assez délicat pour réveiller un estomac blasé, et assez copieux pour satisfaire à des appétits de la nature de ceux que nous apportions à table, car il commençait à se faire tard et nous n'avions pas mangé depuis le repas du matin. Une grande chaudière bouillait devant le feu ; son contenu nous intriguait. Que devait-il sortir de ses flancs ? Du thé ou du café ? Ni l'un ni l'autre probablement. Nous ne fûmes pas longtemps dans l'incertitude : des tasses furent placées devant nous et on les emplit avec le liquide contenu dans la chaudière, qui se trouva être une boisson aussi saine qu'agréable au goût : c'était du thé de sassafras, édulcoré avec du sucre d'érable. Chacun mêla à ce breuvage la quantité de crème qu'il crut convenable. Au surplus, ce genre de thé n'était inconnu à aucun de nous, nous en avions déjà goûté à maintes reprises, et nous l'aimions presque autant que celui de Chine.

Tout en mangeant, nous ne pouvions nous empêcher d'examiner les différentes pièces du mobilier qui se trouvait dans l'appartement. Toutes étaient simples, souvent même grossières, et évidemment fabriquées sur place par une main inexpérimentée. La vaisselle était de différentes sortes. Un grand nombre de coupes et de plats étaient formés tout bonnement de quelques morceaux de calebasse, les cuillers, grandes et petites, avaient été taillées dans la même matière. Il y avait aussi des plats et des assiettes de bois ; mais la plus grande partie des ustensiles de ménage était d'une sorte d'argile rouge, pétrie en différentes formes et destinées à divers usages. La poterie qui allait au feu, ainsi que des jarres et des cruches de diverses dimensions avaient été fabriquées avec cette terre.

Les siéges, grossièrement construits, n'en étaient pas moins merveilleusement propres à l'usage auquel ils étaient destinés. La plupart étaient recouverts de peaux non tannées, et portaient un dossier qui les rendait aussi commodes qu'agréables. Quelques-uns de ces siéges, plus légers que les autres et destinés au service des chambres intérieures, étaient tout simplement foncés en feuilles de palmier tressées.

Les murs de l'appartement étaient peu ornés, si l'on en excepte pourtant diverses curiosités appendues çà et là, et qui étaient évidemment des produits originaires de la vallée même. Là figuraient quelques oiseaux empaillés remarquables par l'éclat de leur plumage, des cornes d'animaux singulièrement contournées, et deux ou trois écailles de tortues terrestres habilement polies et entretenues avec soin. On ne voyait nulle part ni miroir ni tableau, point de bibliothèque, un livre seulement : ce volume, de dimension moyenne, se trouvait placé sur une table faite exprès, et on avait pris soin de le préserver de tout dommage en l'enveloppant dans une peau de jeune antilope. Sitôt que j'eus aperçu ce livre, je me sentis pris du désir de l'ouvrir ; je cédai à la tentation, et je lus le titre inscrit sur la première page : c'était une Bible. Cette circonstance ne fit qu'augmenter l'intérêt que m'avaient inspiré dès l'abord mon hôte et sa famille, et je m'assis avec confiance à son foyer, heureux de devoir l'hospitalité du Désert à un chrétien comme moi.

Notre hôte et sa famille assistaient à notre repas. C'étaient ceux que nous avions déjà vus, la petite colonie ne comptait pas d'autres habitants. L'entretien que nous eûmes avec les enfants accrut encore notre étonnement, car nous apprîmes d'eux que nous étions les seuls hommes blancs qu'ils eussent vus depuis à peu près dix ans. Ces enfants étaient tous magnifiques, robustes, pleins de vie et de santé. Comme nous l'avons déjà dit, il y avait deux garçons : Franck et Henri ; et deux petites filles : Marie et Loïsa. L'une de ces dernières était une brune au teint pâle, dont le visage avait le caractère espagnol ; l'autre, au contraire, aussi blanche et colorée que sa sœur était pâle et brune, avait de longs cheveux blonds et de grands yeux bleus ornés de longs cils châtains. Ce qui ne laissa pas de me paraître étrange, elles étaient de même taille et semblaient avoir le même âge. Les deux jeunes garçons, plus âgés que leurs sœurs, étaient également de même taille l'un que l'autre, et paraissaient avoir environ dix-sept ans ; il était impossible de discerner quel était l'aîné des deux. Henri, avec ses cheveux longs et bouclés, et ses joues colorées, ressemblait beaucoup à son père : tandis que l'autre, avec sa chevelure noire et sont teint pâle, était le portrait vivant de sa mère, dont il avait à la fois les traits et la complexion. La femme ne paraissait pas avoir plus de trente-cinq ans ; elle était belle encore, et la bonté de son cœur se lisait sur sa physionomie franche et ouverte.

Notre hôte montrait quarante ans à peu près ; c'était un homme de haute taille, blanc de peau, de teint coloré, et dont les cheveux, déjà grisonnants, avaient dû être autrefois blonds et bouclés. Il ne portait ni barbe ni favoris, et son menton attestait, au contraire, le soin qu'il prenait de se raser chaque jour. La rusticité de ses vêtements n'excluait pas chez lui une certaine recherche de toilette. Tout en lui annonçait l'homme bien élevé. Sa conversation et ses manières confirmaient encore la bonne opinion qu'on était porté à prendre de lui au premier aspect.

Les vêtements de cette famille avaient aussi un cachet tout particulier. Le père portait une sorte de blouse de chasse et de grandes guêtres en peau de daim, semblables à peu près à celles de nos chasseurs ; les enfants étaient habillés de la même manière. On apercevait seulement chez eux l'habit de toile qu'ils portaient sous leur vêtement de cuir. La mère et ses filles étaient vêtues partie d'une sorte de toile de ménage et partie de peaux de faon préparées avec tant d'habileté, qu'elles avaient toute la souplesse d'un gant. Un grand nombre de chapeaux se trouvaient dans la maison, ils étaient fabriqués avec des feuilles de palmier.

Pendant que nous étions encore à table, le nègre se montra à la porte et parut nous regarder avec une curiosité extrême. C'était un homme gros et trapu, noir comme le jais, dont la physionomie accusait une quarantaine d'années. Sa tête, couverte de cheveux courts et bouclés, avait l'apparence d'une grosse balle de laine. Ses dents étaient larges et blanches, et il les montrait jusqu'à la dernière lorsqu'il souriait, ce qui, pour lui rendre justice, lui arrivait presque toujours. Ses grands yeux noirs avaient une expression singulière de douceur et de gaieté; ils n'étaient jamais au repos, et roulaient continuellement du nez à la tempe et de la tempe au nez.

— Cudjo, éloignez ces bêtes.

C'était la femme ou plutôt la dame qui parlait ainsi, car nous croyions devoir lui donner ce titre, que lui méritaient ses manières et son éducation. Cet ordre, donné avec bienveillance, fut exécuté avec rapidité. Cudjo sortit et au bout de quelque temps parvint à emmener dans une autre direction les chiens-loups et les panthères, dont certains d'entre nous ne voyaient pas le voisinage avec plaisir.

Tout était si étrange dans cette demeure, que nous suivions les moindres détails avec un intérêt toujours croissant. Aussi, notre repas terminé, exprimâmes-nous à notre hôte le désir d'avoir enfin l'explication de toutes les singularités qui nous avaient frappés.

— Attendez jusqu'à la nuit, nous dit-il, et ce soir je vous raconterai mon histoire autour d'un bon feu de branchages. Quant à présent, vous avez encore besoin de repos et de rafraîchissement. Allez donc au lac et prenez un bain. La chaleur est aujourd'hui très forte, et après un voyage aussi pénible que le vôtre un bain ne peut être que très favorable.

En parlant ainsi il sortit de la maison et se dirigea vers le lac. Nous le suivîmes tous. Quelques minutes après nous goûtions le plaisir du bain.

Différentes occupations remplirent pour nous le reste de la journée. Quelques-uns retournèrent au camp pour avertir les Mexicains à la garde desquels nous avions laissé les mules et les bagages, tandis que les autres se mirent à explorer la vallée et toutes les choses curieuses qu'elle renfermait.

Nous attendîmes la nuit avec impatience, car elle devait nous apporter l'explication de tant de choses singulières qui avaient au plus haut point excité notre curiosité.

Elle vint enfin, et, après un souper qui fut digne du dîner, nous nous assîmes autour d'un bon feu et nous nous disposâmes à entendre l'histoire de Robert Rolfe. Ainsi s'appelait notre hôte.

V. — COMMENCEMENT DE L'HISTOIRE DE ROLFE.

— Mes frères, dit-il, j'appartiens à votre race, bien que je ne sois pas Américain, je suis Anglais ; je vins au monde dans le sud de la Grande-Bretagne, il y a un peu plus de quarante ans ; mon père était un tenancier, ou, comme il aimait à s'appeler quelquefois lui-même, un gentilhomme fermier. L'ambition qui perd les rois perdit aussi notre famille ; mon père avait décidé dans son esprit que je serais mieux qu'un gentilhomme fermier, et me destinait à être un gentilhomme dans toute la plénitude de l'expression. En conséquence, on me donna une éducation et on me laissa prendre des goûts et des habitudes qui devaient tôt ou tard entraîner la ruine d'un homme d'une fortune aussi médiocre que la mienne. La conduite de mon père fut en cette circonstance sans doute peu d'accord avec les principes de la sagesse ; mais il me siérait mal d'insister sur une faiblesse qui prit sa source dans la tendressse trop grande que le brave homme me porta toujours. Au surplus ce fut, je crois, la seule faute que mon père eût jamais à se reprocher, et heureux sont ceux qui pour excuser leur conduite ont des motifs aussi plausibles.

On m'envoya de bonne heure dans des écoles où je me trouvai en contact avec les rejetons de la plus haute aristocratie. J'appris là, entre autres choses, à danser, à monter à cheval et à jouer. Je dépensai des sommes considérables en champagne et en bordeaux ; puis arriva la fin de mes études, et on songea à me faire voyager pour compléter mon éducation. Je visitai la France, l'Allemagne et l'Italie, après quoi je retournai en Angleterre assez à temps pour assister aux derniers moments de l'auteur de mes jours.

J'étais le seul héritier de sa fortune, assez considérable pour un homme de sa classe. Son avoir, comme je vous l'ai dit, consistait surtout en terres; je ne tardai pas à en vendre une partie, car j'avais besoin d'argent comptant pour continuer mes études fashionables dans la société de quelques-uns de mes anciens camarades que j'avais retrouvés à Londres. Je fus d'autant mieux accueilli par eux, que j'arrivais avec une bourse bien garnie; car la plupart étaient soit des avocats sans clients, soit des médecins sans malades, soit encore des officiers sans fortune, qui n'avaient que leur modeste traitement pour suffire à leurs besoins et à leurs folies. On jouait beaucoup dans la société que je fréquentais, chose fort naturelle à des gens qui avaient tout à gagner et rien à perdre. Pour moi ce fut différent, et au bout de deux ans tout au plus je me trouvai avoir dévoré la majeure partie de mon patrimoine. Mes affaires étaient fort embrouillées, et j'allais peut-être salir mon nom par une banqueroute, quand je fus heureusement sauvé, oui, sauvé, Messieurs, par *elle*.

En parlant de la sorte notre hôte désignait sa femme, assise près de lui devant le feu. Celle-ci rougit et baissa modestement les yeux, tandis que ses enfants, qui n'avaient pas perdu une des paroles de leur père, la regardaient avec attendrissement.

— Oui, reprit le narrateur, ce fut Marie qui me sauva. Nous nous étions connus dès l'âge le plus tendre, nous nous retrouvâmes à cette époque et nous nous éprîmes l'un pour l'autre d'une mutuelle affection. Notre amour était pur, et nous ne tardâmes pas à nous marier.

Heureusement que la vie dissipée que j'avais menée n'avait pas, comme cela n'arrive que trop souvent, étouffé dans mon cœur tous les principes de vertu. Les douces et touchantes leçons de morale que j'avais jadis reçues de mon excellente mère n'étaient point encore entièrement effacées de mon souvenir, un instant suffit pour les raviver.

Je pris en me mariant la détermination de changer complètement de genre de vie; mais il n'est pas si facile qu'on se l'imagine de modifier ainsi son existence. Une fois qu'on s'est livré à des amis comme l'étaient les miens, et qu'on est en proie aux dettes et aux créanciers, il faut beaucoup de courage pour se débarrasser des uns et des autres. Il semble que vos compagnons aient intérêt à vous faire persévérer dans la mauvaise voie, et ce n'est jamais sans lutte qu'ils vous laissent retourner au bien. Mais je vous l'ai dit, ma résolution était fermement arrêtée, et, grâce aux conseils et aux encouragements de ma chère Marie, je parvins à mettre mes projets de réforme à complète exécution.

Pour satisfaire mes créanciers, je fus forcé de vendre le reste de la propriété qui provenait de mon père; toutes mes dettes payées, il ne me restait plus que cinq cents livres sterling.

Ma femme m'avait apporté en dot environ deux mille cinq cents livres sterling; nous nous trouvions donc propriétaires en tout de trois mille livres sterling. (75,000 fr.) Une pareille somme était insuffisante pour continuer à tenir en Angleterre le rang que j'avais jusqu'alors occupé; j'essayai plusieurs spéculations, mais au bout de quelques années, je m'aperçus que ma petite fortune, au lieu de s'être accrue, allait au contraire diminuant chaque jour. J'avais pris une ferme en dernier lieu, l'essai ne fut pas heureux, au bout de deux ans je ne possédais plus que deux mille livres. J'avais entendu dire plusieurs fois qu'une pareille somme était plus que suffisante pour faire fortune en Amérique, je résolus donc d'en tenter la chance dans ces pays lointains, et je m'embarquai pour New-York avec ma femme et mes enfants.

Je ne tardai point à rencontrer dans cette grande cité l'homme dont j'avais le plus besoin, un ami expérimenté, capable de me guider par ses conseils dans la vie du nouveau monde. Mes préférences étaient acquises à l'agriculture, j'en parlai à mon ami, qui ne manqua pas de m'encourager dans cette voie. Il m'avertit cependant qu'il serait imprudent à moi de dépenser tout mon argent sur une terre encore inculte et vierge. — Votre inexpérience de la vie américaine, me disait-il, vous amènerait à dépenser en défrichements beaucoup plus que la valeur de la terre elle-même. Il vaudrait mieux, ajoutait-il, faire acquisition d'une terre déjà en rapport et pourvue des bâtiments nécessaires à l'habitation et à l'exploitation.

Tout en reconnaissant la sagesse de cet avis, je manifestai la crainte de n'avoir pas assez d'argent pour une acquisition aussi importante; mais il me rassura, en me disant qu'il connaissait dans l'Etat de Virginie une ferme, ou pour mieux dire une plantation qui me conviendrait parfaitement, et dont je pourrais entrer de suite en jouissance. Cette acquisition ne devait pas me coûter plus de cinq cents livres; le reste de mon argent devait amplement suffire aux premiers frais d'établissement et d'exploitation. Dans le courant de la conversation, j'appris que la ferme appartenait précisément à mon obligeant ami, circonstance favorable qui fixa toutes mes irrésolutions, et bientôt je m'acheminai vers l'Etat de Virginie, débarrassé d'une partie de mon argent, mais ayant en poche les titres de propriété d'une plantation sur laquelle je ne pouvais manquer de faire fortune.

VI. — UNE PLANTATION A LA VIRGINIE.

En arrivant sur ma propriété, je trouvai que la ferme et ses dépendances étaient entièrement conformes à ce que m'en avait dit mon vendeur ; c'était une grande plantation avec une belle maison de bois et des champs parfaitement clôturés. Mais grande fut ma surprise quand je découvris que la majeure partie de l'argent qui me restait devait être sacrifiée à l'acquisition de travailleurs. Il n'y avait pas à tergiverser, dans ce pays il n'y avait que des esclaves qui pussent consentir à travailler ; il me fallait de toute nécessité acheter des nègres, si je n'aimais mieux pourtant en louer à des propriétaires d'esclaves.

Résolu d'allier l'humanité à mes intérêts, et de traiter les nègres à mon service plus comme des hommes que comme des brutes, je préférai acheter des noirs plutôt que de les louer. Je fis donc l'acquisition d'une bande d'esclaves, hommes et femmes, et je commençai la vie de planteur. Entièrement ignorant du genre de culture propre à ce nouveau climat, je ne devais pas réussir dans mon exploitation, et vous allez voir en effet que je n'y prospérai guère.

Ma première récolte manqua, et ce fut à peine si j'en retirai la semence ; la seconde fut encore pire, et, à mon grand chagrin, j'acquis la certitude que cette stérilité était un mal sans remède. J'avais acheté une *ferme usée*. Au premier aspect, la terre paraissait fertile et promettait les plus riches récoltes ; aussi je fus dès l'abord enchanté de mon acquisition, et je ne pouvais me lasser de vanter un pays dans lequel on trouvait à si vil prix d'aussi excellent terrain. Mais les apparences sont trompeuses, et ma plantation de la Virginie devait être une nouvelle preuve de ce vieux proverbe. Le sol y était sans valeur. Après le défrichement il avait produit en abondance pendant quelques années du maïs, du coton et du tabac ; mais la couche végétale de ce sol sans profondeur avait été bien vite épuisée et n'avait pu se renouveler par la vertu d'un sous-sol, qui, composé uniquement de matières inorganiques et purement minérales, ne contenait aucun principe de vie ni de végétation. Mais je m'arrête, Messieurs, dans l'explication d'un phénomène qui n'est ignoré d'aucun de vous sans doute, et sur lequel je n'ai cru devoir insister un moment que dans l'intérêt et pour l'instruction de ces jeunes enfants qui m'écoutent.

Comme je vous l'ai déjà dit, mes récoltes manquèrent totalement, ou à bien peu de chose près, la première et la seconde année. La troisième fut plus détestable encore si c'est possible, la quatrième était entièrement nulle. Inutile d'ajouter qu'au bout de ce temps je me trouvais à peu près ruiné. Les dépenses nécessitées par la nourriture et l'habillement de mes pauvres noirs m'avaient obligé à contracter des dettes considérables. J'aurais voulu garder ma plantation plus longtemps, que cela m'eût été tout-à-fait impossible. Le plus pressé était de désintéresser mes créanciers, j'y parvins en vendant tout ce que je possédais, la ferme, les bestiaux et les nègres. Je ne me défis pas de tous ces derniers cependant. Il y avait parmi eux un brave et honnête garçon auquel Marie et moi nous étions attachés, et que j'avais formé le projet de rendre à la liberté. Il nous avait toujours servis avec une fidélité exemplaire. C'était lui qui le premier m'avait fait connaître de quelle manière j'avais été induit en erreur sur la valeur de ma propriété, et loin de borner sa sympathie à ces seuls avis, il avait essayé, mais en vain, tant par sa propre industrie que par les encouragements qu'il donnait à ses compagnons de travail, de faire cesser ou du moins de diminuer la stérilité du sol qu'ils arrosaient de leurs sueurs. Et quoique ses efforts n'eussent point été couronnés de succès, je ne lui en étais pas moins reconnaissant et je tenais à l'en récompenser. Mais le pauvre homme s'était si bien attaché à nous, qu'il refusa la liberté que je lui offrais et persista à suivre notre fortune. Il est encore ici.

En parlant de la sorte, notre hôte nous montrait Cudjo, qui, accroupi près de la porte, remerciait son maître des éloges qu'il lui accordait par le bon et franc sourire qui s'épanouissait sur sa large face noire.

Rolfe continua :

Quand ma position fut liquidée, il me restait juste cinq cents livres sterling. J'avais à mes dépens acquis certaines notions sur la culture américaine, je m'obstinai à les faire valoir, et je résolus d'aller m'établir à l'ouest dans la grande vallée du Mississipi. La petite somme qui me restait en caisse était suffisante pour l'acquisition d'une certaine étendue de terrains couverts encore de leurs forêts vierges.

Pendant que je méditais ce nouveau projet, mes regards furent tout d'un coup frappés d'une magnifique annonce qui se lisait dans tous les journaux. Il y était question d'une nouvelle ville qu'on était en train de construire à la jonction de l'Ohio et du Mississipi. Cette cité, appelée le Caire, ne pouvait manquer, placée qu'elle était entre les deux plus grands cours d'eau du monde entier, de devenir avant quelques années une cité importante par sa population et son commerce. Ainsi disait l'annonce. A cet avis étaient joints des plans de la nouvelle ville, on y voyait les théâtres, les palais, les églises; en un mot, rien n'y manquait. Sur ce plan figuraient également un certain nombre de terrains qui étaient situés sur les limites de la ville, et qu'on donnait par-dessus le marché aux concessionnaires des emplacements urbains; ce qui leur assurait ainsi maison à la ville avec ferme à la campagne, et devait leur permettre de joindre le lucre du commerce aux bénéfices de l'agriculture. Ces terrains me paraissaient donnés pour rien. Je m'enthousiasmai, et ne consentis à prendre de repos que lorsque je me trouvai, par un acte bien en règle, concessionnaire d'une maison au Caire et d'un emplacement situé aux portes mêmes de cette ville.

Je me mis immédiatement en route pour mon nouvel établissement. Ma femme et mes enfants m'accompagnaient. J'étais alors père de trois marmots, dont les deux aînés, qui sont jumeaux, comme vous pouvez voir, venaient d'atteindre leur neuvième année. Le bon Cudjo fut aussi de la partie. Nous quittions la Virginie sans esprit de retour, et pourtant il semblait heureux de nous accompagner jusqu'au milieu des plaines de l'Ouest.

Notre voyage fut pénible, mais plus pénible encore fut le désappointement qui nous attendait à notre arrivée au Caire; car à peine nous fûmes en vue de cette place, que je m'aperçus que j'avais été volé de nouveau. La ville se composait d'une seule maison bâtie sur l'unique emplacement qui ne fût pas un marais. Tout le reste du terrain destiné à l'édification de la ville était encore sous les eaux. La seule végétation qui se fît remarquer çà et là, se composait de joncs et de quelques autres herbes aquatiques. Quant aux théâtres, aux églises, aux palais, aux promenades, il n'y en avait trace nulle part; seulement, comme nous l'avons déjà dit, une seule maison en bois occupée par des bateliers. Cependant nous quittâmes le bateau et descendîmes à terre, et, après avoir déposé nos bagages dans la maison en question, qui était un hôtel, je me mis à la recherche de ma propriété. Je finis, mais non sans peine, par découvrir ma maison de ville au milieu d'un marais où j'avais littéralement de la vase jusqu'aux genoux; quant à la maison de campagne, il me fallut prendre un bateau pour m'y rendre et je ne pus y trouver un seul endroit sur lequel il me fût possible de poser le pied.

Après cette double excursion je retournai à l'hôtel, aussi fatigué que désespéré.

Il était impossible de songer à demeurer en ce lieu, et je profitai du départ du premier bateau pour me rendre à Saint-Louis, où je me défis de ma ferme et de ma maison pour le premier prix que j'en trouvai, c'est-à-dire pour une somme tout-à-fait insignifiante.

Vous comprendrez sans peine combien j'étais douloureusement affecté par tant de désappointements successifs. Je me voyais ruiné, et mon cœur se brisait à la seule pensée du sort qui attendait ma femme et mes pauvres enfants. Je maudissais les deux Amériques et tous les Américains, et je leur imputais la cause de mes malheurs. Mes chagrins me rendaient injuste. Il est vrai que deux fois j'avais été dupé en Amérique de la façon la plus indigne; mais n'en avait-il pas été ainsi dans ma propre patrie, et n'y avais-je pas été trompé par ceux qui se disaient mes meilleurs amis? C'est qu'en effet il y a des hommes pervers dans tous les pays, et l'on trouve partout des gens disposés à profiter de l'inexpérience et de la bonne foi des autres. S'en suit-il que tous les hommes soient méchants? Non sans doute; et partout également on rencontre de bons cœurs, qui font, par leur probité, une large compensation à l'injustice des autres. Aussi lorsque je viens à me rappeler qu'en Angleterre il n'est pas rare de voir quelque fripon s'enrichir aux dépens d'une foule d'honnêtes gens, je ne puis m'empêcher, malgré mon patriotisme, d'avouer que nos cousins d'Amérique ne sont pas de plus grands fripons que nos frères d'Angleterre, et j'ai fini par leur pardonner le mal qu'ils m'ont fait, en réfléchissant que ma légèreté et ma mauvaise éducation avaient contribué à ma ruine tout autant au moins que leur perversité. La même chose me fût arrivée sans doute si je me fusse mêlé d'acheter un cheval à Tattershall ou une livre de thé à Piccadilly. On m'y eût infailliblement fait payer ces objets le double de leur valeur. Les hommes sont les mêmes partout, il faut donc les prendre comme ils sont. Puis, ajouta Rolfe en regardant ses enfants avec un sourire, comment avoir le courage de maudire mes compatriotes avec deux fils qui sont Anglais, ou de détester les Américains quand leur cause est à toute heure du jour plaidée si éloquemment devant moi par les deux petites Yankees qui sont devant moi?

VII. — LA CARAVANE.

Notre hôte reprit son récit :

— Mes amis, dit-il, nous retournâmes à Saint-Louis. De toute ma fortune il ne me restait plus que cent livres sterling, faible ressource qui ne devait pas me permettre de vivre longtemps sans rien faire ; mais quel parti prendre?

Le hasard me fit rencontrer un jeune Ecossais dans l'hôtel où nous étions descendus. Etranger comme moi à Saint-Louis, il fut heureux de retrouver un compatriote. Je répondis à ses avances, et bientôt nous fûmes amis. Je lui racontai mes déboires dans la Virginie et au Caire, et il me parut que le récit de mes malheurs excitait sa sympathie. En échange de mes confidences, il me dit sa propre histoire et me fit part de ses projets d'avenir. Il avait travaillé pendant plusieurs années dans une mine de cuivre située au centre du Grand Désert américain, dans les montagnes des Mimbres, qui se trouvent à l'ouest du fleuve Del Norte.

Les Ecossais, comme vous le savez peut-être, forment une assez singulière nation. Leur territoire est borné, leur population est peu considérable, et leur influence s'étend cependant sur une grande partie du globe. Hardis et aventureux, on les rencontre partout dans des positions la plupart du temps importantes et élevées ; mais quelles que soient leur fortune et leur prospérité, ils gardent toujours au fond du cœur un attachement sincère et profond pour le pays qui les a vus naître. Les principaux entrepôts de Londres leur appartiennent; le commerce de l'Inde est entre leurs mains ; les pelleteries de l'Amérique arrivent dans leurs comptoirs et leurs agriculteurs devancent dans les solitudes du nouveau monde les pionniers américains eux-mêmes ; du golfe de Mexique à la mer du pôle ils ont baptisé de leurs noms galliques les terres, les rivières et les montagnes. Plusieurs tribus indiennes, frappées de leur intelligence et de leur valeur prodigieuse, ont pris des Ecossais pour chefs. Je vous le répète, c'est une singulière nation.

Mon Ecossais de Saint-Louis avait quitté la mine des Mimbres pour une affaire qui l'appelait aux Etats-Unis, cette affaire était terminée; il était en route pour revenir par Saint-Louis et Santa-Fé ; sa femme l'accompagnait. C'était une jeune et belle

Mexicaine, dont il avait un enfant. Quand nous le rencontrâmes à l'hôtel, il attendait le départ d'une petite caravane espagnole, qui devait faire route pour le nouveau Mexique, avec le dessein de se joindre à elle pour se trouver en état de résister aux attaques des Indiens qu'on pouvait rencontrer pendant ce long voyage.

Quand je l'eus mis au courant de ma situation, il me conseilla de l'accompagner et m'offrit une position avantageuse dans la mine dont il dirigeait seul l'exploitation.

Presqu'à bout de ressources et complètement dégoûté des Etats-Unis par quelques années de séjour, j'acceptai cette proposition avec enthousiasme, et je me mis aussitôt, d'après les avis de mon nouvel ami, à faire mes préparatifs de voyage. L'argent qui me restait suffit amplement à m'équiper d'une manière convenable. J'achetai un wagon avec deux paires de bœufs vigoureux ; ce véhicule était destiné au transport de ma femme et de mes enfants, ainsi qu'à celui des provisions indispensables pour le voyage. Je n'eus point besoin de m'inquiéter de louer un conducteur, le bon Cudjo nous accompagnait, et je savais que je ne pouvais remettre la direction du chariot en des mains plus habiles et plus sûres. Je fis pour moi-même acquisition d'un cheval, d'une carabine et de tout l'équipement nécessaire au voyageur de la Grande Prairie. Mes garçons Harry et Franck avaient aussi chacun une petite carabine que nous avions apportée de la Virginie, et Harry était même tout fier de la manière habile dont il commençait déjà à s'en servir.

Tout était prêt, nous prîmes un matin congé de la ville de Saint-Louis, et nous nous lançâmes dans la Grande Prairie. Notre troupe composait une petite caravane semblable à celles qui chaque année portent à Santa-Fé les produits des Etats-Unis, et dont la dernière nous devançait de quelques semaines. Nous étions en tout une vingtaine d'hommes avec une dizaine de wagons. Les hommes étaient à peu près tous des Mexicains qui revenaient des Etats-Unis, où ils avaient été chercher quelques pièces de canon pour le compte du gouverneur de Santa-Fé. Ils rapportaient aussi deux petits obusiers de cuivre avec leurs affûts et deux caissons.

Ce n'est pas à vous, mes amis, que je raconterai les incidents d'un voyage à travers les grandes plaines qui se trouvent entre Saint-Louis et Santa-Fé. Nous nous rencontrâmes dans la Prairie avec les Pawnies, et nous aperçûmes une troupe de Cheyennes dans le voisinage des Arkansas ; mais nous ne fûmes attaqués ni par les uns ni par les autres. Lorsque nous eûmes cheminé pendant deux mois environ, notre caravane, abandonnant la route pratiquée ordinairement par les marchands, suivit le cours d'un des principaux affluents de la rivière du Canada. Ce détour avait pour but d'éviter la rencontre des Arapakos, tribu sauvage en hostilité avec le Mexique. Nous descendîmes de la sorte jusqu'au bord de la rivière du Canada; arrivés là, nous tournâmes à l'ouest en remontant le cours de l'eau.

Nous étions sur la rive droite ou méridionale de la rivière. Nous ne tardâmes pas à nous apercevoir que nous nous étions lancés dans un pays âpre et difficile à traverser. C'était le lendemain matin du jour où nous avions atteint le fleuve; nous n'avancions que lentement, arrêtés que nous étions à chaque pas par des ruisseaux venant du sud qu'il nous fallait traverser. En passant un de ces gués, le timon de mon wagon se rompit. Cudjo et moi, après avoir délié les bœufs, nous nous mîmes en devoir de le rattacher de notre mieux. La caravane continuait sa route. Mon ami, le jeune Ecossais, voyant que nous restions en arrière, revint au galop sur ses pas, et nous offrit de rester auprès de nous pour nous assister dans notre besogne. Je le remerciai de ses offres obligeantes et l'engageai à continuer sa route, l'assurant que notre accident serait bientôt réparé et que dans tous les cas nous rattraperions la caravane au campement de nuit. Nous n'avions du reste rien à craindre, car dans ces circonstances, qui se présentaient fréquemment, on avait coutume d'attendre le retardataire et de retourner au-devant de lui si son absence se prolongeait trop longtemps. A l'époque dont je vous parle il y avait plusieurs années qu'on n'avait vu les Indiens dans ces parages, et, débarrassées de cette crainte, les caravanes s'étaient laissées aller insensiblement à une certaine négligence à cet égard. De mon côté, je connaissais Cudjo pour un excellent charpentier; et persuadé que nous serions bientôt en état de reprendre notre route, j'insistai avec force pour que le jeune Ecossais rejoignît le reste de nos compagnons.

Une heure nous suffit en effet pour réparer le dommage. Les bœufs furent rattelés, et nous reprîmes notre chemin.

Mais nous avions à peine fait un mille, qu'une roue se rompit sous le poids de la charge. La sécheresse de l'atmosphère avait rendu le bois très cassant. Il nous fallut arrêter immédiatement et placer un étai sous le wagon pour en empêcher la chute. Cet accident était plus sérieux et plus difficile à réparer que celui du timon, et je pensai d'abord à prendre les devants et à courir après la caravane pour ramener quelques-uns de nos camarades à notre aide; mais je vins à me rappeler que mon inexpérience avait été déjà plus d'une fois une cause d'embarras pour les Mexicains, qui non-seulement en avaient murmuré, mais encore avaient aussi en certaines circonstances refusé complètement de m'assister. Je pouvais, il est vrai, m'adresser au jeune Ecossais, mais je ne sais trop pourquoi je n'en fis rien.

— Bah! bah! m'écriai-je, ce n'est rien, mon brave Cudjo, c'était bien autre chose au Caire! A l'ouvrage, et tirons-nous de là sans avoir d'obligation à personne.

— Vous avoir raison, massa Rolfe, reprit le brave nègre, chaque homme en a bien assez sur les épaules sans prendre le fardeau du voisin.

Tout en parlant de la sorte Cudjo et moi avions quitté nos habits et nous étions mis à la besogne. Ma chère Marie, que son éducation première destinait à une tout autre existence, supportait toutes ces traverses avec un courage admirable. Dans cette circonstance elle nous aida de tout son pouvoir et ne cessa de nous encourager en nous disant que quelque embarrassée que fût notre position, elle valait encore mieux qu'une maison dans la vase et une ferme sous l'eau. Ces allusions à notre mauvaise fortune passée ne manquèrent pas leur effet, car rien au monde ne donne du ressort pour sortir d'un mauvais pas comme la conscience d'avoir déjà su se tirer d'un premier pas plus mauvais encore.

Après bien des peines et des fatigues nous parvînmes enfin à remettre le chariot en état de marcher; mais lorsque nous nous disposâmes à nous remettre en route, nous nous aperçûmes, non sans quelque crainte, que le soleil à son déclin allait bientôt disparaître derrière l'horizon. Dans l'ignorance où nous étions de la direction à suivre, il n'y avait pas à songer à voyager de nuit. Heureusement que nous nous trouvions sur le bord d'un cours d'eau, la place était favorable pour camper, nous résolûmes d'y demeurer jusqu'au lendemain matin.

Nous fûmes debout de très bonne heure, et nous avions déjà préparé et absorbé notre déjeuner quand le jour vint nous montrer les traces de la caravane. Nous partîmes tout en nous étonnant qu'aucun de nos compagnons ne fût venu s'informer des causes de notre retard, comme cela se pratique en pareille circonstance. Nous nous attendions à chaque instant à voir quelqu'un d'eux revenir au-devant de nous; mais il n'en fut point ainsi, et nous voyageâmes jusqu'à midi sans avoir aperçu personne.

Devant nous se déroulait un vaste pays avec quelques collines rocheuses et des vallées couvertes d'arbres vers lesquels se dirigeait évidemment la route que nous suivions. En nous avançant toujours nous entendîmes un bruit sourd qui partait du milieu des collines : on aurait dit une bombe qui éclatait. Que signifiait un pareil bruit? Nous n'ignorions pas que les Mexicains avaient quelques bombes avec eux, et nous supposâmes d'abord que nos compagnons, attaqués par une bande d'Indiens, s'étaient peut-être servis contre eux d'une de leurs pièces d'artillerie. Mais cette supposition ne fut pas de longue durée. En effet nous n'avions entendu qu'un seul bruit, et la décharge d'un obusier en produit toujours deux : l'explosion de la pièce et celle du projectile. Etait-ce une bombe qu'un accident avait fait éclater? Cela était plus vraisemblable, et nous nous arrêtâmes pour écouter si quelque nouveau bruit parviendrait à nos oreilles. Après environ une demi-heure de repos, n'entendant plus rien, nous nous remîmes en marche. Nous commencions à être en proie à une grande appréhension, non pas tant à cause du bruit qui était arrivé jusqu'à nous, que parce que nous n'avions vu personne venir au-devant de nous. Nous continuâmes à suivre la trace des wagons, et nous pûmes juger que ceux qui nous avaient devancés avaient fait une longue traite dans la journée précédente; car le soleil était près de se coucher, et il faisait tout-à-fait nuit avant que nous eussions pu atteindre leur campement. Nous l'aperçûmes enfin, mais dans quel état, grand Dieu! mon sang se fige encore lorsque je me rappelle cette scène d'horreur. Les wagons se trouvaient encore là, renversés et brisés pour la plupart; leur contenu jonchait de tous côtés le sol, les canons étaient à terre, des feux fumaient encore auprès d'eux, mais aucun être humain ne se montrait à nos yeux. En approchant davantage nous vîmes pourtant des hommes, mais ce n'étaient plus que des cadavres dont une troupe de loups affamés se disputaient en hurlant les horribles lambeaux. Des corps mutilés de chevaux, de mulets et de bœufs gisaient près des restes inanimés de leurs maîtres. Quelques bêtes avaient peut-être échappé à cette boucherie, mais on ne les voyait pas. Nous nous arrêtâmes frappés de stupéfaction et d'horreur. Nous comprîmes que nos compagnons avaient été attaqués par une troupe de sauvages indiens. Nous voulions nous retirer, mais il était trop tard, nous étions trop avant dans le camp pour pouvoir échapper à la poursuite des Indiens si ceux-ci nous avaient aperçus.

Tout moyen de fuite était désormais impossible. Heureusement que les sauvages étaient partis depuis quelque temps déjà. Je le conjecturai du moins aux ravages que les loups paraissaient avoir faits depuis leur départ.

Je laissai ma femme sur le wagon à la garde d'Henri et de Franck, qui la carabine à la main avaient ordre de faire feu sur le premier sauvage qui viendrait à paraître. Quant à moi, suivi de Cudjo, je m'avançai jusque sur le théâtre de l'horrible catastrophe. Nous eûmes beaucoup de peine à chasser les loups, qui, au nombre d'une cinquantaine, étaient acharnés à leur proie, et qui ne consentaient qu'avec des hurlements féroces à s'éloigner de quelques pas. En approchant davantage encore nous nous convainquîmes que nous avions devant nous les cadavres de nos infortunés compagnons, mais ils étaient si mutilés qu'il nous fut impossible d'en reconnaître un seul. Ils avaient tous été scalpés par leurs féroces meurtriers, et leurs crânes rouges et dénudés étaient affreux à voir. Nous rencontrâmes des fragments de bombe éparpillés dans le camp ; quelques-uns s'étaient logés dans les wagons, qu'ils avaient mis en pièces. Les marchandises ne se trouvaient plus à leur place, elles avaient été pillées et emportées pour la plupart par les Indiens. Plusieurs objets lourds et embarrassants étaient cependant demeurés sur le sol. Il était évident que les vainqueurs, saisis de quelque frayeur subite, avaient précipitamment pris la fuite. Peut-être que l'explosion de la bombe et la vue des terribles effets qu'elle avait produits étaient cause de leur disparition. Dans leur ignorance, ils s'étaient sans doute imaginé avoir affaire à quelque messager du Grand Esprit. Je cherchai de tous côtés mon ami le jeune Ecossais, mais je ne le distinguai point parmi les morts. Je cherchai également sa femme, la seule personne de son sexe qui avec Marie accompagnât la caravane, je ne vis rien qui pût m'indiquer sa présence. — Sans doute, dis-je à Cudjo, ils l'auront emmenée prisonnière. Comme je prononçais ces mots, un bruit affreux parvint à mes oreilles : c'étaient des hurlements de loups, mêlés à des voix de chiens. Ces animaux paraissaient avoir engagé entre eux quelque lutte terrible. Le bruit provenait d'un bois situé à quelque distance du camp. Comme nous nous rappelions très bien que le mineur avait avec lui deux gros chiens, nous ne doutâmes pas un instant que ce ne fussent ces animaux dont nous entendions la voix.

Nous courûmes de ce côté, et, les aboiements continuant, il nous fut facile de nous guider vers l'endroit même où le combat avait lieu. Il y avait là deux gros chiens couverts d'écume et de sang qui défendaient contre plusieurs loups quelque chose de noir que nous apercevions sous les feuilles. C'était une femme; et une petite fille criant de toutes ses forces la tenait étroitement embrassée ! Un coup d'œil nous apprit que la femme était morte, et...

M. Knight le mineur qui nous accompagnait interrompit tout-à-coup notre hôte. Il semblait en proie à la plus vive agitation, et s'avançant vers Rolfe il s'écria :

— Oh ! ma femme ! ma pauvre femme ! Oh ! Rolfe !... Rolfe ! ne me reconnaissez-vous pas?

— M. Knight ! s'écria Rolfe au comble de la surprise : M. Knight ! oui, c'est bien vous !

— Ma femme ! ma pauvre femme ! répétait le mineur d'une voix entrecoupée de sanglots : je savais qu'ils l'avaient tuée, car j'ai vu ses restes plus tard... Mais mon enfant... ma fille ! Rolfe, qu'est devenue ma fille ?

— La voici ! répondit notre hôte indiquant la plus brune des deux jeunes filles, et au même moment le mineur pressait Loïsa dans ses bras et la couvrait de baisers.

VIII. — HISTOIRE DU MINEUR.

Il nous serait bien difficile de dépeindre la scène qui suivit cette reconnaissance. Toute la jeune famille s'était levée ; ils embrassaient Loïsa en pleurant, comme s'ils eussent été sur le point de la perdre pour toujours. Il est probable, en effet, que l'idée d'une séparation leur vint instinctivement, quand ils virent qu'elle n'était pas leur sœur... Ils l'aimaient tant qu'ils avaient oublié qu'elle leur était étrangère.

Jusqu'à ce moment ils l'avaient traitée comme une sœur. Harry, qui l'aimait beaucoup, avait coutume de la désigner sous le nom de sa sœur brune, tandis que de son côté Loïsa l'appelait le blond.

Elle se tenait au milieu d'eux, en proie à mille émotions, mais plus calme en apparence que ceux qui se pressaient autour d'elle. Nous nous empressâmes tous de féliciter M. Knight de cette heureuse rencontre, et nous serrâmes la main de notre hôte et de sa femme : nous nous rappelions pour la plupart avoir entendu raconter l'histoire de ce massacre. Le vieux Cudjo sautait de bonheur au milieu des panthères et des chiens-loups, qui semblaient eux-mêmes grogner de joie.

Notre hôte entra dans l'intérieur de la cabane, et revint bientôt avec un immense bol de terre brune. Cudjo nous donna des calebasses ; on les remplit d'une liqueur rouge qui se trouvait dans le bol; et Rolfe nous engagea à boire. Vous pouvez juger combien nous fûmes surpris de voir qu'il nous offrait du vin, du vin au milieu du Désert! il était excellent, et provenait des grappes de raisin muscat qui croissait en abondance dans la vallée.

Quand le calme se fut un peu rétabli, M. Knight, à la demande de Rolfe, nous raconta comment il était parvenu à échapper aux Indiens dans cette terrible nuit. Son histoire n'était pas longue.

— Quand je vous eus quitté, dit-il à Rolfe, à l'endroit où vous raccommodiez votre chariot, je partis au galop et j'eus bientôt rejoint la caravane. Vous vous rappelez combien la route était aride : comme nous ne voyions aucun endroit favorable à un campement avant d'arriver aux montagnes, nous continuâmes sans nous arrêter. Le soleil venait de se coucher quand nous atteignîmes le petit ruisseau où vous avez trouvé les chariots : nous y établîmes notre camp. Je ne vous attendais pas avant une heure ou deux, je savais qu'il vous fallait au moins cela pour raccommoder votre timon.

On alluma des feux, on fit cuire le souper, et nous nous mîmes ensuite en rond pour causer et fumer tandis que les Mexicains, suivant leur habitude, jouaient au *monté*. Nous n'avions pas placé de sentinelles, car nous ne pensions pas qu'il y eût des Indiens de ce côté. Quelques-uns de nos hommes prétendaient avoir voyagé déjà dans cette partie du Désert, et affirmaient qu'il n'y avait pas de sauvages à cinquante milles à la ronde. Quand le crépuscule s'assombrit, je commençai à devenir inquiet de vous, je craignais que vous n'eussiez pu reconnaître le chemin dans l'obscurité. Je laissai ma fille et ma femme auprès de l'un des feux et je montai au haut d'une colline d'où l'on découvrait la plaine que vous deviez traverser, mais il faisait si noir que je ne pus rien voir. Je restai quelques minutes à écouter, espérant que j'entendrais le bruit de vos roues ou même le son de votre voix.

Tout-à-coup un cri terrible partit de la montagne ; je me hâtai de courir au camp. Je savais ce qu'il nous présageait : c'était le cri de guerre des Arapakos... Je vis des figures sauvages circuler entre nos feux, j'entendis des coups de fusil et des cris de rage et de douleur... je distinguai surtout la voix de ma pauvre femme, qui m'appelait à son secours!...

Je n'hésitai pas un moment : je me jetai au milieu de la lutte, et je me battis à côté de mes compagnons. La seule arme que je possédasse était un grand couteau, avec lequel je tuai plusieurs sauvages... Puis je courus à la recherche de ma femme en l'appelant à grands cris, je traversai les rangs de nos chariots en criant Loïsa ! Loïsa ! Mais personne ne me répondit... Il me fut impossible de les rencontrer... Je me trouvai de nouveau face à face avec les sauvages, je recommençai le combat. La plupart de mes compagnons étaient morts ; je fus poussé dans un fourré par un des Indiens, qui me menaçait de la pointe de sa lance. Je sentis cette arme me traverser la cuisse, et je tombai sous le coup. L'Indien tomba avec moi ; mais, avant qu'il eût pu se relever, je lui avais enfoncé mon couteau dans la poitrine.

Je me levai, et je réussis à retirer la lance de ma blessure. Tout combat avait cessé dans le camp, et, persuadé que tous mes camarades étaient morts ainsi que ma femme, et ma fille, je m'éloignai de cette scène de carnage et m'enfonçai dans le bois. Je voulais fuir bien loin de ce lieu de carnage ; mais je n'avais pas fait trois cents pas que je tombai de fatigue et de faiblesse. J'étais à côté de quelques rocs, au bas d'un précipice, où je découvris une espèce de crevasse ou de grotte. Je rassemblai mes forces pour me traîner jusque-là; mais je n'y fus pas plus tôt entré que je m'évanouis.

J'ai dû demeurer là pendant plusieurs heures sans connaissance. Quand je revins à moi, le soleil dardait ses rayons dans la grotte. Je me sentais excessivement faible, je pouvais à peine me remuer. Ma blessure était encore ouverte, mais le sang avait cessé de couler. Je déchirai ma chemise, j'enveloppai ma cuisse aussi adroitement que je pus, et, m'approchant de l'ouverture de la grotte, je prêtai l'oreille.

Je distinguai la voix des Indiens, elle venait du côté du camp. Cela dura une heure au plus ; puis les échos répétèrent une détonation terrible, que je pris pour l'explosion d'une bombe. J'entendis ensuite de grands cris et le bruit de plusieurs chevaux qui s'éloignaient rapidement ; après quoi il se fit un profond silence. Je pensai que c'étaient les Indiens qui abandonnaient le camp ; mais je ne pouvais me rendre compte de ce qui les avait fait fuir si précipitamment, je ne l'appris que plus tard.

Vous aviez deviné juste : ils avaient jeté une des bombes dans le feu; et la mèche s'étant allumée, l'explosion avait eu lieu. Plusieurs des leurs avaient été tués par les éclats. Ils crurent probablement que c'était un châtiment du Grand Esprit, ils rassemblèrent tout ce qu'ils trouvèrent à leur convenance, et s'éloignèrent de ce lieu fatal. J'ignorais alors ce qui se passait, car je ne pouvais et je n'osais sortir de ma grotte. Pendant plusieurs heures je n'entendis plus rien; mais à la tombée de la nuit il me sembla qu'on parlait dans le camp, je craignis que les Indiens ne fussent pas partis.

J'essayai quand il fit tout-à-fait noir de me traîner jusqu'au camp, mais tous mes efforts furent inutiles et force me fut de demeurer étendu toute la nuit, souffrant excessivement de ma blessure et écoutant les hurlements des loups. Ce fut une terrible nuit.

Quand le jour se leva, je n'entendis plus rien; je souffrais de faim et de soif. Je vis de l'entrée de ma grotte un arbre que je connaissais bien, car il est très commun sur les montagnes des Mimbres auprès de notre mine. C'était un de ces pins que les Mexicains appellent *pignons*, et dont les cônes nourrissent des miliers de pauvres sauvages qui vivent dans le Grand Désert, de l'autre côté des montagnes Rocheuses, vers la Californie.

J'étais certain de trouver quelques fruits à terre si je pouvais me traîner jusqu'à cet arbre; j'eus toutes les peines du monde à y arriver. Ce n'était pas à vingt pas, mais j'étais extrêmement faible; ma blessure me faisait beaucoup souffrir, je fus plus d'une demi-heure à l'atteindre. Le sol était parsemé de cônes, j'en eus bientôt ouvert quelques-uns, je mangeai les petits fruits qu'ils renfermaient, et j'apaisai ma faim.

Mais j'étais dévoré de soif! Me serait-il possible de me rendre au camp, où je savais que je trouverais de l'eau, je ne croyais pas qu'il y en eût plus près de ma grotte, il fallait l'essayer ou se résoudre à mourir : cette pensée me donna des forces et je commençai ce voyage de trois cents pas; je n'étais pas certain de vivre assez pour l'accomplir. Je n'avais pas encore parcouru une distance de six pas quand je vis une touffe de petites fleurs blanches. C'étaient des fleurs de l'arbre à oseille, le magnifique lyconia; leur vue me remplit de joie et d'espérance. Je me traînai sous l'arbre, et saisissant un de ses rameaux les plus bas, j'en arrachai les feuilles et les mâchai avec bonheur. Je dépouillai de la sorte tant de branches qu'on eût dit qu'un troupeau de chèvres avait brouté cet arbre. Je restai presque une heure à mâcher ces douces feuilles au jus aigre-doux, et quand ma soif fut apaisée je m'endormis à l'ombre du lyconia.

Je me sentis plus fort quand je me réveillai. La faim m'était revenue et la fièvre m'avait en partie quitté; c'était l'effet des feuilles que j'avais mâchées, car la sève du lyconia est un puissant fébrifuge. Je ramassai une provision de feuilles, et je retournai vers le pignon. Je ne voulais pas être obligé de revenir avant la nuit si je me sentais altéré de nouveau. Quelques minutes après j'étais au milieu des cônes et je mangeais avec appétit. Je passai la nuit sous le pignon, et après avoir déjeuné dès le matin, j'emplis mes poches du fruit des cônes, et je me traînai de nouveau vers l'arbre à oseille. J'y restai tout le jour et ne retournai au pignon que quand la nuit s'approcha, non sans avoir soin d'emporter une provision de feuilles de lyconia.

Pendant quatre jours et quatre nuits j'allai ainsi d'un arbre à l'autre, me nourrissant de leurs fruits et me désaltérant de leurs feuilles. La fièvre était tout-à-fait disparue, grâce à la diète que je suivais; ma blessure, qui commençait à se cicatriser, était devenue beaucoup moins douloureuse. Les loups s'approchèrent quelquefois de moi, mais la vue de mon long couteau les tint heureusement à une distance respectueuse.

Les feuilles du lyconia calmaient ma soif plutôt qu'elles ne la satisfaisaient : j'étais avide d'eau limpide et fraîche; je partis donc le quatrième jour pour aller jusqu'au ruisseau. Je pouvais alors me traîner sur mes mains et un genou, tirant après moi la jambe blessée. Quand je fus à peu près à moitié chemin, je rencontrai quelque chose qui fit refluer tout mon sang vers sa source. C'était un squelette. Je vis que ce n'était pas un squelette d'homme, je le reconnus; c'était...

Le pauvre mineur ne put continuer, ses sanglots étouffaient sa voix; tous les yeux s'emplirent de larmes, les chasseurs eux-mêmes pleuraient. Cependant, après un temps d'arrêt il reprit ainsi sa narration :

— Je vis qu'elle avait été enterrée, cela me surprit; ce ne pouvait être par les Indiens. C'est d'aujourd'hui seulement que je sais quelle main lui avait rendu ce dernier devoir. Je pensais bien, cependant, que c'était vous, car quand je fus mieux, je retournai sur le chemin, et ne trouvant pas votre chariot, je compris que vous étiez venu au camp et que vous l'aviez ensuite quitté. Je cherchai de quel côté vous aviez pu vous diriger; mais vous devez vous rappeler qu'il était tombé de grandes pluies, elles avaient effacé toutes les ornières, et ce ne fut que quand je pus me tenir sur mes deux jambes, c'est-à-dire un mois après la nuit fatale. Mais revenons au moment où je trouvai les restes de ma pauvre femme.

Les loups les avaient déterrés. Je cherchai quelques traces de mon enfant, je retournai avec mes mains la terre et les feuilles dont vous aviez comblé la fosse, mais je ne trouvai rien. Je me traînai alors jusqu'au camp : il était comme vous l'avez décrit, seulement les cadavres n'étaient plus que des squelettes, et les loups étaient partis. Là encore, je cherchai de tous côtés pour voir si je ne trouverais rien de ma petite Loïsa ; ce fut en vain. Les Indiens l'ont emmenée avec eux, pensai-je, ou bien les loups l'ont dévorée !

Je trouvai dans un des chariots une boîte de provisions recouverte de débris. Elle avait échappé au pillage des sauvages. Je l'ouvris, elle contenait du café et quelques livres de viande fumée. Ce fut un trésor pour moi, car je me nourris de café et de viande jusqu'à ce que je pus ramasser une quantité suffisante de pignons.

Je vécus ainsi un mois entier. Je me couchais la nuit dans un des chariots et je me traînais le jour sous les pignons pour faire provision de cônes. Je ne craignais pas le retour des Indiens, sachant bien que cette partie du Désert n'était fréquentée d'habitude par aucune peuplade. La tribu d'Arapahoes qui nous avait attaqués avait dû se trouver par hasard dans ce district éloigné. Quand je fus assez fort, je creusai une nouvelle fosse, et j'y déposai les restes mortels de ma femme, puis je commençai à chercher les moyens de quitter ce fatal campement. Je n'étais pas à plus de cent milles des premières habitations du Nouveau-Mexique ; mais cent milles à faire à pied dans un désert, c'était une barrière aussi infranchissable que l'Océan lui-même. Je résolus, cependant, de tenter ce voyage ; je me mis à faire un sac pour y mettre des pignons rôtis, c'était la seule espèce de provisions que je pouvais me procurer.

Pendant que j'étais occupé à coudre mon sac, j'entendis des pas qui s'approchaient de mon côté : je levai la tête tout surpris et effrayé. Mais jugez de ma joie quand je vis une mule qui se dirigeait tranquillement vers le camp ! Je la reconnus pour une de celles qui avaient fait partie de notre caravane.

Elle ne m'avait pas encore vu et je pensai que je pourrais l'effrayer si je me montrais tout-à-coup. Je résolus de la prendre par stratagème. Je me glissai dans le chariot, où je savais qu'il y avait un *lasso*, et je me mis en embuscade tout près de l'endroit où elle devait passer. Le nœud coulant était à peine prêt que je la vis paraître juste au point où je l'attendais. En un clin d'œil son cou fut saisi par le nœud coulant, et bientôt elle fut attachée à un des chariots. C'était une de nos mules qui s'était échappée de parmi les Indiens et qui, après avoir erré pendant des semaines peut-être dans le Désert, avait retrouvé le chemin et s'en retournait à Saint-Louis. Les mules qui s'échappent des caravanes, ou que l'on perd en route, reviennent très souvent à l'endroit d'où elles sont parties. Elle eut bientôt repris toute sa docilité. Quelques jours après j'avais fabriqué une selle et une bride, je remplissais mon sac de pignons rôtis, et je reprenais le chemin de Santa-Fé, où j'arrivai huit jours après sans autre mésaventure. De là je me rendis à ma mine.

Mon histoire n'offre plus guère d'intérêt. A partir de ce moment, c'est l'histoire d'un homme qui pleure la perte de tous ceux qu'il aimait; mais vous m'avez rappelé à la vie, Rolfe, en me rendant mon enfant, ma Loïsa, et maintenant poursuivez votre récit : ce que vous avez à nous raconter aura pour moi un double intérêt, car ma fille a partagé tous vos dangers. Continuez.

Notre hôte nous invita d'abord à remplir nos tasses de vin et nos pipes de tabac; et reprenant son histoire à l'endroit où il l'avait laissée, il raconta ce que nous vous dirons dans le chapitre suivant.

IX. — LE DÉSERT.

C'était un spectacle horrible que ces loups furieux, ces chiens couverts d'écume, cette femme morte, et la pauvre petite fille qui poussait des cris d'effroi. Les loups s'enfuirent à notre approche, et les chiens vinrent nous caresser. On eût dit qu'ils comprenaient qu'ils n'auraient pu défendre longtemps cette pauvre enfant. Ils étaient déjà tout ensanglantés et avaient reçu plus d'une blessure.

Quand je me baissai pour prendre Loïsa, elle se cramponna encore plus fortement au cou de sa mère et l'appela de toutes ses forces, en lui disant de s'éveiller. Hélas! je reconnus que tout était fini, elle était froide, elle était morte. Une flèche lui avait percé le sein. Il me sembla qu'après s'être sentie blessée elle s'était enfuie dans le bois, où les chiens l'avaient suivie, et que là elle était tombée de faiblesse. Jusqu'à son dernier soupir elle avait pressé son enfant sur son sein.

Je laissai Cudjo auprès du corps et je portai l'enfant à ma femme. Quoique la pauvre petite eût été bien effrayée par l'attaque des loups, elle pleura amèrement quand je l'éloignai de sa mère; elle se débattait dans mes bras pour retourner auprès d'elle.

Les sanglots de M. Knight interrompirent de nouveau notre hôte, les enfants aussi pleuraient à chaudes larmes. Loïsa était la plus calme : peut-être le souvenir de cette terrible scène lui avait-il donné la fermeté de caractère dont elle faisait preuve. De temps en temps seulement elle passait ses bras autour du cou de la petite Marie et cherchait à la consoler.

— Je mis l'enfant dans les bras de ma femme, reprit Rolfe, et les caresses de Marie, qui était à peu près de son âge, parvinrent à sécher ses pleurs; elle s'endormit ensuite auprès d'elle. Je pris une pelle dans mon chariot, et je retournai creuser une fosse, où, avec l'aide de Cudjo, je déposai le corps à la hâte. Nous ne savions, en effet, si nous n'aurions pas bientôt besoin nous-mêmes que l'on nous rendît ce dernier service.

Il paraît que nos soins furent inutiles; cependant je ne les regrette pas : car j'éprouvai quelque consolation à donner cette dernière marque de respect à notre pauvre compagnon de voyage. Cudjo et moi nous comprenions que c'était un devoir qu'il nous fallait remplir.

Nous ne restâmes pas là longtemps, nous revînmes au chariot. Je conduisis les bœufs sous un fourré où je crus qu'ils seraient plus en sûreté; puis, recommandant ma femme et mes enfants à Dieu, je pris ma carabine et j'allai aux alentours pour tâcher de découvrir si les Indiens étaient partis, et de quel côté ils s'étaient dirigés. Je voulais prendre un chemin qui m'éloignât d'eux tout en me rapprochant du Nouveau-Mexique, n'ignorant pas que dans la saison où nous étions, avec des bœufs aussi fatigués que les nôtres, nous ne pourrions jamais retourner à Saint-Louis, dont nous étions à près de huit cents milles.

Quand j'eus fait un mille ou deux, tantôt me glissant sous les buissons et tantôt me traînant au pied des rochers, je trouvai les traces du passage des Indiens, ils avaient pris la plaine et étaient allés à l'ouest. Ils étaient excessivement nombreux, ainsi qu'il était facile de le reconnaître aux empreintes des pas de leurs chevaux.

La certitude que j'obtins qu'ils s'étaient dirigés vers l'ouest me décida à m'avancer vers le sud pendant deux ou trois jours et à me tourner ensuite vers le couchant. Nous devions ainsi leur échapper et arriver, autant que je pouvais le supposer, aux chaînes orientales des montagnes Rocheuses, à travers lesquelles nous devions rencontrer un passage pour la vallée du Nouveau-Mexique. Nos compagnons avaient souvent parlé d'un chemin qui se trouvait plus au sud, et plus près de Santa-Fé. J'espérais pouvoir l'atteindre, quoique nous eussions près de deux cents milles à faire. Une fois mon plan formé, je retournai vers ma femme.

Il faisait nuit quand j'arrivai au chariot : Marie et les enfants commençaient à éprouver de vives inquiétudes, mais je leur apportais de bonnes nouvelles : les Indiens étaient partis.

Ma première idée avait été de passer la nuit auprès du camp ; mais quand je fus certain du départ des Indiens, je me décidai pour un autre parti. La lune allait se lever et la route du sud offrait une plaine unie, je pensai que le mieux était de m'éloigner immédiatement et de mettre une vingtaine de milles entre nous et ce lieu de désolation.

Mon avis fut goûté de tout le monde, nous avions tous hâte de fuir cette scène de carnage, nul de nous n'aurait pu fermer l'œil si nous y fussions restés. La crainte du retour des sauvages, les émotions qui nous agitaient et le hurlement des loups nous auraient tenus éveillés : nous résolûmes donc de partir au lever de la lune.

En attendant, nous ne perdîmes pas notre temps. Il importe surtout dans ces déserts de faire une provision suffisante d'eau pour les hommes et les bêtes : nous ne savions pas dans quel lieu ni dans quel temps nous pourrions en trouver d'autre ; aussi nous eûmes la précaution d'emplir au ruisseau tout ce qui pouvait en contenir. Hélas ! cela ne nous suffit pas, comme vous allez bientôt le voir.

La lune se leva enfin. Radieuse et brillante, elle semblait sourire à la scène de meurtre que présentait le camp ; mais nous ne restâmes pas à l'admirer. Nous nous mîmes en marche, en ayant soin d'aller droit vers le sud. Je me guidais sur l'étoile polaire, c'était le seul jalon que je connusse dans ces déserts. Nous lui tournions toujours le dos ; et quand les inégalités du terrain nous forçaient à faire un détour, j'étudiais de nouveau la position de cet astre pour reprendre la route du sud.

Notre marche était difficile ; parfois nous nous traînions à tra vers une large crevasse qui s'ouvrait sur notre chemin, et parfois nous nous épuisions à sortir d'épais amas de sable ; ou bien encore nous roulions sur une terre dure et sans herbe; tout était desséché, stérile et désert.

Nous étions heureux malgré tout en pensant que nous nous éloignions des sauvages : nous avions marché avec tant de rapidité que nous nous trouvions à vingt milles du camp quand le jour parut. Les montagnes étaient descendues au-dessous de l'horizon, c'était le seul moyen que nous avions d'évaluer les distances. Grâce à quelques dunes de sable que nous laissions en arrière, nous avions la satisfaction de penser que si les sauvages revenaient au camp ils ne pourraient nous apercevoir. La seule crainte que nous éprouvions, c'était qu'ils découvrissent nos traces et nous poursuivissent. Nous ne nous arrêtâmes donc pas quand le soleil se leva et nous continuâmes notre chemin jusque vers midi. Notre cheval et nos bœufs étaient exténués de fatigue et nous ne pouvions aller plus loin sans prendre quelque repos.

Notre halte ne profita guère à nos bêtes, car nous n'avions ni herbe ni eau à leur donner : il ne croissait autour de nous que de la sauge amère, l'*artemisia*, que ni bœufs ni cheval ne voulaient goûter. La vue de cette plante, aux épais buissons et aux feuilles argentées, était loin de nous indiquer l'approche de fourrages plus succulents, car nous savions qu'elle ne croît que dans les déserts les plus stériles, là où toute autre végétation se trouve frappée de mort.

Nos animaux souffraient horriblement de la chaleur et de la soif, car le soleil dardait ses rayons à pic et l'air était excessivement lourd. Nous n'osions cependant leur octroyer une goutte de notre eau, car nous étions nous-mêmes accablés de soif, et notre provision diminuait rapidement. Tout ce que nous pûmes faire fut d'en donner un peu au deux chiens Castor et Pollux.

Longtemps avant la nuit nous attelâmes nos bœufs au chariot, et nous nous remîmes en marche dans l'espoir de rencontrer une source ou un cours d'eau. Au coucher du soleil nous avions fait environ dix milles; mais nous ne voyions rien encore qui indiquât l'approche de l'eau.

Nous n'apercevions autour de nous qu'une plaine immense et stérile, dont les limites se perdaient sous l'horizon : pas même un buisson, pas un seul animal sauvage. Nous étions seuls dans cette solitude, seuls comme la chaloupe qui flotte au gré des vagues au milieu de l'Océan.

L'anxiété que nous éprouvions était extrême, nous nous demandions ce qu'il fallait faire. Devions-nous revenir sur nos pas? Non, nous ne pouvions y songer. Car quand même le retour vers le ruisseau nous eût donné l'espoir de sortir du Désert, nous n'étions pas certains de pouvoir arriver jusque-là. Il y avait autant de probabilité que nous trouverions de l'eau en continuant à marcher vers le sud : nous avançâmes donc encore toute la nuit. Mais on ne voyait rien que la plaine, aussi loin que la vue pouvait s'étendre ; aussitôt que le jour parut, je me mis à interroger l'horizon. Je chevauchais tristement à côté des pauvres bœufs, absorbé dans mes tristes pensées, quand une voix me fit sortir de ma rêverie : c'était Frank, qui se tenait à l'entrée du chariot et regardait au loin devant nous.

— Papa, papa, criait-il, vois donc cette jolie nuée blanche!

Je regardai de son côté pour voir ce qu'il voulait dire. Son bras était étendu vers le sud-est, et je tournai les yeux dans cette direction. Je jetai un cri de joie, car ce que Frank avait pris pour un nuage blanc était un pic de la montagne couvert de neige. J'aurais pu le voir depuis quelques instants si mes regards se fussent portés de ce côté, mais j'avais toujours cherché plus au sud-ouest. L'expérience et le bon sens nous disaient que là où il y a de la neige il y a de l'eau, et sans autre délai j'ordonnai à Cudjo de diriger le chariot vers la montagne. Cela nous éloignait de la route que nous nous étions tracée, mais ce changement de direction me parut une question de vie ou de mort. Je n'hésitai pas un seul instant.

La montagne était encore à vingt milles de distance : nous aurions pu l'apercevoir bien auparavant si nous n'eussions pas voyagé de nuit. Il était douteux cependant que nos bœufs pussent aller jusque-là; leur fatigue était extrême, et ils pouvaient à peine traîner notre chariot. Pourrions-nous nous-mêmes atteindre le pied des monts, si nos bêtes succombaient en route? Nous n'avions plus d'eau, et à mesure que le soleil s'élevait notre soif devenait intolérable. J'espérais d'abord que nous rencontrerions un des cours d'eau qui descendaient de la montagne; mais non, la plaine se creusait en approchant des hauteurs. Nous ne pouvions compter sur le moindre ruisseau avant d'être au pied du pic, et nous n'étions même pas certains d'en rencontrer là.

L'anxiété, la fatigue et la soif nous accablaient. Nous continuions cependant à marcher; mais vers le milieu du jour nos bœufs parurent incapables d'aller plus loin. Bientôt un d'eux tomba mort, nous l'abandonnâmes; les trois autres ne pouvaient guère continuer cette marche fatigante. Nous jetâmes hors du chariot, dans le but de l'alléger, tout ce qui n'était pas d'un usage immédiat, malgré cela nos pauvres bêtes pouvaient à peine le traîner. Nous n'allions guère plus vite que des tortues.

Une halte de quelques instants aurait rafraîchi notre attelage; mais je ne pouvais me décider à nous arrêter encore, tant je souffrais d'entendre les cris et les plaintes de mes pauvres enfants. Marie montrait un courage extrême ainsi que les garçons. Je ne trouvais aucune parole d'encouragement ou de consolation, car je savais que nous étions encore à dix milles du pied de la montagne. Je pensai à courir en avant et à rapporter de l'eau, mais il était facile de voir que mon cheval était incapable de cet effort. J'étais même obligé d'aller à pied et de le conduire par la bride. Cudjo marchait auprès des bœufs : un autre de ces pauvres animaux tomba pour ne plus se relever; il ne nous en restait plus que deux.

Au moment même où tout semblait désespéré, je vis épars sur la plaine plusieurs objets d'un vert brun de différentes grosseurs, et dont le plus gros pouvait égaler une ruche : je jetai un cri de joie, et tirant mon couteau je courus du côté où ils se trouvaient. On eût dit une troupe de gros hérissons roulés en boule. Ma femme, les enfants et Cudjo crurent que j'étais devenu fou; ils s'arrêtèrent surpris de me voir apprêter mon couteau à l'encontre d'objets qui leur semblaient aussi inoffensifs qu'inutiles. Mais je savais que c'étaient des cactus globulaires.

J'en eus bientôt pelé quelques-uns, et leur chair fraîche, succulente et juteuse fit bientôt envie à toute notre petite caravane. Nous en mangeâmes tous avec avidité, et nous en donnâmes aux bœufs et au cheval, qui les dévorèrent rapidement; les chiens eux-mêmes léchaient avec ardeur la sève qui coulait des fibres poreuses.

Ces plantes ne calmèrent par notre soif comme eût pu le faire de l'eau pure et fraîche; mais elles nous firent grand bien et nous aidèrent à atteindre la montagne. Nous nous décidâmes à nous arrêter un instant pour reposer les bœufs : malheureusement cette halte arriva trop tard pour l'un des deux qui nous restaient. Il s'était couché au pied du chariot; et quand nous voulûmes nous remettre en route, il nous fut impossible de le faire lever. Nous fûmes forcés de le laisser là, et ayant attelé le cheval à sa place, nous partîmes de noueau. Nous aurions bien désiré rencontrer une autre collection de cactus; mais nous n'en vîmes plus, et rien ne se présenta pour les remplacer.

Nous étions encore à cinq milles du pied de la montagne, quand notre dernier bœuf tomba de fatigue et d'épuisement: nous le crûmes mort. Il nous était impossible de traîner le chariot plus loin; mais il n'y avait pas à hésiter, il fallait continuer à pied ou mourir de soif sur place.

Je dételai le cheval et le laissai aller en liberté, il était incapable de porter le moins lourd d'entre nous. Je pris dans le chariot une hache, un pot de fer et le seul morceau de viande sèche qui nous restait; Cudjo mit la hache sur une épaule et la petite Marie sur l'autre; je portais les provisions, la marmite, ma carabine et Loïsa; ma femme, Frank et Harry portaient chacun quelque chose.

Nous quittâmes le chariot et nous nous dirigeâmes vers la montagne; les chiens suivaient, et le pauvre cheval se mit à trotter derrière nous. Les cinq milles que nous avions à faire nous parurent bien longs; mais à mesure que nous avancions nous voyions de profonds ravins descendre le long de la montagne, et nous commençâmes à distinguer comme un ruban d'argent qui tombait de roc en roc : c'était de l'eau. Une heure après nous étions au bord d'un ruisseau limpide.

X. — UN ARMADILLO.

Notre premier soin fut de remercier la divine Providence, qui nous avait permis de l'atteindre avant de mourir. Quand nous eûmes bu à notre soif, nous cherchâmes à découvrir les ressources que la montagne nous offrait. Le cours d'eau sur le bord duquel nous nous trouvions n'est pas celui qui vient arroser et fertiliser cette vallée, il coule sur le versant opposé de la montagne. Ce n'était qu'un ruisseau. Il en sortait un assez grand nombre des différents ravins; tous couraient vers le sud-est et allaient former une grande rivière qui traverse la plaine : c'est un des affluents de la grande rivière Rouge de la Louisiane, ou du Brazos, ou bien encore du Colorado ou du Texas.

Je viens de dire que c'est une grande rivière, mais ce n'est pas tout-à-fait exact; au point où tous les ruisseaux forment leur jonction, il y a effectivement une grande masse d'eau, mais vingt milles plus loin le lit de ce torrent est à sec pendant la plus grande partie de l'année : l'eau sans doute est évaporée par la chaleur du soleil ou s'infiltre à travers les sables. Ce n'est qu'après de grandes pluies, et elles sont très rares ici, ou quand les grandes chaleurs font fondre beaucoup de neige, qu'il y a assez d'eau pour que le courant puisse dépasser la grande couche de sable qui s'étend vers l'est. Je ne reconnus tout cela que plus tard.

Je vis avec douleur que nous n'avions presque aucune chance de trouver quelque chose à manger dans le lieu où nous étions. La montagne était rocheuse et menaçante, on ne voyait que quelques cèdres nains qui sortaient des fissures des rochers. Le peu d'herbe et les quelques saules qui bordaient le cours d'eau formaient un agréable contraste avec la triste stérilité du Désert; cela ne nous promettait cependant aucun moyen de chasser la faim. Si le Désert s'étendait au sud de la montagne aussi loin que vers le nord, l'est et l'ouest, nous avions atteint une station où nous pouvions calmer notre soif, mais où nous devions infailliblement mourir d'une mort tout aussi horrible : mourir de faim.

C'était là l'idée qui nous tourmentait, car nous n'avions encore rien mangé depuis le matin : nous pensâmes alors au morceau de viande desséchée que j'avais apporté.

— Il faut le cuire et en faire de la soupe, dit Marie, cela vaudra mieux pour les enfants.

Ma pauvre femme ! je voyais qu'elle était exténuée de fatigue, et cependant elle cherchait à se montrer calme et résignée.

— Oui, papa, faisons de la soupe, dit Frank essayant de paraître aussi courageux que sa mère.

— C'est bien, répondis-je. Voyons, Cudjo, prends la hache, et allons chercher du bois. Voilà là-bas des sapins, ils nous feront un feu excellent.

Nous allâmes donc vers les sapins, qui se trouvaient à environ trois cents pas et tout près du rocher d'où sortait le ruisseau. Quand nous fûmes plus rapprochés des arbres, je reconnus que ce n'étaient pas des sapins; le tronc et les branches portaient des épines longues comme celles d'un porc-épic, les feuilles étaient d'un vert brillant, ovales et dentelées. Mais ce qui me parut le plus extraordinaire, ce fut de voir de longues cosses, semblables à celles des fèves, qui pendaient aux branches en grand nombre. Elles pouvaient avoir un pouce et demi de large et près d'un pied de long; elles étaient rougeâtres, couleur de lie de vin : si ce n'eût été cette étrange couleur, on eût pu les prendre pour des cosses de grosses fèves.

Je connaissais cet arbre pour l'avoir déjà vu : je savais que c'était l'acacia que les Espagnols appellent *algarobo*. Cudjo connaissait comme moi l'excellence de ses fruits, et aussitôt qu'il eut vu les longues cosses il s'écria d'une voix que la joie rendait tremblante :

— Massa !... massa *Roff*, voyez donc ! Des fèves et du miel pour souper !

Nous courûmes vers les acacias, et pendant que je cueillais leurs fruits, Cudjo alla un peu plus loin pour abattre quelques jeunes sapins que nous voyions.

J'avais rempli mon mouchoir et j'attendais Cudjo, quand je l'entendis s'écrier :

— Massa Roff ! venez par ici ! Venez voir la bête... Qu'est-ce que cela peut être ?

Je courus de son côté, et je le trouvai penché sur un trou d'où sortait un objet qui rassemblait excessivement à une queue de cochon.

— Qu'est-ce que c'est, Cudjo ? lui demandai-je.

— Je ne sais pas, massa. Je n'ai jamais vu pareille bête en Virginie : cela ressemble à un gros cochon.

— Tire-le par la queue, Cudjo, et voyons ce que c'est.

— Oh ! massa Roff, j'ai essayé, mais je ne peux pas. Voyez !

Et en même temps il reprit la queue de la bête et tira de toutes ses forces sans pouvoir faire sortir l'animal.

— L'avez-vous vu avant qu'il entrât dans cette crevasse ? lui dis-je.

— Oui, massa, je l'ai vu, et j'ai couru après : mais il s'est fourré dans ce trou.

— A quoi ressemblait-il ?

— A un cochon, mais il avait un dos comme une tortue de Virginie.

— Oh ! alors c'est un armadillo.

— Un *amadillo !* Cudjo jamais entendu parler de ces bêtes-là.

C'était en effet un de ces curieux animaux que l'on trouve dans le Mexique et dans toute l'Amérique du Sud : ils sont tout-à-fait inoffensifs, et se nourrissent de plantes et d'herbes. Comme ils ne courent pas très vite, on peut les attraper à la course ; ils se roulent alors comme un hérisson, et s'ils se trouvent au bord d'un précipice ils n'hésitent pas à se jeter en bas pour échapper à leur ennemi. Si leur terrier est proche, ou s'ils se trouvent près d'une crevasse, ils se glissent dedans : il leur suffit, comme aux autruches, de se cacher la tête pour se croire en sûreté.

Il était évident que celui que nous avions devant nous ne pouvait pénétrer plus avant dans le trou où il était entré ; mais il était clair aussi que nous ne l'aurions pas en tirant sur la queue. Il avait soulevé toute sa carapace et pressait le roc tout autour, de manière à nous opposer la plus grande résistance. Ses pattes et ses griffes entrées aussi très avant dans la terre mordaient le sol avec force.

— Il faudrait un attelage de bœufs pour l'arracher, dit Cudjo après avoir essayé de nouveau.

J'avais entendu dire que les Indiens, qui aiment beaucoup la chair de l'armadillo, avaient un moyen très facile de le faire sortir de son trou. Je me mis à genoux ; et prenant une petite branche de cèdre, je me mis à chatouiller ses pattes de derrière.

Ses muscles commencèrent à se détendre, sa carapace s'abaissa et tout son corps s'amoindrit. Quand je vis qu'il était revenu à sa grandeur naturelle, j'espérai qu'il avait en même temps oublié de tenir ferme avec ses pattes. Saisissant alors la queue vivement et la tirant tout-à-coup, je le fis sortir de son trou et le jetai entre les jambes de mon compagnon. Cudjo lui porta un coup de hache qui lui sépara presque la tête du reste du corps et le tua roide. Il appartenait à la petite espèce, et n'était pas plus gros qu'un lapin ; mais c'était un de ceux dont la cotte a huit rangs de mailles, et que l'on regarde comme les meilleurs au goût.

Nous retournâmes au camp avec notre provision de bois, nos cosses d'acacia et notre armadillo : ma femme jeta les hauts cris quand je lui dis que nous allions le manger. Mais tout le monde fut enchanté de notre trouvaille des fèves d'acacia : Marie et Loïsa mangèrent avec avidité la pulpe aussi douce que le miel qui se trouvait dans chaque cosse : nous gardâmes les fèves pour les faire rôtir aussitôt que notre feu serait allumé.

— Et maintenant, mes amis, continua Rolfe, que je vous ai raconté la découverte de cet acacia, vous ne refuserez pas, je l'espère, de goûter de la bière que j'ai faite aujourd'hui même avec des fèves, pendant que vous étiez en quête de ma vallée. Elle ne vaut peut-être ni l'ale ni le porter, mais je crois que, eu égard à l'endroit où nous nous trouvons, vous ne la trouverez pas mauvaise.

Il nous apporta en même temps une immense jarre et nous

versa une liqueur brune comme de la bière. Nous en bûmes tous avec plaisir : c'était quelque chose comme du cidre nouveau. Et la preuve que nous savions apprécier dignement le talent de notre hôte, c'est que nous revînmes à la charge.

Un moment après, Rolfe reprit le fil de son histoire.

XI. — UN BUFFLE MAIGRE.

Tout le monde fut bientôt occupé. Marie prépara la viande desséchée pour la faire bouillir avec les fèves dans notre pot de fer blanc. Cudjo souffla le feu, qui pétillait déjà. Frank, Harry et les filles sucèrent la pulpe sucrée des cosses, tandis que de mon côté je dépouillais l'armadillo pour le mettre à la broche.

Notre pauvre cheval, plutôt que de rester à rien faire, s'était mis à paître l'herbe épaisse qui croissait sur les bords du ruisseau : les chiens suivaient tous mes mouvements avec anxiété, et se disputaient avec voracité les abats qui tombaient sous le tranchant de mon couteau.

Le feu ne tarda pas à flamboyer ; la viande et les fèves commencèrent à bouillir dans la casserole, et l'armadillo tourna suspendu sur des branches disposées au-dessus du foyer. Quelques minutes après tout était cuit à point.

Il ne s'agissait plus que de servir ce souper impromptu. Malheureusement nous n'avions ni plats, ni assiettes, ni verres, ni cuillers, ni fourchettes : seulement, Cudjo et moi possédions chacun notre couteau de chasse ; nous nous en servîmes pour pêcher la viande et les fèves au fond de la marmite et les déposer sur une belle pierre plate. Quant à la soupe, il était impossible de la manger avec deux couteaux ; nous mîmes refroidir le pot dans le ruisseau, et au bout de quelques instants Marie et les enfants purent boire à même chacun à son tour.

Cudjo et moi nous nous passâmes de soupe, nous préférions quelque chose de plus substantiel.

Je crus d'abord que je serais seul à manger l'armadillo : Cudjo lui-même, qui dans la Virginie avait, disait-il, mangé de plus d'une sorte de vermine, hésita longtemps avant d'en goûter. Quand il vit cependant qu'évidemment je trouvais cela bon, il me tendit la main en me priant de lui en donner un tout petit morceau. Il n'en eut pas plus tôt goûté qu'il en voulut encore, puis encore, et je craignis à la fin qu'il ne m'en laissât pas assez.

Mais Marie ni les enfants ne purent se décider à nous imiter. Ce fut en vain que je leur répétai que ce mets ressemblait à du cochon de lait rôti, ils préférèrent s'abstenir.

Le soleil cependant allait bientôt se coucher, et il fallait penser à trouver un lieu propre à nous coucher. Nous avions laissé nos couvertures dans le chariot, et l'air devenait extrêmement froid, comme cela arrive toujours vers le soir dans le voisinage des montagnes couvertes de neige. Les hautes couches de l'atmosphère étant constamment refroidies par les neiges, elles se condensent, deviennent plus pesantes, et chassent les couches inférieures pour prendre leur place et pour être chassées à leur tour par d'autres couches plus froides encore. Nous sentions une brise glacée qui descendait de la montagne, et nous souffrions du froid après avoir été accablés de chaleur pendant le jour. Nous ne pouvions songer à dormir aussi près de la montagne, les feux que nous aurions allumés ne nous auraient garantis ni du froid ni de l'humidité.

Il me vint à l'idée de retourner au chariot, qui n'était qu'à cinq milles, et d'y prendre les couvertures; mais fallait-il faire moi-même cette course, envoyer Cudjo, ou bien partir ensemble? Je pensai enfin que l'un de nous pouvait s'y rendre à cheval et rapporter toute une charge d'objets de toute nature en même temps que les couvertures. Notre cheval, qui depuis une heure et demie paissait une herbe touffue et avait pu boire à sa soif, paraissait redevenir frais et dispos. Il pouvait très bien faire cette course. Je dis donc à Cudjo de l'attraper ; ce qui ne lui fut guère difficile, car il avait autour du cou une corde qui pouvait servir de bride. Je ne savais encore si j'enverrais Cudjo ou si j'irais avec lui : j'hésitai à laisser Marie seule avec les enfants ; mais elle nous pressa de partir, nous disant qu'elle n'avait pas la moindre crainte, puisque Frank et Harry restaient auprès d'elle armés de leurs carabines. Les chiens aussi devaient leur tenir compagnie ; car ils ne se montraient pas disposés à s'éloigner de la petite Loïsa, que ma femme tenait dans ses bras.

Je cédai aux instances de Marie ; mais avant de partir je leur recommandai de faire feu d'une des carabines en cas d'alarme, et je me mis en route avec Cudjo et le cheval.

L'air était si pur que de l'endroit où nous étions nous voyions les brancards du chariot. Nous n'éprouvâmes donc aucune difficulté à nous diriger.

Je pensai, chemin faisant, que si les loups n'avaient pas encore dévoré le pauvre bœuf que nous avions laissé avec le chariot, je le dépouillerais pour en sauver la peau et quelque morceau de viande, toute dure et toute maigre qu'elle dût être, car quand il était tombé mort il ressemblait plutôt à un squelette qu'à une bête en chair et en os. Cependant je songeais que nous en tirerions au moins un bon déjeuner, et je devins impatient de savoir s'il en restait encore des bribes.

Un cri de Cudjo me fit lever la tête : il s'était arrêté tout-à-coup, et avait étendu le bras comme pour m'indiquer quelque chose devant lui. Je regardai du même côté et vis dans l'obscurité un objet qui ressemblait à un gros quadrupède.

— Peut-être, massa, dit Cudjo, peut-être est-ce un buffalo !

— C'est possible, répondis-je ; mais que faire? J'ai laissé ma carabine. Tiens le cheval, Cudjo, et je vais tâcher de m'en approcher assez près pour le tuer d'un coup de pistolet.

Je recommandai à Cudjo de ne pas faire le moindre bruit, et armant mon plus fort pistolet, je me glissai vers l'animal. Je me traînais sur mes mains et mes genoux, j'avançais très doucement pour ne pas effrayer ma proie. En approchant je demeurai convaincu que c'était un buffalo; mais la lune n'était pas encore levée, et je ne le voyais qu'indistinctement. Je crus enfin être à portée de pistolet : je m'arrêtai donc, et je me préparai à faire feu. Comme je relevais mon pistolet, le cheval se mit à hennir, et l'étrange animal que j'avais devant moi lui répondit par un beuglement tel qu'un bœuf pouvait seul le pousser. C'était la pauvre bête que nous avions laissée auprès du chariot, qui s'était relevée et s'avançait vers la montagne. L'air froid du soir l'avait rafraîchie, et son instinct la guidait le long du chemin que nous avions suivi.

Je ne sais si je ressentis plus de plaisir que de peine à la vue de notre vieux compagnon. Un buffalo bien gras me semblait préférable à un bœuf mourant de faim; mais quand j'eus réfléchi à l'aide qu'il pouvait nous donner pour sortir du Désert, je me trouvai heureux de le voir encore en vie. Le cheval et lui semblèrent se féliciter de cette rencontre, et je ne pus m'empêcher de penser, en voyant le bœuf agiter sa longue queue, que le cheval lui avait soufflé quelques mots de la bonne chère qui l'attendait un peu plus loin. Le bœuf avait son harnais sur le dos; et, de peur que pendant notre absence il ne s'éloignât du droit chemin, nous l'attachâmes à un buisson de sauge, pour l'emmener à notre retour.

Nous allions nous éloigner quand je songeai que si le bœuf avait un peu d'eau, il serait en état d'aider le cheval à mener le chariot à la montagne. Ce serait une douce surprise pour Marie que de nous voir revenir avec le bœuf, le chariot et tout notre attirail, y compris les couvertures, la vaisselle, notre provision de café et quelques autres articles que nous avions dans un grand coffre. Ce serait magnifique, pensai-je ; et je communiquai mon idée à Cudjo. Il l'approuva complètement, disant que c'était facile à faire. Nous avions apporté avec nous la marmite pleine d'eau ; mais l'ouverture en était trop étroite pour que le bœuf pût y boire.

— Marchons, massa Rolfe, dit Cudjo, nous lui donnerons à boire dans l'auge du cheval quand nous serons arrivés au chariot. Ah ! ah ! c'est nous qui allons étonner maîtresse !

Nous détachâmes donc le bœuf, et nous le reconduisîmes vers le chariot. Cudjo et moi nous allions à pied, car nous savions que le cheval aurait assez de mal à traîner sa part du chariot. Nous trouvâmes tout dans l'état où nous l'avions laissé. Nous voyions quelques grands loups blancs qui rôdaient dans le voisinage, et c'était probablement leur approche qui avait effrayé le bœuf et lui avait rendu assez de force pour qu'il se levât et quittât ce lieu. Quand nous eûmes versé l'eau dans l'auge nous la donnâmes au bœuf, qui but jusqu'à la dernière goutte et se mit à lécher le fond et les côtés jusqu'à ce que tout fut bien sec. Nous attelâmes nos deux bêtes, et, sans tarder davantage, nous nous mîmes en route pour le camp.

Nous étions guidés par la lueur du feu, dont nous pouvions voir la flamme se refléter sur les flancs obscurs de la montagne. Nos bêtes semblaient comprendre aussi bien que nous que leur marche devait s'arrêter là, et elles se hâtaient d'y arriver.

Nous n'étions plus qu'à un demi-mille, quand j'entendis dans les rochers une détonation de carabine. Je fus saisi d'effroi. Les Indiens avaient-ils attaqué Marie et les enfants? Etait-ce l'approche d'une bête féroce qui les avait effrayés ? N'était-ce pas un ours noir ?

Je n'hésitai pas un moment, je me mis à courir et laissai Cudjo avec le chariot. Armant mon pistolet je me tins prêt à tirer, et j'avançai rapidement en prêtant l'oreille à tout bruit qui pourrait venir du pied de la montagne. Je m'arrêtai une ou deux fois pour écouter et reprendre haleine, mais il ne se faisait aucun bruit. Que pouvait signifier ce silence ? Qu'étaient devenus les chiens ?... Si notre petite caravane eût été attaquée par un ours ou tout autre animal, je les aurais entendus japper et aboyer ; tout était tranquille... Avaient-ils été massacrés tous ensemble, percés de flèches indiennes, dont l'effet est si mortel? Je ne savais que penser. O ciel! aurais-je à pleurer ma femme et mes enfants?

Je courus la terreur dans l'âme, et décidé à me jeter au milieu de l'ennemi quel qu'il fût, et à vendre ma vie aussi cher que possible.

Enfin j'approchai, je pus distinguer les objets autour du feu. Quels ne furent pas mon étonnement et ma joie de voir ma femme tranquillement assise auprès du foyer et tenant la petite Loïsa dans ses bras tandis que Marie jouait à ses pieds!... Mais qu'étaient devenus Frank et Harry? Je ne comprenais rien à leur absence : je savais qu'ils n'auraient pas tiré sans nécessité de manière à m'alarmer pour rien, et cependant Marie était là aussi tranquille que si la carabine n'eût pas fait feu!

— Qu'y a-t-il, Marie? m'écriai-je en accourant. Où sont les enfants? N'ont-ils pas tiré?

— Oui, répondit-elle, Harry a fait feu sur quelque chose.

— Sur quoi? sur quoi? demandai-je.

— Sur un animal, je ne sais pas de quelle espèce; mais je crois qu'il l'a blessé, car ils ont tous couru, les chiens aussi, de ce côté, et ils ne sont pas encore de retour.

— De quel côté? dis-je à la hâte.

Marie me montra la direction qu'ils avaient prise, et je m'élançai après eux sans demander plus de détails. Je n'étais pas à cent pas du camp, que je trouvai Harry, Frank et les deux chiens autour du corps d'un animal. Harry était tout fier de son succès et semblait attendre des félicitations que je n'hésitai pas à lui donner. Je pris l'animal par une de ses pattes de derrière, car il n'avait pas de queue, et je le traînai vers le feu. Il était à peu près de la grosseur d'un jeune veau, mais ses formes étaient beaucoup plus élégantes, ses pattes étaient longues et minces, et ses cuisses n'étaient pas plus grosses qu'une canne ordinaire.

Son pelage était d'un rouge pâle, sa poitrine et son ventre étaient blancs; ses grands yeux langoureux et ses cornes légères, en forme de fourche, me dirent que c'était une antilope de l'espèce de celles que l'on trouve dans l'Amérique du Nord.

Marie m'apprit alors que pendant qu'ils attendaient impatiemment autour du feu notre retour retardé par le chariot, ils avaient vu une paire de grands yeux, brillant dans l'obscurité comme deux étincelles, et qui les regardaient à la distance de quelques pas. Ils ne pouvaient voir que les yeux, mais c'était assez pour les alarmer ; car ce pouvait être un loup, un ours ou une panthère. La frayeur ne les paralysa pourtant pas, ils savaient d'ailleurs que toute fuite était impossible. Harry et Frank saisirent donc leurs carabines ; mais Harry fut le plus prompt, et visant aussi bien que possible entre les deux yeux, il tira la détente. La fumée les avait empêchés de connaître le résultat ; ils ne savaient si la balle avait frappé l'animal ou l'avait épargné. Mais les chiens, qui jusqu'alors étaient restés accroupis auprès du feu, s'étaient levés tout-à-coup et lancés sur la piste. Ils les entendirent courir quelques instants, puis il y eut comme une lutte dans les broussailles, et ils en avaient conclu qu'Harry avait blessé l'animal et que les chiens l'avaient abattu. Il était temps que Frank et Harry arrivassent sur le champ de bataille, car les chiens, qui étaient affamés, auraient bientôt commencé à dévorer le précieux gibier si on ne les eût empêchés. L'antilope avait eu l'épaule cassée et n'avait pu faire que quelques bonds.

Harry ne se vantait pas de son adresse, mais il était facile de voir combien il en était fier : cette pièce d'excellent gibier allait nous servir trois jours pour le moins, et comme une heure seulement auparavant nous ne savions guère où trouver notre prochain repas, il y avait pour nous de quoi se réjouir.

— Mais où est Cudjo ? demanda ma femme ; apporte-t-il les couvertures ?

— Oui, répondis-je en riant, il en est chargé.

On commença à entendre au même moment le bruit criard des roues, et on put voir la bâche de toile blanche qui reflétait la lueur de notre foyer. Frank sauta de bonheur en s'écriant tout-à-coup :

— Maman ! maman ! c'est le chariot !

Cudjo criait au même instant : Hue ! dia ! Et quelques secondes après le cheval et le bœuf amenaient le chariot jusqu'auprès du feu, avec autant de facilité que s'ils eussent traîné un jouet d'enfant et que s'ils eussent été capables de faire encore une traite d'une centaine de milles. Nous ne tardâmes pas à les débarrasser de leurs harnais et à leur permettre d'aller paître et boire en toute liberté.

Comme il se faisait tard et que nous étions très fatigués, nous résolûmes de ne pas perdre de temps avant de prendre le repos nécessaire. Marie prépara un lit dans le chariot, car c'était la seule tente que nous possédions, et il eût été impossible d'en désirer une meilleure. Pendant ce temps-là Cudjo et moi nous dépouillions l'antilope, puis passant une corde dans les tendons des pattes, nous la suspendîmes à une haute branche, afin que ni les chiens ni les loups ne pussent l'atteindre pendant la nuit. Castor et Pollux suivaient attentivement toute l'opération, car ils avaient à peine encore mangé, et leurs yeux nous demandaient de la manière la plus intelligible les abats, que nous leur abandonnâmes.

Marie eut bientôt fini ses préparatifs pour la nuit; il ne nous restait plus qu'un devoir à remplir avant de nous livrer au sommeil. C'était un devoir que je ne négligeais jamais toutes les fois que les circonstances me permettaient de le remplir. Marie me comprit et apporta hors du chariot le seul livre qui fût entre nos mains : c'était la Bible. Cudjo raviva le feu, et quand on fut assis en cercle, je lus dans le livre sacré les passages qui semblaient se rapporter le mieux à la situation où nous nous trouvions. C'étaient les pages où sont racontés les malheurs des enfants d'Israël dans le désert.

Puis joignant les mains, nous nous mîmes à genoux et nous remerciâmes le Seigneur qui nous avait sauvés comme par miracle.

Le lendemain matin nous étions debout avec l'aurore, et nous eûmes le plaisir d'assister au magnifique spectacle du lever du soleil. Aussi loin que la vue pouvait s'étendre vers l'est, le désert présentait une plaine uniforme qui ressemblait à un océan endormi. On eût dit que le soleil sortait du sein de cette plaine sans bornes, et s'élevait dans un ciel d'azur; il n'y avait pas un nuage dans toute l'immensité des cieux.

Nous nous levâmes pleins de courage, car nous avions bien dormi et nous ne craignions plus d'être poursuivis par les sauvages qui avaient massacré nos compagnons. Il est vrai que nous n'avions pas de quoi les engager à entreprendre la traversée terrible du Désert.

Cudjo était un excellent boucher, je le chargeai de dépecer notre antilope; et prenant ma hache, je me dirigeai vers la montagne pour abattre du bois à brûler. Marie était occupée à mettre en ordre tout son attirail de cuisine, que la poussière du désert avait revêtu d'une épaisse couche jaunâtre. Nos ustensiles étaient assez nombreux : nous avions un gril, un chaudron, deux casseroles, un plat à four, une excellente cafetière avec un moulin, une demi-douzaine de tasses et d'assiettes en ferblanc et un assortiment complet de couteaux, cuillers et fourchettes. Notre ami l'Ecossais nous avait fait acheter tout cela à Saint-Louis, car il savait par expérience ce qu'il fallait emporter pour voyager dans le Désert.

J'eus bientôt ramassé tout le bois dont nous avions besoin, et notre feu flamboya en pétillant. Marie brûla du café dans une de ses casseroles et le moulut tout chaud. Je pris le gril et le couvris de tranches d'antilope pendant que Cudjo cueillait des cosses d'acacia et en faisait rôtir les fèves. Elles nous servirent de pain, car nous n'avions ni biscuit ni farine : la provision que nous nous étions procurée à Saint-Louis était épuisée depuis quelques jours, et nous n'avions eu les jours précédents que du café et du bœuf fumé.

Nous commencions à économiser notre café, car il ne nous en restait plus guère qu'une livre, et c'était un breuvage précieux dans la situation où nous nous trouvions. Nous n'avions ni sucre ni crème, mais nous nous en passions fort bien. Dans le Désert on prend très bien le café au naturel. Cependant Frank avait eu l'idée de recueillir la pulpe des cosses dont nous retirions les fèves, et il en avait déjà près d'une assiette pleine. Il voulait l'employer à édulcorer son café.

Le grand coffre fut descendu du chariot; Marie le couvrit d'une nappe, et nous improvisâmes de la sorte une table des plus solides. Nous roulâmes de grosses pierres tout autour pour nous servir de siéges et nous attaquâmes avec ardeur nos tranches d'antilope grillée. Après quoi nous prîmes une tasse d'excellent café.

Pendant que nous étions ainsi occupés, je vis Cudjo qui tournait en haut ses grands yeux blancs en s'écriant :

— Maîtresse ! massa ! voyez là-bas !

Nous nous tournâmes vivement, nous faisions face au Désert, et Cudjo regardait vers la montagne. Il y avait de hautes falaises devant nous, et l'on apercevait sur leurs crêtes cinq animaux d'un rouge brun, qui couraient si vite que je les pris d'abord pour cinq oiseaux qui volaient. Un moment d'attention me convainquit cependant que c'étaient des quadrupèdes : ils sautaient si rapidement d'un point à l'autre qu'il était impossible d'apercevoir leurs pattes. Ils avaient l'air d'être de l'espèce des cerfs ; ils étaient plus gros que des moutons ou des chèvres, et nous pouvions voir qu'au lieu de bois ils avaient sur la tête de très grosses cornes recourbées. On aurait dit, quand ils s'élançaient d'une cime à l'autre, qu'ils faisaient la culbute dans l'air et qu'ils retombaient la tête en avant.

La montagne était garnie d'une espèce de contre-fort qui s'abaissait jusqu'à moins de cent pas de l'endroit où nous étions et se terminait par un précipice de soixante ou soixante-dix pieds, qui surplombait la plaine. En descendant sur cette ligne de rochers, les cinq animaux coururent jusqu'à son extrémité et s'arrêtèrent au bord du précipice comme pour le reconnaître. Nous pensâmes qu'ils ne pourraient aller plus loin, et j'avais pris ma carabine en me demandant si elle pourrait porter jusque-là. Tout-à-coup, à notre grande surprise, l'animal qui se trouvait le plus au bord s'élança de la falaise, et faisant une culbute en l'air tomba sur sa tête dans la plaine ! Puis nous le vîmes se servir de ses cornes pour rebondir à une hauteur de plusieurs pieds en faisant une nouvelle culbute et retomber sur ses pieds pour rester immobile comme une statue. Les autres le suivirent l'un après l'autre, semblables à autant de jongleurs, et restèrent comme lui sans bouger ; on eût dit qu'ils attendaient les applaudissements de la foule.

L'endroit où ils avaient fait ce saut périlleux n'était pas à plus de cinquante pas de notre camp, mais j'étais si étonné de ce que je venais de voir que j'oubliai complètement que je tenais ma carabine à la main. Ces animaux, qui nous aperçurent alors pour la première fois, semblèrent aussi surpris que nous. Le cri des chiens, qui s'élancèrent à leur poursuite, me rappela ce que j'avais à faire et leur annonça le danger qu'ils couraient : en un clin d'œil ils eurent repris le chemin de la montagne. Je tirai sur eux presque au hasard ; et nous supposâmes que je n'en avais touché aucun, car ils continuaient à courir tous les cinq vers les hauteurs, toujours chassés par les chiens. Quand ils commencèrent à grimper, on eût dit qu'ils avaient des ailes ; mais nous remarquâmes qu'il y en avait un qui restait en arrière et qui semblait sauter moins agilement que les autres. Nous le suivîmes des yeux, car nous pensâmes qu'il était blessé. Les quatre autres disparurent bientôt ; mais le traînard, en essayant un saut que ses compagnons avaient accompli, ne put atteindre le roc sur lequel il voulait tomber, et alla rouler au bas de la montagne. Un instant après il se débattait contre nos deux chiens.

Cudjo, Frank et Harry coururent de toutes leurs forces et revinrent bientôt, apportant avec eux l'animal, que les chiens avaient fini de tuer. Cudjo pouvait à peine le porter, il était gros comme un chevreuil.

Ses grosses cornes recourbées nous dirent que c'était un *argali* ou mouton sauvage des montagnes Rocheuses, que les chasseurs appellent familièrement grosses-cornes. Il ressemblait à une grande chèvre jaune ou plutôt à un cerf avec des cornes de bélier. La chair de cet animal est très bonne ; aussi lorsque nous eûmes fini notre déjeuner, Cudjo et moi nous dépouillâmes notre argali, et nous pendîmes sa carcasse auprès de celle de l'antilope. Les chiens eurent leur part accoutumée et nous commençâmes à espérer que nous en avions fini avec les privations du Désert.

Nous avions maintenant à décider de ce que nous devions faire : l'argali et l'antilope nous assuraient des provisions pour une semaine au moins : mais quand cela serait fini, pouvions-nous espérer de les renouveler facilement? Ce n'était pas probable, car il était impossible de supposer qu'il y avait beaucoup d'antilopes et de grosses-cornes dans un endroit où ils devaient trouver si peu de chose à manger. Il ne nous serait probablement pas très facile d'en tuer d'autres, car ceux que nous avions tirés semblaient nous avoir été amenés par une main providentielle, et nous savions que nous ne devions pas compter sur un secours aussi inespéré; et nous n'ignorions pas que tout en nous confiant à la protection du ciel, il était de notre devoir de faire tous les efforts possibles pour nous sortir d'embarras. Que deviendrions-nous donc quand nos provisions seraient épuisées? Nous ne pouvions pas toujours tuer des armadillos, des argalis et des antilopes ; car même en supposant qu'ils fussent assez communs dans la montagne, il y avait dix chances contre une que nous n'en verrions plus d'autres. Dans une semaine notre bœuf se serait remis en état, nous pourrions le tuer et nous en nourrir quelque temps ; nous avions ensuite le cheval... et puis... les chiens... mais après cela il ne nous resterait plus qu'à mourir de faim!

C'était une perspective effrayante : si nous tuions notre bœuf, nous devions abandonner notre chariot ; et comment notre cheval nous porterait-il hors du Désert? Si nous venions à tuer le cheval, ce serait encore pire, il nous serait impossible de traverser la plaine à pied. Personne n'a jamais traversé le Grand Désert à pied, pas même les chasseurs ; comment l'aurions-nous fait?

Il était impossible de rester où nous étions : il y avait bien quelques endroits couverts de végétation le long des ruisseaux qui descendaient de la montagne, il y avait aussi quelques bouquets de saules tout autour, mais il n'y avait pas assez d'herbe pour nourrir beaucoup de gibier. Il était donc évident qu'il nous fallait partir de là aussitôt que possible.

Il nous importait ensuite de savoir si le Désert s'étendait vers le sud aussi loin que vers le nord. Pour m'en assurer, je me décidai à faire le tour de la montagne. Marie, Cudjo et les enfants devaient m'attendre au camp.

Le cheval était bien nourri et reposé ; je le sellai, je pris ma carabine, et nous partîmes. Je suivis le pied de la montagne en allant vers l'est. Je traversai plusieurs ruisseaux semblables à celui au bord duquel nous avions campé, et je remarquai qu'ils allaient tous vers l'est pour former un grand cours d'eau. J'observai aussi dans cette même direction quelques arbres rabougris avec une certaine apparence de verdure sur le sol. Chemin faisant, j'aperçus une antilope et un autre animal qui ressemblait à un cerf ; seulement il avait une queue aussi longue que celle d'une vache. Je n'en avais jamais vu de pareil.

Quand j'eus fait environ cinq milles, je me trouvai à l'est de la montagne, et je pus examiner le pays qui s'étendait vers le sud. Ce n'était qu'une plaine encore plus stérile peut-être que celle que nous avions traversée au nord. Le seul côté qui présentât quelque apparence de fertilité était vers l'est, et là encore la végétation était des plus misérables.

C'était désolant : nous avions à traverser de nouveau un immense désert avant d'arriver à un pays habité. Il y aurait eu folie à aller vers l'est chercher les frontières américaines, car nous étions pour ainsi dire sans provisions et nos bêtes étaient exténuées ; la distance d'ailleurs était de près de huit cents milles. Je savais en outre qu'il y avait de ce côté plusieurs tribus hostiles d'Indiens, et, si nous pouvions approcher des terres cultivées, nous étions presque certains de ne jamais y arriver. Il était également impossible d'aller vers le nord ou vers le sud, il n'y avait pas d'habitants civilisés à un millier de milles à la ronde. Notre seule chance était de chercher à traverser le côté occidental du Désert et de nous diriger vers les habitations mexicaines des bords du Del Norté ; mais nous avions deux cents milles à faire !

Nous ne pouvions penser à entreprendre ce voyage sans avoir fait reposer nos bêtes pendant plusieurs, jours, il nous fallait aussi des provisions pour la route ; où les prendre ? Nous ne pouvions que nous en remettre à la Providence, qui nous avait déjà si favorablement traités.

Je remarquai que le versant méridional de la montagne descendait d'une manière moins abrupte que le côté nord vers la plaine ; j'en conclus qu'une plus grande quantité de neige devait se fondre de ce côté et former plus de ruisseaux.

— La montagne doit être plus fertile sur ce versant, me dis-je :

et je continuai mon chemin jusqu'à ce qu'enfin j'aperçus le rideau de saules et de cotonniers par lequel est bordé le ruisseau qui descend dans cette vallée. Je me hâtai d'y courir, et je vis qu'il y avait plus d'eau et plus d'herbe que dans l'endroit où nous avions établi notre camp. J'attachai mon cheval à un arbre, et je gravis un des pics de la montagne pour étudier le pays vers l'ouest et vers le sud. Je n'avais pas atteint une grande hauteur quand je découvris l'étrange abîme qui s'ouvrait un peu plus loin dans la plaine ; cela me frappa, et je résolus de m'en approcher afin de l'examiner de près. Retournant donc où j'avais laissé mon cheval, je me remis en selle et me dirigeai de ce côté. Je fus bientôt sur le bord du précipice, et je découvris cette riante vallée.

Il me serait impossible de vous dire ce que j'éprouvai. Ceux dont les yeux n'ont vu depuis longtemps que des déserts stériles peuvent seuls s'imaginer quelles sont les sensations que l'on éprouve à la vue d'une pareille richesse de végétation. Nous étions alors en automne, les bois que j'avais sous mes pieds étaient revêtus des plus brillantes couleurs de la saison : on eût dit un paysage richement colorié par la main de quelque Rubens. Le chant des oiseaux s'élevait des bosquets, les parfums des fleurs embaumaient l'air : c'était plutôt un rêve de poète qu'une œuvre de la nature. Je crus que je rêvais ou que j'étais le jouet d'un effet de mirage.

Je restai quelques minutes saisi d'admiration, je ne pouvais me rassasier de la vue de ce vallon. Je ne voyais aucune trace d'habitation : la fumée ne s'échappait pas à travers les feuillages, et l'on n'entendait d'autre voix que celle de la nature. Il semblait que le pied de l'homme n'avait jamais foulé cette terre sacrée.

Je serais resté beaucoup plus longtemps ; mais le soleil, qui descendait vers l'horizon, m'avertit qu'il était temps de partir. J'étais à près de vingt milles du camp, et mon cheval n'était ni fort ni reposé. Je résolus de revenir le lendemain avec toute ma famille et tout ce que je possédais ; et tournant la tête de mon cheval, je le mis au trot. Il était tard, près de minuit, quand j'arrivai au camp. Je trouvai tout en l'état où je l'avais laissé, seulement Marie commençait à être fort inquiète de ne pas me voir revenir. La découverte que j'avais faite et que je lui annonçai lui rendit l'espoir et le courage. Nous convînmes de porter notre camp dans la vallée et de partir de très bonne heure le lendemain matin.

XII. — L'ÉLAN.

Le lendemain, le soleil nous trouva debout; nous avions déjeuné ; nous rechargeâmes le coffre et tous nos ustensiles sur le chariot et nous dîmes adieu à notre campement en l'appelant le camp de l'Antilope. Nous donnâmes le nom de crique des Grosses-Cornes au cours d'eau sur le bord duquel nous avions campé.

Une heure avant le coucher du soleil nous arrivâmes au haut de la colline : nous y passâmes la nuit. Le lendemain, je me mis en quête d'un sentier qui nous conduisît au fond de la vallée. Je fis plusieurs milles sur le bord du précipice, mais à ma grande surprise je ne trouvai partout que des falaises à pic ; et je commençai à craindre que ce paradis ne fût inaccessible, et ne nous eût été montré que pour nous soumettre au supplice de Tantale. J'arrivai enfin à l'autre extrémité où vous avez dû voir que le terrain s'abaisse, et que la plaine semble s'affaisser. Là je trouvai un chemin qui descendait dans la vallée et où se trouvaient encore les empreintes de pas de divers amimaux. J'avais enfin ce que je cherchais.

Nous pouvions rester dans cette vallée jusqu'à ce que nos bêtes eussent repris assez de forces pour nous traîner hors du Désert, et que nos carabines nous eussent procuré une assez grande quantité de provisions pour le voyage.

Je retournai vers le chariot; mais comme mes explorations avaient employé la plus grande partie de la journée, il se faisait tard quand j'arrivai : nous restâmes toute la nuit à cette place, que nous nommâmes le camp du Saule.

Nous partîmes de bonne heure le lendemain : en arrivant à l'entrée du chemin, je fis arrêter le chariot. Marie resta avec les enfants, tandis que Cudjo et moi nous allâmes reconnaître le pays. Les broussailles étaient très épaisses, les grands arbres étaient comme liés ensemble par des lianes centenaires qui couraient d'un tronc à l'autre comme des serpents sans fin.

Je trouvai cependant un chemin frayé par les animaux qui descendaient dans la vallée ; mais je ne vis aucun signe qui annonçât la présence de l'homme ou indiquât même qu'il fût venu jusque-là.

Nous suivîmes le sentier, il nous conduisit droit au ruisseau. Il y avait alors très peu d'eau, presque tout le lit était à sec et pouvait devenir une excellente route pour notre chariot ; nous continuâmes donc à le remonter.

Nous avions parcouru environ trois milles, à partir du bas de la vallée, quand nous atteignîmes un endroit où se trouvait une clairière à peu près libre de broussailles.

A droite du ruisseau, le sol s'élevait graduellement et présentait une grande étendue de terres où ne croissaient que quelques arbres épars. C'était une espèce de prairie où l'herbe la plus épaisse se mêlait aux fleurs les plus parfumées : il y avait là plusieurs animaux que notre approche effraya et qui coururent se cacher sous le fourré. Nous nous arrêtâmes un instant pour admirer le paysage que nous avions sous les yeux. Des oiseaux au brillant plumage sautaient de branches en branches, sifflant, gazouillant et se pourchassant les uns les autres. Nous vîmes des perroquets, des perruches, des orioles, des geais bleus, de magnifiques loxias écarlates et d'autres de l'azur le plus pur. Des papillons aux larges ailes peintes de mille couleurs volaient de fleurs en fleurs : il y en avait parmi eux qui étaient aussi grands que des oiseaux et même plus grands, car nous voyions des nuées d'oiseaux-mouches dont la plupart n'étaient pas plus gros que des abeilles et qui, étincelants comme des pierres précieuses, voltigeaient amoureusement sur les calices des fleurs.

C'était un spectacle enchanteur : Cudjo et moi nous fûmes d'avis que nous ne pouvions trouver un endroit plus propice pour y asseoir notre camp. Nous résolûmes d'y demeurer jusqu'à ce que nos bêtes eussent recouvré leurs forces, et que nous eussions trouvé dans les bois d'alentour assez de provisions pour pouvoir traverser le Désert. C'était un campement temporaire. Dix ans se sont écoulés depuis ce temps, et nous sommes encore au même endroit ! oui, cette maison est bâtie au milieu même de la clairière dont je viens de vous parler. Vous serez surpris d'apprendre qu'il n'y avait pas de lac alors et qu'il n'y en avait jamais eu ; je vous dirai plus tard comment il a été créé.

L'endroit où vous voyez un lac était le fond du vallon ; le sol était couvert de la plus riche végétation ; il y avait çà et là des bouquets d'arbres qui lui donnaient l'aspect d'un parc ; on eût pu facilement s'imaginer qu'il y avait dans le lointain quelque splendide demeure que les arbres dérobaient aux yeux.

Nous ne restâmes pas à contempler ce paysage plus longtemps qu'il n'était nécessaire : je savais que Marie nous attendait anxieusement, nous retournâmes donc vers elle. Trois heures après, le chariot couvert de sa bâche blanche était arrêté au fond du vallon, tandis que le cheval et le bœuf paissaient en liberté la riche et verdoyante prairie. Les enfants jouaient sur le gazon à l'ombre d'un magnolia; Marie, Cudjo, les deux garçons et moi nous trvaillions avec ardeur à mettre toutes choses en état. Les oiseaux voltigeaient et gazouillaient autour de nous au grand contentement des enfants : ils venaient se percher sur les branches les plus rapprochées de notre camp et semblaient s'étonner de nous voir troubler leur solitude. La curiosité qu'ils manifestaient me fit croire qu'ils n'avaient pas encore vu d'hommes, et que nous n'avions par conséquent aucune chance d'en rencontrer dans la vallée. N'était-il pas étrange que l'animal que nous craignions le plus était l'homme! C'est qu'en effet nous savions que les seuls hommes que nous pouvions rencontrer seraient des Indiens, et que nous avions tout à redouter de leur part.

Quoiqu'il fût encore bonne heure, nous résolûmes cependant de consacrer le reste du jour au repos; car nous avions éprouvé bien des fatigues pour faire arriver le chariot jusque-là. Il avait fallu retirer de lourdes roches qui se trouvaient dans le chemin, et couper de grosses branches d'arbre qui l'obstruaient. Toutes ces difficultés étaient vaincues, nous avions atteint notre but et nous pouvions nous reposer. Cudjo construisit cependant un foyer, et éleva une grosse branche au-dessus pour y suspendre nos chaudrons et notre marmite. Cette branche était supportée à chaque extrémité sur deux pieux fourchus. C'est ainsi que les chasseurs des montagnes établissent leur cuisine et qu'ils rôtissent leur gibier en plein air. Il est rare de rencontrer en Amérique le trépied rustique des bohémiens de l'Europe.

Notre marmite remplie d'eau fut suspendue à cette crémaillère improvisée; elle ne tarda pas à bouillir, et nous eûmes bientôt devant nous un excellent café. Nous nous étions occupés en même temps de la cuisson d'un quartier d'antilope, puis le grand coffre avait de nouveau été descendu, Marie l'avait recouvert d'une nappe, sur laquelle elle disposa nos assiettes et nos tasses de fer-blanc, qui reluisaient comme de l'argent. Quand tous ces préparatifs furent achevés nous nous assîmes autour du feu en attendant que notre gibier fût suffisamment rôti. Nous nous félicitions déjà du savoureux souper que nous allions faire, quand nous entendîmes tout-à-coup du bruit dans la lisière du bois. Les feuilles remuaient, et l'on eût dit que les pas de lourds animaux brisaient des branches desséchées. Nous nous tournâmes tous de ce côté ; bientôt le feuillage s'agita violemment, et nous vîmes trois gros animaux entrer dans la Prairie comme pour la traverser.

Nous crûmes d'abord que c'étaient des cerfs, car ils portaient de magnifiques bois, mais ils étaient beaucoup plus gros qu'aucun des cerfs que nous eussions jamais vus. Ils étaient de la taille d'un fort cheval flamand, et leur bois, qui s'élevait à plusieurs pieds au-dessus de leur tête, les faisait paraître encore plus grands. C'étaient des élans : le grand élan des montagnes Rocheuses.

En sortant du bois ils marchaient à la suite les uns des autres, pleins de confiance dans leur force et leur agilité. Ils savent en effet se servir très adroitement des cornes pointues dont est armée leur tête, et se défendent avec courage contre leurs ennemis. Ils avaient un grand air de majesté ; et nous les admirions sans mot dire à mesure qu'ils s'approchaient, car ils venaient tout droit à notre camp.

Quand ils aperçurent notre chariot et notre feu, ils s'arrêtèrent aussitôt, et humant l'air avec bruit, ils nous regardèrent pendant quelques instants d'un œil plein de surprise.

— Ils vont partir tout-à-l'heure, dis-je tout bas à ma femme et à Cudjo, et nous échapper infailliblement, car ils sont encore hors de la portée de ma carabine.

J'avais saisi mon arme dès la première alerte, et je la tenais sur mes genoux : Harry et Franck avaient pris aussi leurs petites carabines.

— Quel malheur, massa ! dit Cudjo, la grosse carabine n'ira pas jusque-là, et ils sont aussi gras que possible !

Je me demandais si je ne pourrais me glisser un peu plus près d'eux, quand à ma grande surprise ils s'approchèrent de quelques pas, au lieu de se sauver dans le bois, puis s'arrêtèrent de nouveau et relevèrent la tête en humant encore l'air. L'élan est un animal facile à effrayer ; mais il est en même temps excessivement curieux, et il s'approche souvent des objets qui lui paraissent nouveaux pour les examiner avant de s'enfuir. La curiosité les avait amenés si près de nous, que supposant qu'ils pourraient s'approcher encore, je recommandai à tous mes compagnons de ne rien dire et de rester immobiles.

Le chariot avec sa grande bâche blanche semblait étonner nos visiteurs au-delà de toute expression ; après l'avoir regardée de nouveau avec des yeux effarés, ils firent encore quelques pas pour s'arrêter une troisième fois. Puis ils s'avancèrent encore et firent une nouvelle halte.

Comme le chariot se trouvait à une petite distance du foyer autour duquel nous étions assis, les animaux se présentaient à nous de plus en plus de côté. Les derniers pas qu'ils avaient faits avaient amené le plus avancé à portée de ma carabine : c'était le plus fort des trois, et je résolus de ne pas attendre davantage. Le visant donc au cœur, je fis feu.

— Manqué ! m'écriai-je ; car ils se retournèrent tous les trois en un clin d'œil et disparurent comme un éclair. Ce qui nous parut étrange, c'est qu'ils ne galopaient pas : il trottaient d'un trot relevé et couraient beaucoup plus vite qu'un cheval au galop.

Les chiens que jusqu'alors Cudjo avait retenus, s'élancèrent après eux en aboyant de toutes leurs forces : ils disparurent bientôt à la piste des élans ; mais nous les entendions chasser avec ardeur. Je pensai que nos gros chiens n'avaient aucune chance de rattraper le gibier à la course, et je crus inutile de les suivre ; mais tout-à-coup le cri des chiens changea de nature, on eût dit qu'ils avaient engagé une bataille.

— J'ai peut-être blessé l'animal, et ils l'ont atteint ! dis-je au nègre. Allons, Cudjo, allons voir. Vous, enfants, restez auprès de votre mère.

Je pris la carabine de Harry, et, suivi de Cudjo, je traversai rapidement la clairière du côté où les élans et les chiens étaient entrés dans le bois. Les feuilles des buissons étaient teintes de sang.

— Il est blessé, dis-je, et sérieusement : il est à nous.

— Il est à nous, répéta Cudjo.

Nous courûmes à travers les broussailles dans le sentier qu'ils avaient ouvert, aussi rapidement que les lianes nous le permirent. J'étais en avant de Cudjo, qui n'a jamais été bon coureur, et je trouvais à chaque pas des gouttelettes de sang sur les branches et sur les feuilles. Guidé par les aboiements des chiens, j'arrivai bientôt à l'endroit où ils étaient. L'élan était à genoux et se défendait avec son bois contre un des chiens ; l'autre chien était étendu à terre et poussait des cris de douleur. Le premier cherchait à attaquer l'élan par derrière ; mais cet animal se retournait sur ses genoux comme s'il eût été sur un pivot, et offrait toujours la tête à son ennemi.

J'eus peur que l'élan ne portât un coup mortel à notre brave chien, et pour en finir je tirai à la hâte et me précipitai en avant dans l'intention de l'achever à coups de crosse. Je le frappai de toutes mes forces en tâchant de l'atteindre à la tête; mais j'y mis tant de hâte que je le manquai, et, emporté par la violence de l'effort que je faisais, je tombai juste entre les cornes! Je lâchai la carabine et je cherchai à saisir une des branches pour me dégager, mais l'élan fut aussitôt sur ses pattes, et relevant vivement la tête, il me lança haut dans les airs. Je retombai sur un treillis de lianes, de vignes et de branches entrelacées, que je saisis de toutes mes forces. Heureusement que je restai là suspendu, car l'élan était à me chercher au-dessous et se demandait évidemment ce que j'étais devenu. Si je fusse retombé à terre au lieu de rester accroché dans les branchages, il m'aurait sans aucun doute brisé sous l'effort de ses puissantes cornes.

Je restai là quelques instants, incapable de me remuer : je regardais ce qui se passait au-dessous de moi. Le chien continuait à harceler l'élan; mais le sort de son compagnon l'avait sans doute effrayé, il se bornait à mordre la bête quand il pouvait s'élancer sur un de ses flancs. L'autre chien était toujours étendu et criait de toutes ses forces.

Ce fut à ce moment qu'arriva Cudjo, que j'avais laissé en arrière. Il s'arrêta stupéfait de voir la carabine à terre, et de ne m'apercevoir nulle part. J'avais eu à peine le temps de l'avertir, quand l'élan l'aperçut, et, abaissant la tête, se précipita de son côté avec fureur.

J'avoue que je craignis pour mon vieux compagnon. Il tenait à la main une longue lance indienne qu'il avait trouvée dans le camp où nos compagnons avaient été massacrés, mais je ne le croyais pas de force à repousser une attaque aussi impétueuse. Il n'essayait même pas de diriger la pointe de son arme vers l'animal, qui s'approchait furieux : il restait immobile comme une statue.

— Il est paralysé de terreur, pensai-je. Et je m'attendis à le voir empalé par les branches pointues des formidables cornes. Je me trompais étrangement : Cudjo n'était pas homme à se laisser tuer ainsi. Quand il vit que les cornes de l'élan n'étaient plus qu'à deux pieds de lui, il sauta légèrement derrière un arbre, et l'animal, emporté par la rapidité de sa course, le dépassa de plusieurs pieds. Cela se fit si vite que je crus un instant qu'il était touché; et ma surprise fut grande quand je le vis sortir de derrière l'arbre et plonger sa lance entre les côtes de son adversaire. Le plus adroit matador de toutes les Espagnes n'aurait certes pas pu déployer plus de présence d'esprit et plus d'agilité.

Je jetai un cri de joie en voyant cet énorme animal rouler sur le sol, et descendant aussitôt de l'endroit où j'étais perché, je courus vers le lieu du combat. L'élan se mourait au moment où j'arrivai, et Cudjo jouissait de son triomphe.

— Hourra, mon brave Cudjo! m'écriai-je, vous l'avez adroitement achevé!

— Oui, massa, répondit Cudjo tranquillement tout en laissant percer quelques symptômes de contentement et d'orgueil, oui, massa Roff, l'homme noir a su trouver le joint de la cinquième côte de ce monsieur. Il ne blessera plus mon pauvre vieux Castor! Et Cudjo se mit à caresser Castor, qui avait reçu un coup de corne.

En entendant le coup de carabine, Harry n'avait pu se résoudre à rester au camp davantage, et il était venu nous rejoindre. La carabine n'avait reçu aucun dommage.

Cudjo tira son couteau, et saigna l'élan de la manière la plus scientifique; cet animal était si lourd (il pesait plus d'un millier de livres), que nous résolûmes de le dépouiller et de le dépecer sur place : il nous aurait fallu employer le cheval ou le bœuf pour le traîner. Nous retournâmes chercher tout ce qu'il fallait et annoncer notre triomphe, puis nous revînmes nous mettre à l'ouvrage. Le soleil n'était pas encore couché que nous avions près d'un millier de viande d'élan pendue aux arbres qui entouraient notre camp. Nous avions attendu pour manger que tout fût fini; et pendant que Cudjo et moi nous accrochions les immenses quartiers de chair aux gros rameaux du voisinage, Marie avait couvert le gril de biftecks d'élan qui nous semblèrent aussi tendres et aussi bons que le meilleur filet de bœuf.

XIII. — LE CARCAJOU.

Nous nous levâmes de bonne heure le lendemain, et après avoir déjeuné avec des grillades d'élan et du café, nous nous demandâmes ce que nous avions de plus pressé à faire. Notre provision de viande était devenue assez considérable pour nous permettre d'entreprendre le plus long voyage : il n'y avait plus qu'à la sécher de manière qu'elle pût se conserver. Mais comment pouvions-nous la préparer sans avoir de sel? C'était là notre plus grande difficulté. Notre embarras ne dura cependant qu'un moment, car je me rappelai bientôt que les Espagnols et les habitants de tous les pays savent préparer la viande sans sel de manière à la conserver. J'avais entendu dire aussi que sans employer de sel les chasseurs des montagnes Rocheuses avaient l'art de conserver la chair de buffalo. C'est ce qu'ils appellent du bœuf fumé, denrée que l'on connaît parmi les Espagnols sous le nom de *tasajo*.

Je me souvins d'avoir lu autrefois la méthode à suivre pour cette préparation, je l'expliquai à Cudjo, et nous commençâmes tout aussitôt à fumer notre élan. Nous fîmes d'abord un grand feu, sur lequel nous jetâmes une grande quantité de branches vertes. Par ce moyen nous empêchâmes le feu de brûler trop vivement et nous obtînmes beaucoup de fumée. Nous plantâmes alors plusieurs perches tout autour du feu, et nous étendîmes des lianes de l'une à l'autre au-dessus du foyer. Quand ces lianes furent prêtes nous prîmes les quartiers de l'élan et nous détachâmes la chair des os en la coupant en tranches d'environ une aune de long. Ces tranches furent suspendues sur les lianes de manière à les exposer autant que possible à l'action de la fumée et à la chaleur du feu sans cependant les approcher assez pour les faire rôtir. Nous n'eûmes plus alors qu'à alimenter le feu et à empêcher les chiens et les loups de venir enlever quelques-uns de ces morceaux, qui pendaient comme autant de longs saucissons.

Cette opération nous prit trois jours : après quoi la viande fut assez desséchée pour pouvoir se garder fort longtemps. Nous restâmes pendant ces trois jours dans le camp ou dans le voisinage : nous aurions pu nous procurer d'autre gibier, mais nous en avions assez pour les besoins que nous prévoyions ; et nous ne voulions pas dépenser trop vite nos munitions, car nous avions vu des traces d'ours et de panthère auprès du ruisseau. En nous enfonçant dans les bois à la recherche du gibier nous courions risque de rencontrer quelques-uns de ces dangereux voisins. Il nous semblait prudent de les laisser tranquilles aussi longtemps qu'ils ne viendraient pas nous attaquer, et nous tenions si peu à l'honneur de leur visite que pour les éloigner de nous pendant la nuit nous faisions de grands feux tout autour du chariot.

Nous ne manquâmes pas cependant de viande fraîche pendant ces trois jours, nous fîmes même les repas les plus succulents. J'avais tué une dinde sauvage qui était venue avec plusieurs autres se poser auprès de notre camp. Elle pesait plus de vingt livres, et nous en trouvâmes la chair plus fine, plus savoureuse que celle des dindons de basse-cour.

Vers la fin du troisième jour toute la chair de l'élan était fumée et aussi sèche qu'un morceau de bois, nous la retirâmes de dessus les lianes et en ayant fait de petits paquets nous la déposâmes dans le chariot. Nous n'avions plus maintenant qu'à attendre notre bœuf et notre cheval, qui se remettaient complètement de leurs longues fatigues. Et comme depuis le matin jusqu'au soir ils étaient à paître une herbe fraîche et touffue, nous espérions n'avoir pas longtemps à attendre.

Mais l'homme propose et Dieu dispose. Au moment même où nous avions l'espoir si bien fondé de pouvoir sortir de cette prison sans limites, il survint un événement qui nous fit abandonner cette idée, pour des années au moins et peut-être pour toujours! Voici ce qui nous arriva.

C'était dans l'après-midi du quatrième jour après notre descente dans la vallée, nous venions de dîner et nous étions assis auprès du feu regardant Marie et Loïsa qui se roulaient ensemble sur le gazon. Nous parlions, ma femme et moi, de la petite Loïsa, de la mort terrible de son père et de sa mère, que nous supposions avoir été massacrés par les Indiens. Nous nous demandions si nous devions lui taire la fin malheureuse de ses parents et l'élever comme notre fille, ou bien quand elle serait arrivée à un âge plus raisonnable lui raconter comment elle était devenue orpheline. De là nos pensées se tournèrent vers notre avenir si incertain, car tous nos projets se trouvaient anéantis par la mort de notre ami l'Ecossais. Nous allions dans un pays étranger, dans un pays où nous ne connaissions personne, dont nous ne pouvions même parler la langue, et dont les habitants sont loin d'être bienveillants envers les étrangers, surtout des gens de notre pays et de notre race. Nous n'avions d'ailleurs aucun projet en vue : la mort de notre ami avait rendu notre voyage sans but. Nous ne possédions rien, nous étions sans argent, au point que nous n'avions même pas de quoi payer notre logement pendant une seule nuit ! Qu'allions-nous devenir? Nous étions dans une position terrible : l'avenir nous paraissait tout en noir : nous ne nous laissâmes cependant pas abattre.

— Ne crains rien, Robert, me dit ma courageuse femme en me pressant la main et m'adressant un de ses plus doux sourires, Celui qui nous a protégés jusqu'ici ne nous abandonnera pas.

— Ma chère Marie, lui répondis-je en prenant courage à ces paroles si consolantes, tu as raison, tu as raison, confions-nous à Lui.

Un bruit étrange qui s'élevait de la forêt vint au même moment nous interrompre : il s'approchait à chaque instant. C'était comme un cri d'animal en proie à une grande souffrance. Je me tournai pour chercher mon bœuf : le cheval était dans la prairie, mais je n'y voyais pas son compagnon. Le bruit s'approchait toujours et devenait plus terrible à chaque moment : c'était à n'en pas douter le beuglement d'un bœuf. Mais que se passait-il ?

Un cri plus fort que les autres retentit dans toute la vallée : il semblait que l'animal courait de notre côté.

Je saisis ma carabine, Frank et Harry m'imitèrent ; Cudjo s'arma de sa lance indienne. Les chiens, qui s'étaient rapprochés de nous, attendaient un signal pour s'élancer dans le bois. Ce terrible cri retentit plus près, et déjà nous pouvions entendre le bruissement des feuilles et le bris des branches ; évidemment un puissant animal se frayait un passage à travers les buissons. Les oiseaux s'enfuirent effrayés, le cheval hennit de terreur, les chiens se mirent à hurler et les enfants crièrent d'effroi. Le beuglement retentit de nouveau sonore et plaintif ; toute la vallée sembla gémir de concert. Les roseaux se brisaient sous des pattes puissantes, nous vîmes les feuilles agitées sous les grands arbres ; le mouvement s'approchait, l'ondulation était au bord du bois, et un instant après quelque chose de rouge parut sous le feuillage et s'élança dans la clairière. C'était notre bœuf ! Mais pourquoi beuglait-il ainsi ? Quelque bête sauvage, quelque monstre le poursuivait-il ? Non ! il n'était pas poursuivi, il était déjà atteint. Il portait son ennemi sur ses épaules ! c'était horrible à voir.

Nous restâmes muets d'étonnement : un gros animal était cramponné sur les épaules du bœuf et le tenait étroitement par le cou. Nous crûmes d'abord que ce n'était qu'une masse de poils rougeâtres, un morceau du bœuf lui-même, tant c'était pressé sur lui. Quand le groupe approcha cependant, nous pûmes distinguer les griffes et les pattes courtes et nerveuses du monstre. Sa tête était fixée sur le cou de notre pauvre bête, qui était déchirée et ensanglantée ; sa gueule avait saisi la jugulaire, et suçait avidement le sang du bœuf.

Notre vieux compagnon ne galopait plus que lentement en sortant du bois, et ses beuglements n'étaient plus aussi retentissants. On le voyait chanceler en courant. Il cherchait cependant à s'approcher du camp. Il fut bientôt au milieu de nous et poussa un long gémissement ; mais arrivé là, il tomba pour ne plus se relever.

L'animal, secoué par cette chute, lâcha prise tout-à-coup et se dressa sur le cadavre de sa victime. Je pus alors le reconnaître :

c'était le terrible *carcajou*. Il sembla nous voir pour la première fois, et se baissant tout-à-coup, comme pour prendre son élan, il bondit en un clin d'œil du côté de Marie et des enfants.

Nous tirâmes tous trois au moment où il s'éleva, mais la surprise nous empêcha de viser juste; aucune de nos balles ne l'atteignit. Je tirai mon couteau et courus sur l'animal; mais Cudjo m'avait prévenu, je vis la pointe de sa lance briller comme un éclair et s'enfoncer dans ce poil hérissé. Le monstre poussa un long gémissement : la lance lui avait percé le cou de part en part; il était loin cependant d'être abattu, il s'élança vers Cudjo et allait l'atteindre de ses redoutables griffes, avant que notre vieux compagnon eût eu le temps de retirer son arme. Je ne restai point spectateur inactif de ce drame effrayant; je pris un de mes pistolets et tirai l'animal au cœur : il fut frappé presqu'à bout portant, roula sur le sol, s'y tordit quelques instants dans les convulsions de la douleur, puis expira.

Nous n'avions plus rien à craindre, mais notre pauvre bœuf, qui devait nous aider à sortir du Désert, n'était plus qu'une masse inerte, qu'un cadavre ensanglanté.

XIV. — PAS DE CHEMIN.

Nous avions perdu tout espoir de sortir de cette vallée : le cheval n'était pas de force à traîner seul notre chariot, et nous ne pouvions l'abandonner avec nos provisions. D'ailleurs, quand il nous aurait été possible de traverser le Désert à pied, le cheval n'aurait pu porter nos provisions et notre eau; mais c'eût été folie que de penser à entreprendre à pied un de ces voyages dans le Désert que les Espagnols appellent *jornadas*. Les chasseurs les plus vigoureux périssent souvent en essayant cette traversée, et nous avions avec nous une femme et deux enfants qu'il fallait souvent porter. La chose était tout-à-fait inexécutable, et quand j'y pensais je me sentais saisi de désespoir.

Etions-nous destinés à rester enfermés à toujours dans cette vallée? quelle chance avions-nous de jamais en sortir? Nous ne pouvions espérer de voir personne venir à notre aide, car le pied de l'homme n'avait jamais foulé le sol de cette oasis.

Les chasseurs ou les Indiens qui traversaient le Désert pouvaient même visiter la montagne sans découvrir cette vallée, tant elle était étrangement située.

Je n'avais guère d'espoir qu'une caravane ou une compagnie de marchands vînt de ce côté : le Désert, qui nous entourait, était une barrière presque insurmontable, et je savais que la montagne était bien plus au sud que toutes les routes suivies par les guides de la Prairie. Il ne me restait plus qu'un léger rayon d'espoir : c'était que le Désert ne s'étendait pas vers le sud ou l'ouest autant que je l'avais supposé ; dans ce cas, en faisant une voiture plus légère avec les débris du chariot, peut-être pourrions-nous atteindre l'autre bord. Je résolus donc d'aller seul explorer la route dans ces deux directions : si je trouvais qu'il y avait quelque chance, nous mettrions cette idée à exécution.

Le lendemain matin je chargeai mon cheval de provisions et d'autant d'eau qu'il en pouvait porter ; je dis adieu à ma femme et à mes enfants, et après les avoir recommandés à la protection de Dieu je partis en me dirigeant vers l'ouest. Je suivis cette direction pendant un jour et demi sans apercevoir autre chose qu'une plaine sans limites qui s'étendait devant moi. Au bout de ce temps je n'avais pas fait beaucoup de chemin, car j'avais rencontré des dunes de sable mouvant dans lequel mon cheval enfonçait jusqu'aux genoux. Dans l'après-midi du second jour, je retournai sur mes pas ; je commençais à craindre de ne pouvoir atteindre la vallée. J'y arrivai cependant, mais mon cheval et moi nous étions presque morts de soif.

Je trouvai tous mes compagnons aussi bien portants que je les avais laissés ; mais je ne leur apportais aucune espérance, et je m'assis au milieu d'eux en proie au désespoir.

J'avais encore à pousser mon exploration vers le sud : mais il me fallait attendre que mon cheval fût un peu remis des dernières fatigues.

Un autre jour s'écoula ; je n'entrevoyais aucune chance de salut. J'étais abattu et je ne prenais part à rien de ce qui se faisait autour de moi. Il y avait déjà quelque temps que j'étais assis tout pensif, quand une main se posa légèrement sur mon épaule ; je tournai la tête, et je vis que Marie avait pris place auprès de moi et me regardait avec son calme et beau sourire.

Je compris qu'elle avait l'intention de me communiquer quelque chose.

— Qu'est-ce que c'est, Marie ? lui demandai-je.

— N'est-ce pas là une belle vallée ? me dit-elle en étendant le bras comme pour me montrer tout ce qui nous entourait.

Mes yeux suivirent son mouvement, je regardai tout ce que son geste m'indiquait, et je ne pus m'empêcher de lui répondre par l'affirmative. C'était réellement un paysage de toute beauté : les rayons d'or du soleil caressaient les grandes herbes vertes et faisaient scintiller les fleurs aux vives couleurs ; ils glissaient sur la cime des grands arbres dont le feuillage avait revêtu la chaude et riche livrée de l'automne, tandis que les hautes falaises avec leur noire ceinture de sapins et de cèdres formaient comme la base des pics couverts de neige dont nous voyions le blanc profil s'esquisser sur le ciel bleu. Les sons les plus doux venaient réjouir l'oreille : c'était le murmure des eaux lointaines, le tremblement léger des feuilles qu'agitait une brise embaumée par les délicieux aromes des fruits et des fleurs; c'était encore le chant mélodieux des oiseaux qui gazouillaient sous les berceaux ou sifflaient joyeusement en voltigeant d'un côté à l'autre de la vallée.

— Oui, Marie, répondis-je, c'est magnifique.

— Eh bien, Robert ! me dit-elle en me souriant le plus tendrement possible, pourquoi songer à nous en aller ?

— Pourquoi ? repris-je étonné de cette question.

— Oui, pourquoi ? continua ma femme. Nous cherchons un endroit où nous établir... pourquoi ne pas nous arrêter ici ? Où pouvons-nous trouver mieux ? Savons-nous même si dans ce pays où nous voulons aller nous rencontrerons rien d'aussi beau, aurons-nous même un coin de terre où notre tête reposera ?

— Mais, ma chère Marie, lui dis-je, comment pourrais-tu vivre loin du monde, accoutumée que tu es au monde et à tous ses plaisirs ?

— Le monde ! répéta-t-elle, eh ! que m'importe le monde ? N'avons-nous pas nos enfants ? Ils seront notre société, notre univers. Et puis, continua-t-elle, n'oublions pas que dans ce monde où tu veux retourner nous ne possédons rien, n'oublions pas aussi comment ce monde nous a traités. Avons-nous jamais été heureux quand nous vivions dans le monde ? J'ai éprouvé plus de vrai bonheur depuis que nous sommes ici que je n'en avais jamais ressenti. Penses-y, Robert ! réfléchis bien avant de quitter cette belle vallée, où je commence à croire que la main de Dieu nous a conduits.

— Mais tu n'as pas pensé, Marie, à toutes les difficultés, à toutes les privations de ce genre de vie.

— Pardon, répondit-elle, j'ai pensé à tout cela pendant ton absence. Nous nous procurerons facilement des provisions, car cette oasis produit tout ce que l'on peut désirer. Nous aurons donc le nécessaire; quant au superflu, nous pouvons nous en passer : on peut vivre sans cela.

Ces observations me surprirent étrangement : je n'avais point encore pensé à la possibilité de rester dans cette oasis. Ma seule préoccupation avait été de trouver le moyen d'en sortir. Ce fut pour moi comme une révélation et je commençai à réfléchir sérieusement sur ce que ma femme me conseillait. Les désappointements que nous avions éprouvés dans le monde civilisé, les déceptions par lesquelles j'avais passé et qui toutes m'avaient rendu moins riche, tout cela me donnait un certaine indifférence à l'égard du monde. J'étais donc loin de repousser le plan de ma femme, je me sentais au contraire enclin à en reconnaître la possibilité.

Je restai quelques instants sans mot dire; je me demandais si nous pourrions vraiment vivre dans cette vallée, et je calculais en même temps les ressources qu'on pouvait s'y créer par le travail. Le gibier abondait, nous avions vu des daims de différentes espèces et nous avions reconnu les traces de quelques autres animaux. Il y avait des faisans et des dindes. Nous possédions des carabines et une assez grande quantité de munitions, car outre ma provision Frank et Harry avaient environ chacun une livre de poudre. Cependant tout cela devait se trouver consommé au bout d'un certain temps... et après? oh! après?... Avant que tout fût fini, j'aurais imaginé quelque autre moyen de prendre le gibier : et puis la vallée devait produire des fruits et des racines alimentaires, nous en avions déjà trouvé; et Marie, qui était savante en botanique, pouvait nous dire à quoi beaucoup de plantes étaient bonnes; nous avions de l'eau; que pouvions-nous désirer de plus?

A mesure que je l'approfondissais, ce plan me paraissait de plus en plus facile à exécuter : j'en fus bientôt aussi enthousiaste que ma femme.

Nous appelâmes au conseil Cudjo, Frank et Harry : ils accueillirent cette idée avec bonheur. Le fidèle Cudjo consentait à partager notre sort quel qu'il fût. Quant à mes deux fils, la vie indépendante qu'ils entrevoyaient les mettait au comble du bonheur. Nous ne prîmes pas encore cependant de résolution définitive. Il fallait ne rien faire légèrement, et comme la nuit porte conseil, nous convînmes d'en parler de nouveau le lendemain matin : mais il survint pendant la nuit une circonstance extraordinaire qui me décida à rester dans cette vallée sinon définitivement, au moins jusqu'à ce que nous ayons recouvré quelque chance d'en sortir sans danger.

XV. — L'INONDATION MYSTÉRIEUSE.

Je vais maintenant vous raconter, mes amis, l'étrange incident qui me décida brusquement à adopter le plan de ma femme et à nous établir dans la vallée; nous n'avions peut-être pas alors l'idée d'y rester toute notre vie; nous ne voulions y passer que quelques années; mais enfin il fut résolu que nous essayerions de ce genre de vie, sauf à le changer plus tard.

La raison qui me faisait hésiter était celle-ci : En restant ici, pensais-je, il faut renoncer à améliorer notre position, car, quels que soient notre industrie et notre travail, leurs produits ne pourront pas nous enrichir au-delà de la satisfaction de nos propres besoins. Nous n'aurons jamais un marché où placer le superflu de nos produits, quand même nous aurions entrepris la culture de toute la vallée. Nous ne pouvons donc pas nous enrichir et nous ne pourrons jamais retourner à la vie civilisée; c'était là l'idée qui me tourmentait.

Marie, qui était moins ambitieuse que moi, persistait à prétendre que notre bonheur ne dépendait pas des richesses que nous possédions, que nous n'aurions aucun désir de quitter cette magnifique solitude et que par conséquent nous n'aurions jamais besoin d'être riches.

C'était peut-être là la vraie philosophie : dans tous les cas cela me parut naturel. Les besoins artificiels que nous éprouvons dans l'état de société nous inspirent le désir d'accumuler des richesses, et je ne pouvais m'empêcher de répéter continuellement cet adage de prévoyance : Si nous pouvions seulement trouver le moyen de nous occuper de manière à ne pas perdre notre temps, nous amasserions une fortune qui nous permettrait de retourner dans le monde et d'y vivre à notre aise.

— Qui sait? me répondait Marie : nous trouverons peut-être dans cette vallée une source d'industrie qui nous rendra plus riches que nous ne le serions jamais devenus dans le Nouveau-Mexique. Nous ne pouvons pas nous attendre à de meilleures chances là-bas qu'ici. Nous avons des provisions et de la terre; là-bas nous n'aurions rien de tout cela. Nous sommes chez nous ici; et qui dit que nous ne ferons pas notre fortune dans le Désert?

Cette idée nous fit sourire, car Marie ne faisait que plaisanter pour m'encourager dans ma résolution.

Il était près de minuit ; nous étions restés longtemps à discuter, et, comme je l'ai déjà dit, nous avions remis la décision au lendemain. La lune commençait à se montrer au-dessus de la falaise de l'est, et nous allions nous retirer pour le reste de la nuit, quand tournant les yeux vers le creux de la vallée, nous demeurâmes frappés de stupeur.

Je vous ai dit que quand nous arrivâmes ici il n'y avait pas de lac, c'était une prairie semée de quelques bouquets d'arbres. Le ruisseau coulait au fond comme il coule aujourd'hui dans le lac : son lit était large et sans profondeur. Les nuits précédentes, quand la lune éclairait la vallée, nous voyions d'auprès de notre foyer l'eau qui descendait au milieu des herbes comme un long ruban de moire argentée. Mais en cet instant, à la place du filet d'argent, nous voyions une large étendue d'eau. Les ondes couvraient une surface de plusieurs centaines de mètres carrés et s'approchaient de notre camp. Mais était-ce de l'eau ? Etait-ce l'effet d'un mirage ? Nous avions été l'objet de ces illusions d'optique en traversant le Grand Désert ; mais nous n'avions encore rien vu de semblable à ce que nous avions sous les yeux. Il y a dans le mirage quelque chose de vague et de nébuleux que le voyageur expérimenté sait bientôt reconnaître. C'était bien de l'eau qui s'étendait sous nos pieds ; la lune reflétait ses rayons sur sa surface transparente : ce ne pouvait être que de l'eau !

Ne voulant pas nous en rapporter exclusivement à nos yeux, nous courûmes tous vers le ruisseau : et quelques secondes après nous étions sur les bords d'un lac qui s'était fait comme par enchantement !... Ce phénomène ne nous avait d'abord inspiré qu'un sentiment de surprise ; mais cette surprise fit place à la terreur quand nous vîmes que les eaux s'élevaient toujours. De petites vagues venaient en roulant jusque sous nos pieds ; elles montaient toujours, comme le flot de la marée !

— D'où cela peut-il provenir ? nous demandâmes-nous d'une voix qui trahissait nos craintes. Est-ce un débordement du ruisseau, une inondation ? Qui peut les avoir causés ? Nous n'avions pas eu de pluie depuis plusieurs jours, et la chaleur n'avait pas été assez grande pour amener une fonte extraordinaire des neiges : à quoi donc attribuer cette étrange et soudaine élévation des eaux ?

Nous restâmes quelques instants sans rien dire : nos cœurs battaient avec force, et nous nous regardions sans oser nous communiquer nos craintes. La même idée sembla nous frapper tous au même instant : Sans doute une terrible convulsion, un éboulement des falaises avaient encombré le chenal, avaient bouché le passage que l'eau s'était autrefois frayé au bas de la vallée, nous devions donc nous attendre à voir notre oasis disparaître en entier sous une plaine d'eau, notre camp allait sans doute dépasser les cimes des arbres les plus élevés !

Vous pouvez juger de quelle terreur cette idée nous frappa. Nous ne pouvions attribuer l'inondation à d'autres causes, et nous ne restâmes pas longtemps à chercher une explication différente ; nous retournâmes au camp à la hâte, dans l'intention de sortir de la vallée aussitôt que possible. Cudjo attrapa le cheval, Marie éveilla les enfants et les fit descendre du chariot tandis que Frank, Harry et moi nous ressemblions le peu d'articles que nous possédions et que nous pouvions emporter avec nous.

Nous n'avions pas encore songé, je ne dirai pas à l'impossibilité, mais aux difficultés que nous devions rencontrer. Mais il nous fut bientôt prouvé que nous étions enfermés dans un abîme ; le chemin que nous avions suivi pour descendre et qui côtoyait le ruisseau était complètement couvert par les eaux, qui s'élevaient toujours ! il n'existait pas d'autre route ! Il nous aurait fallu plusieurs jours pour nous en ouvrir une à travers la forêt, et nous nous rappelions en outre que nous avions traversé la rivière pour venir à notre camp : le passage n'était plus guéable depuis longtemps, nous ne pouvions sortir de ce côté. Le bas de la vallée était sans doute inondé également, et nous ne connaissions aucun autre sentier.

Il m'est impossible de vous dépeindre notre anxiété quand nous reconnûmes que nous étions à la merci de l'eau. Nous voulions quitter le camp, emportant chacun une part de provision ; mais où aller ? Le désespoir nous saisit, et nous remîmes nos divers ustensiles à terre. L'eau montait toujours, le lac s'élargissait !

Les loups, chassés de leurs repaires, hurlaient de terreur ; les oiseaux, surpris dans leur sommeil, criaient et volaient çà et là tout effarés, nos chiens aboyaient, comme s'ils eussent compris le danger de ce cataclysme ; et nous pouvions voir les daims et les autres animaux courir sans but à travers la clairière. O ciel ! allions-nous périr dans ce déluge mystérieux ?

Que faire ? Fallait-il grimper aux arbres ? Cela ne nous sauverait pas si les parois du chenal au bas de la vallée étaient écroulées, car les falaises s'élevaient beaucoup plus haut que les plus grands arbres, et l'eau nous aurait bientôt atteints. Nous pouvions peut-être, par ce moyen, prolonger notre désespoir et notre agonie. Tout-à-coup une pensée que j'attribuai à une inspiration du ciel vint me rendre l'espérance.

— Un radeau ! un radeau ! m'écriai-je, et nous serons sauvés !

Cudjo prit la hache, pendant que Marie courait au chariot pour ramasser toutes les courroies que nous possédions. Je savais que nous n'en avions guère, et je me mis à tailler la peau de l'élan en longues lanières.

Plusieurs pièces de bois se trouvaient auprès de notre camp; c'étaient de grands arbres jetés à terre par quelque accident et que les années avaient desséchés. La plupart étaient des *lyriodendrons* ou arbres à tulipes dans lesquels les Indiens ont l'habitude de se creuser des canots. Leur bois est excessivement léger, et flotte comme du liége. Je dis à Cudjo d'en couper un certain nombre d'une même longueur. Cudjo maniait très bien la hache, et il ne tarda pas à avoir un bon nombre de tronçons. Nous les roulâmes les uns auprès des autres, et à l'aide de cordes et de pièces transversales nous les attachâmes fortement ensemble. Le radeau était fait. Nous mîmes dessus notre grand coffre, qui contenait notre viande fumée, nos couvertures et quelques autres objets que nous voulions sauver. Nous ne fîmes aucune provision d'eau, nous étions sûrs de ne pas en manquer.

Ce travail nous avait pris environ deux heures, et pendant tout ce temps nous avions été si absorbés que nous n'avions guère regardé le lac, qui s'accroissait toujours. Aussitôt que nous fûmes prêts je courus au bord de l'eau, et demeurai immobile à le contempler pendant quelques minutes... Quelle ne fut pas ma joie de voir que l'inondation était arrêtée ! Je criai de toutes mes forces pour en informer mes compagnons, qui accoururent auprès de moi pour s'assurer par eux-mêmes de la vérité de cette bonne nouvelle. Nous restâmes une demi-heure sur le bord du nouveau lac, pour être bien certains que l'eau ne s'élevait plus et restait au même niveau.

— Elle est arrivée au haut de l'obstacle qui l'arrêtait et se déverse par-dessus, pensâmes-nous, le danger est passé.

— Quel malheur, massa Rolfe, dit Cudjo en revenant vers le camp, quel malheur d'avoir perdu notre temps à faire ce radeau !

— Ah ! Cudjo lui repartit Marie, il ne faut jamais regretter ce que l'on fait par précaution : n'oublions pas que le radeau nous a déjà valu plus qu'il ne nous a coûté. Rappelez-vous quel était notre désespoir il n'y a que deux ou trois heures, et que l'idée du radeau nous a rendu l'espérance. Il ne faut jamais hésiter à faire ce que conseille la prudence, quelque fatigant que cela soit. Il n'y a que les paresseux et les imprudents qui ne prennent jamais de précautions.

— C'est vrai, missa, c'est très vrai, dit Cudjo, qui écoutait toujours avec grande attention les observations de sa maîtresse.

La nuit était alors très avancée, ou plutôt le jour allait paraître. Marie et les enfants retournèrent à leur couche dans le chariot. Cudjo et moi nous jugeâmes prudent de veiller jusqu'au jour, de peur que quelque autre accident ne fît de nouveau élever les eaux.

XVI. — LES CASTORS.

Quand le jour parut, le lac étendait dans la vallée l'immense nappe de ses eaux. Cette inondation était encore pour nous un mystère, car nous n'en connaissions pas la cause : nous ne pouvions en imaginer d'autre que la chute des falaises. Je résolus d'employer la matinée à m'ouvrir un passage dans le bois et à découvrir la raison de ce phénomène, qui nous causait encore une certaine terreur.

Laissant donc le camp à la garde de Cudjo, qui s'arma de sa longue lance, et des deux garçons, qui avaient leurs carabines, je partis seul ; j'avais eu soin de me munir de mon fusil, d'une hachette, pour me frayer un chemin à travers les broussailles.

Je m'enfonçai dans le bois en me guidant sur le soleil, qui venait de se lever, et je me dirigeai vers l'est. Je voulais gagner le bord de l'eau un peu plus loin, et suivre la rive jusqu'au bas. Après avoir fait environ un mille, j'atteignis tout-à-coup le bord du ruisseau : ma surprise fut grande, en voyant qu'il contenait un peu moins d'eau que d'habitude. Les flots étaient bourbeux, et roulaient des feuilles vertes et des branches fraîchement détachées des arbres.

Je remontai alors le courant, car je devais avoir dépassé l'obstacle que les eaux avaient rencontré. J'étais plus étonné que jamais, et je ne m'imaginais pas comment le chenal avait pu se trouver bouché. Des arbres qui seraient tombés à travers le lit de la rivière n'auraient pu causer une inondation aussi considérable, et je ne voyais aucune falaise dont la chute eût encombré le cours de l'eau. Je commençai à croire que le barrage pouvait être l'ouvrage des hommes, je cherchai des empreintes de pas. Il y en avait des milliers : c'étaient des marques de grands pieds plats, palmés comme les pattes des canards, et armés d'ongles aigus. Le sable, la vase et les bords du ruisseau en étaient couverts.

Je m'avançais avec prudence ; car, quoique je ne visse aucune trace d'Indiens, c'est-à-dire d'ennemis, je craignais qu'ils ne fussent dans le voisinage. Enfin, j'atteignis un endroit où la rivière faisait un coude, au-dessus duquel je me rappelais que le chenal était plus étroit, et coulait entre deux rives d'une assez grande hauteur. Je n'avais pu oublier cette circonstance, parce qu'à notre entrée dans cette vallée, nous avions été obligés de sortir le chariot du lit de la rivière, et de nous ouvrir un chemin à travers le bois. C'était là, sans aucun doute, que je devais trouver l'obstacle qui avait si mystérieusement élevé le niveau de l'eau.

En arrivant à cet endroit, je montai sur la rive; et me glissant sans bruit sous le feuillage, je cherchai à découvrir ce qu'il y avait. Ce que je vis me sembla fort étrange.

La rivière, comme je l'avais prévu, était barrée à la partie la plus étroite du chenal, et le barrage n'était pas l'œuvre du hasard; c'était un bâtardeau fait avec autant d'adresse et de précision que s'il eût été construit de main d'homme. Un grand arbre avait été abattu, de manière à tomber en travers du cours de l'eau : il tenait encore au sol par quelques derniers éclats. Sur l'autre bord du ruisseau, les branches de la cime étaient recouvertes de pierres et de vase de manière à les maintenir toutes ensemble. Des pieux étaient appuyés contre cet arbre, reliés entre eux par des lianes, enterrés dans un amas de terre et de sable élevé tout autour ; derrière ces pieux, il y en avait d'autres placés dans un sens contraire, avec des branches entrelacées, et recouverts comme les premiers de pierres et de vase. Tout cet ouvrage pouvait avoir six pieds d'épaisseur; c'était un mur formant plate-forme sur le haut, et faisant talus du côté de l'eau. L'autre côté présentait une face presque verticale ; il y avait aux deux extrémités une petite écluse, qui laissait couler l'eau sans causer aucun dommage à tout ce travail hydraulique.

J'ai dit que ce barrage était fait avec autant de précision et d'adresse que s'il eût été construit de main d'homme : j'avais sous les yeux les architectes et les maçons, qui semblaient se reposer de leurs fatigues.

Il y en avait une centaine environ, étendus sur le sol, le long du parapet de leur nouveau quai. Ils étaient bruns, ou plutôt de couleur marron : on eût pu les prendre pour des rats gigantesques; seulement leurs queues ne se terminaient pas en pointe. Leur dos était arqué, tout leur corps présentait la forme épaisse et ronde de la famille des rats. J'ajouterai qu'ils avaient les dents spéciales aux *rodentia* ou rongeurs. On voyait ces dents très facilement, car quelques-uns s'en servaient au moment même, et elles sortaient de la bouche de ceux qui se tenaient à ne rien faire. Ils en avaient une paire dans chaque mâchoire ; ces dents étaient larges, fortes et incisives comme des ciseaux. Ces animaux avaient des oreilles courtes, presque cachées par leur poil, qui était long sans être touffu, et paraissait lisse et doux. De chaque côté de leurs naseaux, ils avaient de longues moustaches comme les chats; leurs yeux étaient petits et placés très haut, comme ceux de la loutre. Leurs pattes de devant étaient plus courtes que celles de derrière : chaque pied avait cinq griffes ; mais les pieds de derrière étaient larges, plats, et complètement palmés. C'était l'empreinte de leurs pas que j'avais vue en remontant le ruisseau.

La partie la plus extraordinaire de ces animaux était leur queue : elle était sans poil, brune, et comme couverte d'une substance semblable à de la peau de chagrin. Sa longueur était d'environ un pied, sa largeur de plusieurs pouces ; elle se terminait en ovale. Ces animaux étaient un peu plus gros que des loutres, sans être aussi longs ; leur corps était plus épais et plus lourd.

C'était la première fois que je voyais ce genre de bêtes; je devinai immédiatement cependant ce que ce pouvait être, c'étaient des castors. J'eus alors l'explication de l'inondation : une colonie de castors était arrivée dans la vallée, et y avait construit un barrage. Telle était la cause qui avait élevé le niveau des eaux.

Après avoir fait cette découverte, je restai quelque temps à étudier leurs faits et gestes. La digue ne semblait pas entièrement finie ; ils n'y travaillaient cependant pas en ce moment, ces animaux n'ayant l'habitude de travailler que durant la nuit. Il est rare même qu'ils se montrent dans les pays où on les a déjà chassés, si ce n'est aussi pendant la nuit. Ils semblaient se reposer.

Il me parut qu'ils n'avaient pas construit tout ce barrage pendant la dernière nuit ; ils avaient simplement bouché l'ouverture qu'ils avaient laissée précédemment, et avaient ainsi causé l'inondation. Comme la vallée était très basse au-dessus de leur écluse, l'eau s'était étendue sur une grande surface en très peu de temps.

Quelques castors étaient assis sur le barrage, et rongeaient les branches et les feuilles qui sortaient de la terre glaise; les autres se baignaient et jouaient dans l'eau. Plusieurs étaient accroupis sur les troncs d'arbres qui se trouvaient au bord du lac; ils frappaient l'eau de leurs courtes queues, comme les lavandières quand elles frappent le linge avec leurs battoirs.

C'était une scène aussi curieuse que comique, et j'allais m'avancer pour voir quel effet ma présence produirait, quand je m'aperçus tout-à-coup qu'il était survenu quelque chose qui avait semé l'inquiétude dans la colonie. Un castor, qui semblait avoir été placé en sentinelle à la partie supérieure du lac, courut sur un tronc d'arbre qui se trouvait auprès de lui, et frappa trois fois l'eau de sa queue; c'était évidemment un signal convenu. Aussitôt que l'éveil fut donné, le castor de garde se jeta dans le lac la tête la première, comme s'il eût été poursuivi, et disparut. L'effroi sembla gagner les autres, ils regardèrent autour d'eux d'un œil inquiet; puis ils coururent tous ensemble jusqu'au bord de l'eau, où ils plongèrent en frappant le sol de leur queue.

Je cherchais encore la cause de cette disparition générale, quand je vis un étrange animal s'approcher du lac du côté où la sentinelle avait donné l'alarme. Il venait lentement et sans bruit, se glissant entre les arbres et suivant le bord de l'eau : son intention était d'arriver au barrage, je restai où je me trouvais pour mieux observer ses mouvements. Quand il arriva à la digue, il se glissa sournoisement derrière le parapet de manière à n'être pas vu du lac.

Je le vis alors très bien; il me fit l'effet d'une vilaine et méchante bête. Il n'était guère plus gros que les castors, et leur ressemblait sous quelques rapports; il y avait cependant plusieurs points de différence très marqués. Son poil était presque noir sur le dos et sous le ventre, une bande blanche courait sur chacun de ses flancs et se rejoignait sur le bas de son dos. Son nez et ses pieds étaient tout-à-fait noirs, sa poitrine et son cou étaient blancs et ses yeux étaient cerclés de blanc. Il avait de petites oreilles avec des soies de chaque côté du nez, et une queue aussi courte que touffue. Ses pattes étaient courtes et musculaires, quand il marchait on eût dit que son ventre traînait à terre; il semblait plutôt se traîner que marcher, mais cela provenait de ce qu'il marchait sur les talons comme les plantigrades. Ses pieds étaient allongés, noirs et armés de griffes blanches et recourbées. Il était facile de voir que c'était un animal carnivore, une bête de proie : c'était en effet le *wolverene*, l'ennemi implacable des castors.

Quand il se trouva vers le milieu de la chaussée, il s'arrêta et, mettant ses deux pattes de devant sur le parapet, il éleva lentement la tête et regarda vers le lac.

Quoique le castor soit amphibie et passe la moitié de sa vie dans l'eau, il ne peut rester longtemps sans venir respirer à la surface; et déjà on voyait la tête de plusieurs d'entre eux qui sortait de l'eau. Quelques-uns avaient hardiment mis pied à terre sur les petites îles qui s'élevaient dans le lac, où ils savaient que le wolverene, qui ne nage pas bien, ne pourrait pas les atteindre. Ils se gardèrent bien cependant de s'approcher de la chaussée.

Le wolverene pensa aussi sans doute qu'ils ne viendraient pas à lui, car, dédaignant de se cacher plus longtemps, il regarda de tous côtés avec l'intention de se mettre à la poursuite de sa proie ou de chercher un autre moyen de s'en emparer. Il sembla bientôt qu'il avait conçu un plan, car, s'élançant sur le parapet de manière à être vu par les castors, il s'en retourna le long du lac par le chemin qu'il avait pris en venant. Quand il fut arrivé à une assez grande distance du barrage il s'arrêta, et, tournant le dos au lac, il courut vers le bois.

J'étais curieux de voir si les castors reviendraient au parapet et je restai encore quelques instants dans ma cachette. Au bout de cinq minutes plusieurs de ceux qui se tenaient sur les îlots les plus éloignés plongèrent dans le lac et nagèrent de mon côté. Comme je les observais attentivement j'entendis quelque bruit parmi les feuilles auprès du barrage, et en regardant de ce côté j'aperçus le wolverene, qui se hâtait d'arriver à la chaussée. Il se garda cependant de courir derrière le parapet comme la première fois, il se mit à grimper à un arbre en se tenant sur le côté opposé au lac. Les branches de cet arbre s'étendaient horizontalement au-dessus du parapet. Le wolverene eut bientôt atteint l'un des principaux rameaux, et se traînant sur l'écorce il se tint couché sur la branche en guettant ce qui se passait au-dessous de lui.

Il s'était à peine posté là qu'une demi-douzaine de castors croyant, après toutes ses manœuvres, que l'ennemi s'était éloigné, montèrent sur la chaussée en frappant l'eau de leur queue. Il y en eut même qui coururent jusque sous la branche où il il était et je voyais déjà le wolverene se lever sur ses pattes et ouvrir l'oreille comme pour s'élancer.

Le moment était venu : j'abaissai lentement ma carabine et je visai droit au cœur. La détonation fit plonger tous les castors dans le lac tandis que le wolverene tomba de l'arbre un peu plus tôt peut-être qu'il ne l'avait voulu et roula blessé sur le sol. Je courus jusqu'à la chaussée et le frappai de la crosse de mon arme dans le but de l'achever, mais, à ma grande surprise, il la saisit avec ses dents et s'efforça de la mettre en pièces ! Je pris de grosses pierres pour l'assommer, mais ce ne fut qu'après que je lui eus fendu la tête d'un coup de ma hachette qu'il finit par lâcher prise.

C'était un monstre vraiment effrayant à voir. Il avait quelque chose du carcajou, seulement il était un peu plus petit. Je le laissai gisant où il était, son cadavre m'eût été complètement inutile, il puait d'ailleurs horriblement, et je me hâtai de m'éloigner aussitôt que je l'eus tué.

Je pris le chemin le plus court pour retourner au camp.

XVII. — UNE MAISON DE BOIS.

Je n'ai pas besoin de vous dire la joie de ma femme et de ma famille quand je leur eus rapporté ce que j'avais vu et l'épisode du wolverene. La découverte que je venais de faire nous décida complètement à rester dans la vallée. Il y avait là une source de richesses plus abondantes que celles que nous aurions pu rencontrer dans les mines les plus précieuses du Mexique. La peau de chaque castor valait au moins une guinée et demie, j'en avais vu près d'un cent, il pouvait y en avoir beaucoup plus, et comme chaque couple produit quatre ou cinq petits par an, ils devaient bientôt se multiplier au nombre de plusieurs milliers. Nous pouvions en prendre soin, leur fournir des provisions, et détruire les wolverenes, et leurs autres ennemis s'il y en avait dans la vallée. Ils se multiplieraient alors plus rapidement et nous pourrions les empêcher de devenir trop nombreux en dressant des piéges pour les plus vieux, dont nous conserverions la peau précieusement. Après quelques années, nous pourrions retourner dans le monde civilisé, emportant assez de fourrures avec nous pour nous assurer une belle fortune.

Nous étions donc enchantés de rester dans l'oasis, c'était d'ailleurs le meilleur parti que nous puissions prendre. Je ne me serais pas éloigné d'un mille quand même j'aurais pu me procurer immédiatement un trésor. Ce que Marie avait dit en riant promettait de devenir une réalité : nous allions faire notre fortune dans le Désert.

La première chose à faire, c'était de nous construire une maison. Nous n'avions d'autres matériaux que du bois, mais Cudjo était très adroit à faire les maisons de bois : il en avait élevé deux ou trois sur ma propriété de Virginie. Personne ne savait mieux que lui comment tailler les bois, faire les mortaises et joindre chaque pièce ensemble : personne ne savait mieux non plus comment débiter le bois en planches et les attacher sur les chevrons sans employer un seul clou : personne ne s'entendait comme lui à calfeutrer les murs, à enduire les cheminées avec de la terre glaise et à attacher les portes et les croisées.

Je ne crois pas qu'aucun architecte eût pu en remontrer à Cudjo sur la construction d'une cabane de bois.

Nous avions des bois de toute espèce : des tulipiers à la cime élevée atteignant une hauteur de cinquante pieds au-dessous des premières branches. Pendant deux jours la hache de Cudjo retentit dans la vallée, et de temps en temps les échos se renvoyaient le bruit que faisaient les arbres en éclatant sur leur base et en tombant sur le sol. De notre côté nous ne restions pas à rien faire : Marie s'occupait à préparer nos repas et à nettoyer tous nos ustensiles, tandis que Frank, Harry et moi nous traînions, à l'aide de notre cheval, les arbres que Cudjo coupait, et les amenions à l'endroit que nous avions choisi pour y construire notre maison.

Le troisième jour Cudjo commença à tailler les tenons et à creuser les mortaises : le quatrième, nous élevâmes les murs jusqu'à hauteur du toit. Nous plaçâmes les traverses et les chevrons le cinquième jour : les pignons furent formés en superposant des pièces de bois de plus en plus courtes, et en les reliant par une mortaise qui entre dans une pièce formant l'angle du toit. Une poutre courait d'un bout à l'autre du sommet de la couverture, ce fut l'ouvrage du cinquième jour.

Dès le matin de la sixième journée, Cudjo se mit à tailler un chêne qu'il avait abattu et à le débiter en morceaux d'environ quatre pieds de long. Ce chêne était très sec et s'ouvrait assez facilement : il le fendit avec sa hache et une couple de coins. Au coucher du soleil, il avait un monceau de planches presque aussi gros que notre chariot : c'en était plus qu'il ne fallait pour couvrir notre cabane. Je m'occupai pendant tout ce jour-là à pétrir l'argile dont nous devions revêtir les murs et la cheminée à l'intérieur.

Nous nous reposâmes le septième jour de tous nos travaux, car c'était le jour du Seigneur. Nous avions pris la résolution de sanctifier chaque dimanche par le repos et la prière. Car, si les yeux de l'homme ne pouvaient pas nous voir, nous savions que Dieu nous voyait même dans cette vallée solitaire.

Nous nous levâmes d'aussi bonne heure que d'habitude, et aussitôt après avoir déjeuné nous offrîmes au Très-Haut le seul sacrifice qui lui soit agréable : nous lui adressâmes dans nos prières l'expression de notre sincère gratitude pour toutes ses bontés.

Marie prit les enfants par la main, et nous allâmes tous ensemble faire une promenade sur les bords du lac : les castors avaient été aussi laborieux que nous, leurs petites huttes en forme de niches commençaient à s'élever hors de l'eau ; il y en avait près du rivage ; d'autres avaient des places aux abords des petits îlots. Il n'y en avait qu'une qui fût assez près du bord pour que nous puissions l'examiner : elle n'était qu'à deux ou trois pas du rivage. Ces huttes sont construites de vase, de pierres, de branches et d'herbes : elles sont en forme de cônes ou de ruches d'abeilles. Une partie de celle que nous examinâmes était au-dessous de l'eau ; mais quoique nous ne pussions voir dans l'intérieur, nous nous aperçûmes qu'il y avait un étage au-dessus du niveau de l'eau, car nous vîmes les bouts des branches qui formaient le plancher. L'entrée était tournée vers le lac et se trouvait sous l'eau, de sorte que le castor devait toujours être forcé de plonger pour sortir de chez lui. Mais c'est là plutôt un plaisir pour lui qu'un inconvénient. Contrairement à ce que l'on a souvent rapporté, il n'y avait pas d'ouverture du côté de la terre ; c'eût été faciliter à son ennemi le wolverene l'entrée d'une maison dont l'approche doit lui être interdite. Les huttes étaient toutes recouvertes d'une couche de glaise, et le battement réitéré des queues les avait rendues aussi lisses que si les constructeurs eussent employé des truelles. Elles étaient pareillement revêtues de glaise en-dedans, de manière à les tenir chauds et confortables en hiver.

Il y avait des huttes qui ne présentaient pas une forme conique régulière, elles étaient ovales ; d'autres étaient reliées ensemble et n'avaient qu'un même toit, comme si les constructeurs avaient voulu s'épargner du travail et consolider en même temps leur édifice. Quant à leur grandeur, vous pouvez en juger par ce fait qu'elles s'élevaient pour la plupart de toute la hauteur d'un homme au-dessus de l'eau : le haut en est ordinairement plat, et les castors y montent souvent pour s'y reposer au soleil.

Chaque hutte était construite par ceux qui l'occupaient ; il n'y avait dans chacune d'elles qu'un mâle et une femelle : quelques-unes cependant étaient encore habitées par une famille de quatre ou cinq petits. Ceux qui avaient été les plus industrieux, et qui avaient fini leur construction, commençaient déjà à ramasser leurs provisions d'hiver : c'étaient des feuilles, de jeunes branches de plusieurs espèces d'arbres, tels que le saule, le frêne et le mûrier. Nous en vîmes des amas qui flottaient devant quelques-unes des huttes.

La saison était déjà bien avancée pour que les castors eussent entrepris la construction d'un barrage, ce n'est guère qu'au printemps qu'ils en élèvent d'ordinaire ; mais était-il probable que la colonie, chassée par les Indiens, ou par les marchands de fourrures, peut-être par la sécheresse, était venue de très loin chercher une nouvelle patrie dans cette vallée : nous pensâmes qu'ils étaient descendus de la rivière qui coule vers l'est.

Il devait y avoir plusieurs jours qu'ils étaient arrivés quand je les découvris, car ils avaient eu le temps de ronger les arbres et de rassembler les matériaux de leur chaussée.

Quelques-uns de ces arbres avaient au moins un pied de diamètre, et la plupart des pierres que les castors avaient roulées ou portées entre leurs pattes de devant et leur cou devaient peser près d'une vingtaine de livres.

Tout annonçait qu'ils étaient arrivés tard et qu'ils avaient travaillé avec ardeur pour être prêts au commencement de l'hiver. Cudjo et moi nous décidâmes, aussitôt que nous aurions fini notre maison, de leur aider à ramasser des provisions pour l'hiver.

XVIII. — L'ÉCUREUIL.

Pendant que nous étions à regarder les intéressantes manœuvres des castors, et que nous cherchions à nous rendre compte de leur manière de travailler, nous fûmes témoins d'une scène assez curieuse qui nous prouva que ces animaux n'étaient pas les seuls doués par la nature d'une sagacité et d'un instinct merveilleux.

Un bouquet de grands arbres s'élevait vers le milieu du lac, l'inondation avait couvert leurs racines de deux ou trois pieds d'eau. Avant la construction du barrage, ces arbres se trouvaient sur le bord du ruisseau ; mais ils se trouvaient maintenant complètement entourés d'une grande nappe d'eau. Nous remarquâmes qu'il y avait à leurs cimes plusieurs petites bêtes qui couraient rapidement d'une branche à l'autre et sautaient lestement d'arbre en arbre. C'étaient des écureuils. Ils semblaient en proie à une vive terreur, on eût dit qu'il étaient effrayés par l'approche d'un ennemi ; mais nous ne voyions rien qui pût justifier cette frayeur.

Ils passaient d'un arbre à l'autre, descendaient jusqu'au bord de l'eau, regardaient au loin comme s'ils voulaient s'élancer dans le lac, puis se retournaient tout-à-coup et remontaient en courant jusqu'aux plus hautes branches. Ils étaient environ une douzaine, mais ils étaient si agiles, ils passaient si rapidement d'arbre en arbre, qu'on eût dit qu'ils étaient dix fois plus nombreux : les branches et les rameaux remuaient aussi vivement que si une nuée d'oiseaux fût venue s'y abattre.

Nous avions déjà vu des écureuils sauter en se jouant d'une cime à l'autre, mais n'y trouvant rien d'extraordinaire, nous n'y avions fait aucune attention. Il nous sembla cependant, cette fois, que ces pauvres bêtes, qui fuient l'eau comme le feu, s'étaient trouvées emprisonnées par l'élévation des eaux, et cherchaient à sortir de leur captivité inattendue. Les arbres avaient été dépouillés de leur écorce, il était évident que les écureuils s'étaient nourris à leurs dépens et que la famine les menaçait.

Ce qui causait leur agitation extraordinaire, au moment où notre attention fut éveillée, c'était l'approche d'une pièce de bois qui descendait le lac et allait passer auprès du bouquet d'arbres. Le courant l'entraînait lentement, mais enfin elle venait petit à petit et allait offrir une chance de salut aux malheureux écureuils, qui semblaient l'attendre pour s'en servir comme d'un radeau.

Nous nous assîmes pour attendre la fin de cette scène. La pièce de bois s'approchait petit à petit, mais au lieu de venir droit vers les arbres elle suivait le courant qui passait à une vingtaine de mètres des écureuils. Ils s'étaient tous réunis sur l'arbre le plus avancé de ce côté ; et, au lieu de monter et de descendre de l'un à l'autre, ils se tenaient maintenant sur les branches les plus élevées, attendant avec anxiété le passage de la pièce de bois.

— Pauvres petites bêtes ! dit Marie, ils ne pourront jamais l'atteindre ! Quel malheur !

Quelques secondes après, la pièce de bois était arrivée vis-à-vis le bouquet d'arbres : une longue branche s'étendait sur le lac ; mais, comme nous l'avions prévu, il y avait une distance d'une vingtaine de mètres à franchir. Les écureuils s'étaient rangés les uns après les autres sur cette branche, et celui qui se trouvait à l'extrémité se préparait à s'élancer.

— Mais c'est beaucoup trop loin... ils n'oseraient pas sauter! dit Marie.

Nous attendions tous le résultat avec la plus vive impatience : le saut nous semblait périlleux, presque impossible.

— Oui, missa, répondit Cudjo, ils vont sauter ! Que Dieu leur vienne en aide ! Je les ai vus faire des sauts pareils en Virginie... Voyez ! les voilà partis ! hourra !

L'écureuil qui se trouvait en tête s'était réellement élancé dans les airs et il était tombé sur la pièce de bois avant que Cudjo eût fini de parler ; un second s'élança ensuite, puis un troisième et un quatrième : c'était comme une longue file d'oiseaux volant les uns après les autres, et en un instant la pièce de bois fut couverte de ces petites bêtes.

Nous crûmes qu'elles avaient toutes réussi à atteindre le radeau ; mais nous nous trompions : il en restait encore une. Ce malheureux écureuil n'avait pu arriver à l'extrémité de la branche en temps utile pour sauter, car la secousse imprimée à la pièce de bois par chacun de ses prédécesseurs l'avait poussé tout-à-fait au large : et il n'avait osé entreprendre un saut aussi dangereux. En proie à la plus vive terreur en se voyant abandonné de tous ses compagnons, il courait éperdu d'un arbre à l'autre : tantôt il descendait en courant jusqu'à la surface de l'eau et regardait tristement cette large nappe qui le séparait du rivage.

Il descendit enfin le long d'un gros arbre dont l'écorce se détachait par larges bandes ou écailles d'un pied ou deux de long, et dont plusieurs morceaux semblaient prêts à tomber. Il s'arrêta quand il fut presque à la surface de l'eau, et nous le perdîmes de vue pendant un moment : il venait de se glisser derrière une des bandes d'écorce. Peut-être, pensâmes-nous, est-il allé s'y reposer... Cependant le morceau d'écorce ne tarda pas à se balancer vers l'eau, et il nous sembla que l'écureuil faisait son possible pour le détacher et le faire tomber dans le lac. De temps en temps l'écureuil sortait de la crevasse où il était entré, et courait ronger le bas de l'écorce ; puis il rentrait dans l'espèce de cachette où il était déjà disparu.

Cela dura près de dix minutes : nous étions toujours sur le bord de l'eau désireux de voir le résultat de toutes ces manœuvres.

Le morceau d'écorce fut bientôt presque entièrement détaché du tronc et ne resta suspendu que par quelques légères fibres : les dents de l'écureuil les eurent promptement coupées, et la large écaille tomba dans le lac. Elle y était à peine, que l'écureuil avait quitté l'arbre et s'était embarqué sur cette frêle nacelle! Mais il n'y avait pas de courant et l'écureuil restait sous les arbres avec sa barque. Il trouva bientôt le moyen de la faire naviguer. Quand il se fut placé de manière à ne pas courir risque de chavirer, il releva sa large queue et l'offrit au vent en guise de voile : la faible brise qui passait sur le lac commença asssitôt à le pousser vers le rivage. Il ne tarda pas d'ailleurs à entrer dans le courant, qui l'entraîna vers le point où ses compagnons allaient bientôt débarquer eux-mêmes.

Harry avait le plus grand désir de s'opposer à leur débarquement au moment où ils atteignaient le déversoir de la chaussée des castors, mais sa mère ne le lui permit pas. Elle prétendit, avec raison, qu'ils avaient montré assez d'adresse et d'instinct pour avoir le droit de mettre pied à terre sans autre difficulté.

Un instant après les écureuils étaient à sauter de branche en branche, à la recherche d'un bon dîner : car ils devaient avoir quitté à jeun leur prison aérienne.

XIX. — LA MAISON DE BOIS.

Le lendemain Cudjo et moi nous reprîmes la construction de notre cabane.

Il nous fallait poser la toiture. Nous mîmes d'abord un rang de planches, qui s'avançaient considérablement au-delà des murs, de manière à porter les eaux pluviales aussi loin que possible; ces planches étaient retenues par une longue poutrelle qui allait d'un bout à l'autre du toit et que nous attachâmes avec des courroies de peau d'élan. Ces courroies taillées dans une peau fraîche devaient se raccourcir en séchant, et maintenir plus fermement la poutrelle et les planches.

Nous plaçâmes ensuite un second rang de planches, dont l'extrémité inférieure reposait sur le bout le plus élevé du premier rang. Une autre poutrelle maintenait toute cette seconde rangée. Puis un troisième rang était placé et maintenu de la même manière, et ainsi de suite jusqu'à la fin.

Quand le premier côté fut fini, nous commençâmes le second; et nous empêchâmes l'extrémité faîtière des planches de donner passage à la pluie, en laissant le dernier rang dépasser de quelques pouces les plus hautes planches du côté opposé.

Les murs de notre cabane étaient construits, la couverture était placée : nous l'avions bâtie sans y entrer, car il n'y avait encore ni porte ni croisée. Comme les arbres que nous avions superposés pour former les quatre murs ne se joignaient pas très exactement, notre construction avait plutôt l'air d'une immense cage que d'une maison.

Le lendemain nous songeâmes à faire la porte et la croisée, c'est-à-dire à pratiquer les ouvertures où nous devions les placer. Nous ne voulions qu'une croisée pour éclairer le derrière de la maison.

La manière dont nous nous y prîmes pour faire la porte était des plus simples : nous reliâmes ensemble toutes les pièces de bois qui devaient former les côtés et le linteau de l'ouverture, et nous sciâmes l'entre-deux. Fort heureusement nous avions une scie, autrement ce travail eût été bien pénible. Quand cela fut fait nous élevâmes un poteau de chaque côté sous le linteau et notre ouverture fut prête pour recevoir la porte. Nous sciâmes de même les bois qui se trouvaient à la place où nous voulions une fenêtre. Puis nous prîmes un tulipier et nous le débitâmes en planches pour faire une porte et une croisée ou plutôt un contrevent. Quand nous les eûmes coupées de la longueur exacte dont nous avions besoin, nous y mîmes des traverses que nous fixâmes avec des chevilles de bois d'acacia. Pour faire les pentures et les gonds nous nous servîmes de courroies de peau d'élan.

Quand la nuit vint, nous portâmes dans notre maison nos lits avec nos ustensiles de toute espèce, et nous couchâmes pour la première fois sous le toit que nous avions élevé.

La maison était cependant loin d'être finie. Le jour suivant nous commençâmes à construire un foyer et une cheminée. Nous les plaçâmes au bout de la cabane qui regardait le nord : la maison faisait face au soleil levant. Nous reliâmes d'abord les pièces de bois comme nous avions fait avant de pratiquer l'ouverture de la porte et nous sciâmes toute la partie où devait se trouver le foyer, jusqu'à la hauteur d'un manteau de cheminée. Derrière et en dehors de la maison nous bâtîmes un foyer avec des pierres et de l'argile, et nous élevâmes une cheminée de bois sur les murs de ce foyer. Cette cheminée était construite de petites pièces de bois mises les unes sur les autres et taillées de manière à présenter des tenons et des mortaises à chaque extrémité. La longueur de chaque morceau diminuait à mesure que la cheminée s'élevait, afin que ceux du haut fussent plus légers et que le tout ne pesât pas trop lourdement sur les murs du foyer.

Quand ce travail fut terminé et que toutes les jointures furent remplies d'argile, notre cheminée s'élançait haute et conique comme celle d'une modeste usine. Cela nous demanda tout le jour, et quand la nuit vint, quoiqu'il ne fît pas encore très froid, nous y allumâmes du feu. Il brûla parfaitement.

Le jour suivant nous recrépîmes tous les murs avec des pierres et de l'argile : nous bouchâmes tous les trous, ceux des toits comme ceux des murs. Le plancher restait à faire : mais comme nous n'avions qu'une petite scie, que le débit du bois nous eût pris beaucoup de temps, et qu'il nous eût encore fallu le laisser sécher pendant plusieurs jours, il nous sembla préférable d'attendre quelque temps et de nous occuper de travaux plus pressés. Le sol était très sec, nous le couvrîmes de feuilles de palmettes qui nous tinrent lieu de tapis. Nous prîmes possession définitive de notre maison ; elle était finie ; nous l'avions bâtie depuis le sol jusqu'au haut de la cheminée sans y mettre un seul clou !

Nous pensâmes ensuite à construire une écurie pour notre vieux cheval : ce n'était pas que le temps fût assez sévère pour nous obliger de le mettre à couvert ; mais nous craignions que quelque animal carnassier ne vînt l'attaquer pendant la nuit, et qu'il ne succombât comme notre pauvre bœuf sous les griffes d'un carcajou.

Nous employâmes les pièces de bois et les planches qui nous restaient; en deux jours notre écurie fut bâtie. Nous n'avions ni fenêtres ni cheminée à construire, et nous ne prîmes pas la peine de recrépir les murs ; le climat nous semblait assez chaud pour que Pompo n'eût rien à craindre du froid. Cudjo creusa un tulipier et fit une auge dont il meubla l'écurie.

A partir de ce jour-là, Pompo fut appelé tous les soirs et mis à couvert.

Quand l'écurie fut achevée, nous commençâmes une table et six chaises : c'était un ouvrage que le manque de clous rendait difficile. Mais j'avais heureusement un ciseau, une herminette et quelques autres outils très utiles. Je les avais apportés de la Virginie dans le grand coffre, avec l'idée que je pourrais en avoir besoin dans notre belle propriété du Caire. Cudjo était un menuisier très adroit, il nous fit donc des mortaises et des tenons autant qu'il en était besoin ; et je réussis à extraire une excellente colle forte des sabots et des cornes du bœuf et de l'élan.

Nous aurions eu besoin d'un rabot pour aplanir le dessus de notre table ; mais c'était là un inconvénient dont nous ne souffrîmes pas longtemps. Elle était faite de planches que nous avions sciées dans un *catalpa*, et à l'aide de quelques morceaux de pierre ponce que je trouvai dans la vallée et du frottage incessant que lui fit subir notre ménagère, elle acquit bientôt le poli du verre.

Nous n'oubliâmes pas, Cudjo et moi, l'engagement que nous avions pris relativement aux castors. Tous les jours nous les voyions très occupés à traîner de longues branches vers le lac et à les faire flotter jusqu'à leurs huttes; c'était leur provision d'hiver. Notre présence avait cessé de les effrayer, car nous ne cherchions nullement à les inquiéter; ils venaient souvent sur le bord du lac, où nous avions élevé notre maison. Je résolus de les récompenser de la confiance qu'ils nous montraient.

Il y avait à peu de distance de notre cabane un groupe de beaux arbres dont les fleurs répandaient des aromes embaumés ; la floraison avait duré tout le temps que nous avions mis à bâtir notre demeure. Ces arbres n'exédait pas trente pieds de haut ; leurs feuilles étaient ovales, d'un vert bleuâtre, et avaient près de six pouces de long. Les fleurs grandes comme une rose étaient blanches comme la neige, leur parfum était des plus agréables, et Marie avait coutume d'en cueillir chaque jour un gros bouquet, dont elle mettait le pied dans un vase d'eau.

C'était le *magnolia glauca*, que les chasseurs appellent l'arbre au castor, parce que cet animal préfère ses racines à toute autre nourriture ; on les emploie souvent comme appât pour attraper ces pauvres bêtes.

Je ne sais s'ils avaient trouvé d'autres magnolias dans quelque coin de la vallée, c'est probable ; mais dans tous les cas nous pouvions, Cudjo et moi, à l'aide d'une pelle, leur épargner beaucoup de travail : nous nous mîmes à l'œuvre.

En quelques heures nous eûmes déterré plusieurs brassées de longues racines, que nous portâmes au bord du lac. Nous les jetâmes dans l'eau, à l'endroit où nous savions que les castors venaient fréquemment. Quelques minutes après ils avaient découvert cette provision si précieuse pour eux, et toute la colonie fut bientôt occupée à la transporter vers les huttes. C'était comme une pluie de manne pour les castors.

XX. — LES QUEUES NOIRES.

Nous avions fait tout ce qu'il était possible de faire pour les castors ; nous ne voulions les chasser que lorsqu'ils se seraient considérablement multipliés, de manière à pouvoir en obtenir un grand nombre sans mettre la colonie en danger.

La queue du castor est très bonne à manger, les chasseurs en sont très friands ; mais nous ne pouvions songer à les tuer dans le seul but de nous procurer leur queue : le reste de leur chair n'est guère mangeable. Nous espérions d'ailleurs trouver assez d'autre gibier, car nous rencontrions partout des traces de daims et de chevreuils.

Quand notre maison fut tout-à-fait achevée, notre provision de chair d'élan tirait à sa fin, et nous dûmes penser à la renouveler. Il fut donc décidé que nous irions explorer le haut de la vallée, car nous n'avions jusqu'alors visité que la partie qui se trouvait dans le voisinage immédiat de notre cabane. Frank, Harry et moi devions faire cette excursion ; Cudjo restait chargé de garder la maison et de veiller ma femme et les deux petites filles.

Nous prîmes nos carabines et nous nous mîmes en route pour le haut de la vallée. Tous les grands arbres que nous rencontrions étaient couverts d'écureuils ; les uns étaient assis sur les grosses branches comme des singes, d'autres grignotaient des noix, en aboyant comme des chiens de carton, et d'autres encore sautillaient parmi les branches. Quand nous approchions, ils s'élançaient d'arbre en arbre ou couraient sur le sol si rapidement que leur course ressemblait plus au vol d'un oiseau qu'au galop d'un quadrupède. Leur curiosité était parfois plus grande que leur peur, et, quand ils avaient grimpé à la première ou à la seconde branche, ils s'arrêtaient pour nous regarder en balançant leur queue emplumée. Nous aurions pu les tuer facilement, et Harry, qui n'était pas aussi prudent que son frère, eût bien voulu nous montrer son adresse ; mais je l'en empêchai, car nous ne devions pas perdre nos munitions sur du gibier aussi petit.

J'étais souvent assez inquiet de ce que nous ferions quand notre provision de poudre serait épuisée, et je recommandai à mes deux fils de ne tirer que des cerfs ou des élans ; ils comprirent la raison de ma réserve et promirent d'y avoir égard.

Quand nous eûmes fait environ un mille, nous remarquâmes que le bois devenait moins épais et s'ouvrait çà et là en clairières où poussaient des herbes et des fleurs. C'était là que nous devions rencontrer des daims ou des chevreuils; car les bois plus fourrés les exposaient davantage aux attaques des cougars et des carcajous, qui grimpent aux arbres pour s'élancer sur leur proie. Nous n'avions pas fait beaucoup de chemin, quand nous vîmes des traces fraîches de gibier : elles ressemblaient plus cependant aux empreintes d'une chèvre qu'à celles d'un daim, seulement elles étaient plus marquées et presque aussi larges que celles de l'élan.

Nous nous avancions avec prudence, en nous tenant autant que possible sous le couvert; nous arrivâmes enfin à une prairie plus étendue qu'aucune de celles que nous avions rencontrées. Nous nous approchâmes sans bruit jusqu'à la lisière du bois, et nous eûmes le plaisir de voir un troupeau de daims paître dans la clairière.

— Papa, me dit Frank aussitôt que nous les eûmes en vue, ce ne sont pas des cerfs. Voyez, jamais des cerfs n'ont eu des oreilles comme celles-là! elles sont aussi longues que celles des mules.

— C'est vrai, ajouta Harry, des cerfs n'ont pas non plus de grosses queues noires!

J'avoue que je ne sus que penser tout d'abord. Les ruminants que nous avions devant nous étaient certainement de la famille des cerfs, on le reconnaissait à leurs longues pattes et au bois dont leur tête était chargée; ils différaient cependant sur plusieurs points des daims, des chevreuils ou des élans. Ils étaient beaucoup plus gros que le daim rouge, mais ils lui ressemblaient d'encolure et de robe. Ce qui nous frappait et nous étonnait le plus, c'étaient leurs longues oreilles et leurs grosses queues : les oreilles toutes droites s'élevaient jusqu'à moitié de la hauteur de leur bois, les queues étaient courtes et épaisses, blanches par-dessous, mais aussi noires qu'une aile de corbeau par-dessus. Ils avaient aussi quelques crins noirs sur le dos et une bande noire sur le cou et les épaules, tandis que leur museau était d'un blanc cendré. Vous pouvez juger d'après ce portrait combien ils étaient différents des cerfs anglais ou virginiens.

Après les avoir considérés un instant, je supposai que ce devaient être les cerfs à queue noire des montagnes Rocheuses, le *cervus macrotis* du naturaliste Say.

Nous ne nous arrêtâmes pas cependant à étudier longtemps leurs formes et leurs habitudes; nous voulions en abattre un ou deux, mais la difficulté était d'arriver à portée de fusil. Ces animaux étaient au nombre de sept : mais ils étaient au milieu de la clairière, qui pouvait avoir trois cents pas de large. Celui qui se trouvait le plus rapproché de nous était encore hors de la portée de ma carabine : nous nous demandâmes ce qu'il fallait faire.

Nous voyions de l'autre côté de la clairière un passage assez étroit qui conduisait dans le bois : un moment de réflexion nous dit que quand les cerfs seraient effrayés ils s'enfuiraient de ce côté. Je me décidai donc à me glisser jusque-là et à les attaquer dans leur fuite. Frank devait rester où nous étions, et Harry venir avec moi jusqu'à moitié route et se mettre en embuscade derrière un arbre. Nous allions par ce moyen les enfermer dans une sorte de triangle, et l'un de nous devait infailliblement en abattre un ou deux.

J'étais à peine arrivé au bord du passage, que je vis le troupeau s'avancer tout en continuant de paître du côté de Frank. Ils s'approchaient peu à peu, et j'attendis impatiemment qu'il fît feu. Je savais qu'il ne tirerait que lorsqu'ils seraient tout près, ainsi que je le lui avais recommandé à cause du peu de portée de sa carabine. Tout-à-coup je vis la flamme et la fumée qui s'échappaient d'entre les branches, puis j'entendis le bruit de l'explosion et les cris répétés de nos chiens. Un des daims bondit d'une hauteur prodigieuse et retomba mort; les autres tournèrent de tous côtés, coururent çà et là et s'avancèrent enfin de toute leur vitesse vers l'endroit où j'étais posté. Mais dans leur course échevelée ils s'approchèrent de Harry, j'entendis la détonation de sa carabine, et je vis un autre daim rouler sur le gazon.

Mon tour vint ensuite : je me préparai à tirer de mon mieux pour ne pas être battu par mes deux fils ; je fis feu, et à ma grande surprise je les vis passer les uns après les autres comme si je les eusse manqués. J'en avais touché un cependant : Castor et Pollux, qui s'élancèrent à leur poursuite, eurent bientôt atteint celui qui était resté quelque peu en arrière. Je courus à leur aide, et saisissant ma proie par les cornes je l'abattis d'un coup de mon couteau de chasse. Il était blessé dans le flanc ; et cette blessure avait permis aux chiens de le rattraper, car sans cela il eût été avec ses compagnons à quelques centaines de pas en avant.

La fortune nous avait souri, tous nos coups avaient porté; nous nous réjouissions de n'avoir pas perdu notre poudre : car nous ne chassions pas pour notre plaisir, mais pour nous procurer des provisions. Nous nous félicitâmes mutuellement de notre adresse, nous étions tout fiers de notre tir; mais il était certain que Harry s'était montré le meilleur chasseur. Il avait tué sa bête pendant qu'elle courait; et ce n'est pas chose facile avec ces queues noires qui bondissent plutôt qu'elle ne courent, en levant les quatre pieds tous ensemble.

Quand nous eûmes essuyé et rechargé nos carabines, nous les déposâmes auprès d'un arbre et nous commençâmes à dépouiller notre gibier. Harry se plaignit bientôt d'être altéré, car il faisait chaud et nous marchions depuis le matin. Nous ne devions pas être très loin de la rivière, mais nous n'étions pas très fixés sur le côté où elle se trouvait. Harry prit un pot de fer blanc que nous avions apporté, et il s'éloigna en promettant de revenir bientôt avec de l'eau.

Il n'y avait que quelques minutes qu'il nous avait quittés quand nous l'entendîmes appeler dans le bois. Craignant qu'une bête féroce ne l'eût attaqué, nous saisîmes, Frank et moi, nos carabines et nous courûmes à ses cris. Nous fûmes tout surpris de le trouver tranquillement assis au bord d'un ruisseau et tenant le pot de fer-blanc plein d'eau.

— Pourquoi nous avoir appelés? dit Frank.

— Goûte cela, lui dit-il, voilà de la saumure!

— Papa! s'écria Frank après avoir porté l'eau à ses lèvres, c'est aussi salé que la saumure!

— Oui, reprit son frère, c'est plus salé que la mer... goûte cette eau, papa!

J'y portai les lèvres, et je reconnus avec plaisir que l'eau de ce ruisseau était aussi salée que de la saumure, ainsi que le disait Frank. Cette découverte me sembla des plus précieuses. Harry et Frank, qui avaient grande soif, auraient mieux aimé trouver une tasse d'eau fraîche que toute une rivière d'eau salée : ils ne comprenaient rien à ma joie. Je dus leur indiquer toute l'importance de cette découverte de Harry.

Depuis notre entrée dans la vallée nous n'avions pas eu un grain de sel, et cet assaisonnement nous faisait grandement défaut. On ne connaît tout le prix du sel que quand on ne peut en obtenir.

La chair de notre élan était devenue insipide, et nous ne pouvions faire de soupe que l'on mangeât avec plaisir. Nous avions dans le ruisseau une source inépuisable de cette précieuse denrée. J'expliquai à mes deux enfants qu'il nous suffirait de faire bouillir cette eau pour obtenir de quoi saler toutes nos provisions.

Nous avions hâte de retourner à la maison pour annoncer cette bonne nouvelle à ma femme : nous ne restâmes pas un moment de plus qu'il ne fallait sur le bord du ruisseau salé. C'était un petit cours d'eau qui allait se perdre quelques pas plus loin dans la rivière. Nous courûmes à cette dernière pour apaiser notre soif, et nous retournâmes achever la préparation de notre gibier.

Nos trois queues noires furent bientôt dépouillées, dépecées, et pendues à de hauts arbres, de peur des loups ; mettant ensuite la carabine sur l'épaule, nous prîmes le chemin de la maison.

XXI. — LE PUTOIS.

Marie fut enchantée de la nouvelle que nous lui apportions. Un des articles indispensables aux ménagères est le sel, sans contredit ; nous promîmes de lui en donner une provision dès le lendemain. Il fut décidé que nous porterions un chaudron sur le bord du ruisseau, et que nous y ferions évaporer l'eau salée ; cela était plus facile à faire que de l'apporter à la maison.

Nous devions y aller dès le matin ; et comme il n'était pas encore nuit, nous retournâmes avec Pompo chercher les carcasses de nos queues noires. Cela nous prit beaucoup de temps ; car nous n'avions pas de voiture pour apporter le tout à la fois, et nous fûmes obligés de faire plusieurs voyages. Tout était rentré cependant avant le coucher du soleil ; nous ne laissâmes dehors que les peaux, que nous voulions sécher.

Cudjo n'était pas resté oisif pendant cette expédition que j'avais faite avec mes deux fils. Nous ne voulions pas préparer notre gibier d'après la méthode que nous avions suivie pour fumer l'élan, notre intention était de le saler avec le sel que nous devions faire le lendemain : mais il nous fallait un vase assez grand pour contenir une grande quantité de saumure. Nous nous demandions comment nous pourrions suppléer au manque de cuve ou de baril qui nous était indispensable pour faire notre salaison.

— Ne pourrions-nous pas laisser les quartiers de chair dans le ruisseau ? dit Harry, l'eau est pure et limpide, le fond est de roches : il serait facile de couler les morceaux et de les maintenir en place avec de grosses pierres.

— Ah ! ah ! s'écria Frank, comme si les loups ne sauraient pas les pêcher : ils auraient beau jeu avec une cuve aussi primitive.

— Attendez donc, massa, dit Cudjo, je ne crois pas que cela soit impossible : je pourrais préparer une place où le gibier serait en sûreté.

— Comment cela, Cudjo? demanda Marie.

— Mais, missa, je ferais comme on fait dans la Virginie, je creuserais un gros tronc d'arbre.

C'était justement ce qu'il nous fallait. Un arbre creusé comme pour en faire un canot remplirait notre but admirablement. Cudjo choisit un immense tulipier et se mit à l'ouvrage. Nous n'avions pas apporté notre quatrième charge que Cudjo nous avait creusé une auge, qui pouvait contenir les trois queues noires.

Cette idée de Cudjo nous en suggéra une autre : nous nous fabriquâmes les plats, les assiettes et les autres ustensiles de bois, dont nous avions vu les nègres se servir dans la Virginie. Cela pouvait nous servir en attendant que nous fussions à même de nous en procurer d'autres.

Le lendemain matin après déjeuner nous partîmes tous pour le ruisseau salé. Marie nous accompagnait à cheval, Cudjo et moi nous portions les deux petites filles. Frank et Harry suspendirent le chaudron à une longue perche, qu'ils prirent chacun par un bout, en n'oubliant pas d'emporter leurs carabines. Les chiens nous suivirent, la maison resta vide. Nous avions eu soin de pendre notre gibier très haut, de peur que les loups ne vinssent le dévorer pendant notre absence.

Le paysage que nous traversions était admirable, particulièrement à mesure que nous approchions des clairières. Marie remarqua divers arbres dont nous pourrions tirer profit : l'un d'eux lui arracha une exclamation d'heureuse surprise dont elle ne voulut pas nous donner l'explication. Elle nous dit seulement qu'elle avait fait une découverte presque aussi importante que celle du ruisseau salé. Nous voulûmes insister pour savoir le mot de cette énigme ; mais elle nous répondit que nous étions déjà assez heureux, qu'elle voulait ménager notre bonheur, et qu'elle ne nous dirait son secret qu'après notre retour à la maison.

— Peut-être serons-nous fatigués et de mauvaise humeur, dit-elle, ce que je vous dirai vous rendra tous contents et joyeux.

Je ne pouvais admirer assez le bon sens et la patience de ma femme, qui nous réservait de bonnes nouvelles pour l'heure où elles seraient le plus nécessaires.

Au moment où nous descendions un petit vallon en causant joyeusement, un animal sortit d'un buisson devant nous et s'éloigna tranquillement. Il était à peu près de la grosseur d'un chat, son poil était brun et luisant; il était marqueté sur la tête et au cou avec de longues bandes s'étendant sur son dos. Il ne tarda pas à s'arrêter, et, relevant sa longue et large queue, il se tourna vers nous avec autant de grâce et d'innocence que l'aurait fait un jeune chat. Harry, qui ne connaissait pas ce genre d'animal, courut pour le prendre dans l'intention de l'apprivoiser.

Je lui criai de s'arrêter; mais, soit qu'il ne m'entendît pas, à cause du bruit que faisaient les chiens qui s'étaient mis aussi à courir, soit qu'il eût une assez grande envie de s'emparer de la gentille petite bête, il continua sa course. La chasse ne dura pas longtemps. Le petit animal, qui se tenait près des broussailles comme pour attendre ses ennemis, ne parut pas le moins du monde effrayé de leur approche. Harry courait toujours en grondant les chiens, car il voulait le prendre en vie, et il craignait que Castor ou Pollux ne le tuassent; il est vrai qu'ils étaient gueule béante tout prêts à sauter sur lui. Tout-à-coup le petit animal, se lèvant sur ses pattes de derrière, releva sa queue et se retourna de la manière la plus insultante vers ceux qui le menaçaient. Il leur adressait en effet plus qu'une insulte, il les punissait de leur audace !

Nous ne tardâmes pas à voir l'effet de cette étrange façon de se défendre : les chiens rebroussèrent chemin tout-à-coup; ils n'aboyaient plus, ils criaient de douleur. On les voyait qui se poussaient le nez dans les herbes et s'agitaient d'une manière extraordinaire comme s'ils eussent été attaqués par une troupe de frelons. Harry s'arrêta tout étonné, mais il ne resta pas là longtemps. Nous le vîmes porter les mains à sa figure et revenir aussi vite qu'il était parti, en criant de douleur et d'effroi.

L'animal dont il avait voulu s'emparer était un putois de l'espèce appelée *mephitis chinga*. Cette bête resta un instant, après avoir lancé sa pluie fétide, comme pour s'assurer de la victoire qu'elle avait obtenue : on eût dit qu'elle riait de la déconvenue de ses ennemis; puis balançant élégamment sa queue à droite et à gauche, elle sauta légèrement dans les broussailles et disparut.

Mais si le putois ne rit pas de son mode de combat, Frank s'en donna à cœur joie : Harry, disait-il, n'avait que ce qu'il méritait, pour lui avoir laissé tomber le chaudron dans les jambes. Nous n'avions pas de temps à perdre pour échapper à l'odeur repoussante qui remplissait tout le vallon; Harry reprit le bout de la perche et nous nous éloignâmes aussi vite que possible.

Les chiens cependant nous rapportaient cette odieuse odeur avec eux, et nous fûmes obligés de leur jeter des pierres pour les tenir à distance. Harry n'avait pas été aussi maltraité que je l'avais craint : le putois avait dirigé sa batterie principalement contre les chiens ; mais il en avait reçu assez cependant pour le punir de sa désobéissance et de sa précipitation.

Comme nous cheminions dans le bois, Frank et Harry me demandèrent quelques détails sur cet étrange animal.

— Vous avez vu, leur dis-je, qu'il est à peu près de la grosseur d'un chat, mais il est plus large du dos, il est moins haut sur ses pattes, son nez est plus pointu et son museau plus allongé. Sa fourrure est marquée comme celle du chat; les individus de même espèce diffèrent souvent par la disposition des bandes et des taches. Il vous a montré comment la nature lui a fourni des armes contre ses ennemis : on ne connaît guère son genre de vie. Seulement, c'est un animal carnivore, qui détruit et mange d'autres animaux. Il est armé de longues griffes très pointues, et possède trois sortes de dents, dont une est la dent canine : c'est là un indice certain de son appétit pour la chair. Il chasse le lapin, les oiseaux, les souris, les grenouilles et les lézards. Il est très friand d'œufs ; il vole les nids dans les fermes, ou ceux des dindes sauvages qu'il tue quand il peut les attraper. Mais il est à son tour la proie du loup, du hibou, du wolverene et du fermier. Il n'est pas bon coureur, et son salut ne dépend pas de la rapidité de sa fuite. Sa seule défense réside dans cette liqueur fétide qu'il peut lancer sur ses ennemis : elle se secrète dans deux vésicules placées sous sa queue. De jour, on ne voit pas ce liquide au moment où il le lance ; mais la nuit on dirait deux traînées de lumière phosphorique, car chaque vésicule a un orifice de la largeur d'un tuyau de plume. Il peut atteindre son ennemi à cinq pas distance ; il attend toujours pour lancer sa liqueur que son adversaire soit arrivé à portée : Castor et Pollux en savent quelque chose. Cette décharge suffit toujours pour faire fuir les loups, les chiens ou les hommes : elle cause quelquefois des nausées violentes, et j'ai entendu dire que les Indiens ont perdu la vue pour avoir reçu de cette liqueur dans les yeux. Les chiens en sont souvent enflés et malades pendant des semaines entières.

Non-seulement l'odeur de ce fluide est des plus nauséabondes, mais il est impossible d'en débarrasser les vêtements qui en sont imprégnés ; vous pouvez les laver, les enterrer pendant des mois, ils conservent toujours cette odeur méphitique. L'endroit où un putois a été tué exhalera encore des miasmes plusieurs mois après, quand même le terrain aurait été couvert de neige.

Le putois ne lance cette liqueur que quand il est poursuivi ou attaqué; si on le tue à l'improviste ou avant qu'il ait eu le temps de le lancer, on n'en trouve aucune trace dans son cadavre. Il se creuse un terrier où il se retire pendant l'hiver pour y rester à demi endormi. Dans les climats chauds cependant il se met en quête de sa proie toutes les nuits. Un terrier sert à dix ou douze putois, ils y vivent en commun. La femelle se fait un lit de mousse et de feuilles, et met bas neuf ou dix petits.

Tout étrange que cela puisse sembler, les Indiens et même les blancs, chasseurs et autres, mangent la chair du putois et disent qu'elle est tendre et savoureuse : ils la comparent à du porc rôti.

Mais il est temps de revenir à notre fabrication de sel.

XXII. — LE RUISSEAU SALÉ.

Nous étions arrivés au bord du ruisseau salé ; et comme la falaise s'élevait à peu de distance de l'endroit où nous étions, il nous sembla que la source ne pouvait être loin, et nous résolûmes d'aller la chercher. Nous n'eûmes que quelques centaines de pas à faire pour la découvrir, ce que nous y vîmes nous aurait dédommagés d'un voyage beaucoup plus long.

Il y avait au pied de la falaise plusieurs objets de forme cylindrique, on eût dit des demi-globes ou des bols renversés. Ils étaient blancs et faits d'une matière qui ressemblait à du quartz : il y en avait de toute grosseur, quelques-uns n'étaient pas plus gros qu'un bol à lait, d'autres égalaient un four de boulanger. Ils étaient percés d'un trou circulaire d'où l'eau s'échappait en bouillonnant comme si elle eût été sur un immense foyer. Il y avait environ une vingtaine de ces masses qui vomissaient de l'eau, mais un grand nombre étaient solides et n'offraient plus aucune issue à la solution saline qui les avait formées.

Toutes ces masses semi-sphériques s'étaient élevées à la longue; elles provenaient des dépôts de matières salines que les âges avaient accumulés. Des plantes élégantes et de gracieux arbustes croissaient tout à l'entour et laissaient traîner leurs fleurs et leurs feuilles au courant de l'eau : de longues vignes grimpaient sur la falaise et la tapissaient de grappes purpurines. Des buissons de groseilliers sauvages s'élevaient çà et là; leurs feuilles remplissaient l'air de suaves parfums.

Quand nous eûmes admiré ce site si doux et si frais, nous nous mîmes en mesure de faire notre sel. Frank et Harry ramassèrent plusieurs brassées de bois sec pour faire le feu, et Cudjo éleva ses perches pour y suspendre le chaudron. Nous le remplîmes de l'eau de la source et nous allumâmes un grand feu : nous n'eûmes plus ensuite qu'à attendre l'ébulition qui devait compléter l'évaporation.

Nous choisîmes un endroit où l'herbe poussait épaisse et douce, et nous nous y assîmes pour attendre le résultat de cette opération. Nous n'étions pas sans éprouver une certaine anxiété, car ce pouvait ne pas être du sel. L'eau nous paraissait salée, c'est vrai, mais ce pouvait être une solution de sulfate de magnésie ou de sulfate de soude.

— Qu'est-ce que du sulfate de magnésie, papa? demanda Frank.

— Tu le connais sous le nom de sel d'Epsom, répondit sa mère en souriant.

— Pouah ! s'écria-t-il en faisant une grimace : j'espère que ce n'est pas cela que nous trouverons. Et qu'est-ce que le sulfate de soude alors?

— C'est la même chose que le sel de Glauber.

— Pire que le premier ! Nous n'avons besoin ni de l'un ni de l'autre, n'est-ce pas, Harry?

— Non, répondit Harry grimaçant aux souvenirs qui lui venaient à l'esprit : j'aimerais mieux que ce fût du salpêtre et du soufre, nous pourrions nous fabriquer de la poudre.

Harry, qui était fier de son adresse, craignait toujours de manquer de munitions.

— Ne t'inquiète pas trop de cela, Harry, lui dit sa mère : nous pouvons très bien nous passer de poudre. J'espère que nous aurons quelque chose de préférable.

Pendant ce temps-là notre eau bouillait et laissait échapper des flots de vapeur.

J'étais, pour ma part, plein de confiance, car je savais que le sel, si nécessaire au bien-être de l'homme, se trouve dans toutes les parties du monde, en roches, en sources salées, en lacs, ou bien encore en incrustations ou dans l'Océan lui-même.

Il n'y a pas de grande étendue de terre qui en soit absolument privée, et j'avais remarqué que dans l'intérieur du continent américain, aux lieux où la mer est trop éloignée pour que son influence se fasse sentir, la nature avait fait jaillir des sources d'eau salée. Les bêtes fauves de la forêt ou de la prairie se rendent à ces sources depuis un temps immémorial, soit pour boire leurs eaux, soit simplement lécher le sable sur lequel elles coulent.

Nous étions dans une vallée dont les habitants ne sortaient jamais; il y avait tout lieu de penser que la nature avait eu la prévoyance de leur fournir tout ce qui était indispensable à leur existence et surtout la matière que nous cherchions, le sel. Si la source dont nous faisions évaporer les eaux ne contenait pas du sel, j'étais certain que nous en trouverions une autre dans la vallée. J'expliquai cette théorie à mes enfants, je leur montrai, en un mot, la main du Créateur, et je les convainquis que nous réussirions à trouver la précieuse denrée.

— Papa, me dit Frank, qui était toujours curieux d'apprendre, pourquoi l'eau de ce ruisseau est-elle salée?

— Il est probable, répliquai-je, que cette eau s'est imprégnée de sel en traversant d'immenses couches salines.

— Des couches de sel? Est-ce que le sel se trouve par gros amas?

— Pas toujours, mais très souvent. Il y a des mines de sel gemme dans plusieurs pays : en Angleterre, dans les Indes orientales, en Russie, en Hongrie et en Espagne. On en a trouvé aussi de grandes quantités dans le Désert même où nous sommes. Les plus célèbres de ces mines sont en Pologne, à peu de distance de Cracovie : on les exploite depuis sept cents ans et elles contiennent encore assez de sel pour en fournir le monde entier pendant plusieurs siècles. Ces mines offrent un spectacle magnifique, éclairées comme elles le sont par des lampes nombreuses. Les mineurs ont taillé le sel en mille formes diverses : il y a des maisons, des chapelles, des colonnes, des obélisques et autres monuments. Les rayons des lampes reflètent sur toutes les faces, on dirait le palais d'Aladin.

— Oh! je voudrais bien y aller! s'écria Harry.

— Mais, papa, reprit Frank, je n'ai jamais vu de ce sel gemme. Comment se fait-il qu'il vient toujours en grain et en longues briques comme s'il était cuit? Est-ce qu'on l'écrase dans ces mines avant de le vendre?

— Il y a des mines où il suffit de l'écraser, mais il y en a d'autres où le sel n'est pas pur, il est combiné avec de l'oxyde de fer et de l'argile. Il faut alors le faire dissoudre dans l'eau pour le nettoyer et faire évaporer l'eau comme nous faisons en ce moment.

— Quelle est la couleur du sel gemme, papa?

— Quand le sel est pur il est blanc : mais quand il est combiné avec d'autres matières, il en emprunte la couleur. Il y en a de jaune, de rose et de bleu.

— Cela doit être joli, du sel bleu, s'écria Harry, c'est comme une pierre précieuse!

— Oui, c'est une pierre vraiment précieuse, repartit son frère, plus précieuse selon moi que tous les diamants du monde. N'est-ce pas, papa?

— Tu as raison, Frank, lui répliquai-je, le sel gemme vaut plus pour la race humaine que les diamants, quoiqu'ils aient une valeur autre que celle qu'on leur donne comme joyaux. On s'en sert dans les arts et dans l'industrie.

— Mais, papa, reprit Frank, qui semblait vouloir connaître tout ce qu'il était possible de savoir sur le sel, j'ai entendu dire que l'on faisait du sel avec de l'eau de la mer : est-ce vrai?

— On en fait d'immenses quantités.

— Comment le fait-on?

— Il y a trois manières de le faire : d'abord dans les pays chauds, où le soleil est ardent, on fait entrer l'eau de la mer dans des bassins peu profonds et on la laisse évaporer aux rayons du soleil. Le sol de ces bassins ne doit être ni poreux ni vaseux, autrement le sel serait mêlé de sable ou de vase. Il y a des écluses pour faire sortir l'eau qui ne s'évapore pas assez vite. On emploie cette méthode en Espagne, en Portugal, en France et dans d'autres pays qui bordent la Méditerranée, ainsi que dans les Indes, en Chine, dans le royaume de Siam et dans l'île de Ceylan.

La deuxième manière est exactement semblable à celle dont je viens de vous parler; seulement, au lieu de s'évaporer dans des bassins artificiels, l'eau se volatilise sur de grandes étendues de terre que l'Océan recouvre dans les hautes marées. Quand la mer retombe à son niveau ordinaire, elle laisse de larges flaques d'eau que le soleil dessèche et qui déposent d'immenses couches de sel. On n'a plus qu'à le ramasser et l'enlever : aux marées suivantes l'Océan vient recouvrir la terre et laisse de nouvelles croûtes de sel. Ce sel est meilleur que celui qui sort des bassins artificiels; mais ni l'un ni l'autre ne valent le sel gemme.

Les îles du cap Vert, les îles du Turc et de Saint-Martin aux Antilles et l'île des Kanguroos dans l'Australie produisent du sel de cette manière.

Il y a une troisième méthode pour extraire le sel de l'eau de mer. On fait bouillir l'eau. Mais le sel que l'on obtient ainsi est de qualité inférieure, et il est plus économique d'acheter le sel que de le fabriquer de la sorte. On ne ferait jamais du sel par ébullition, si des gouvernements illogiques ne forçaient pas leurs peuples, à payer des droits très élevés sur le sel étranger : cet absurde impôt fait seul paraître économique la fabrication la plus dispendieuse.

— Pourquoi la mer est-elle salée, papa?

— Les naturalistes sont loin d'être d'accord sur les causes de ce phénomène. Les uns disent qu'il y a au fond de la mer de grands amas de sel. Cette opinion m'a toujours semblé ridicule, et les arguments que l'on présente à l'appui ne me paraissent d'aucune valeur. D'autres prétendent que l'eau salée de l'Océan est un fluide à l'état primitif, c'est-à-dire qui a toujours été tel qu'il est aujourd'hui, ce qui revient à dire que la mer est salée parce qu'elle a toujours été salée. Enfin, d'autres affirment que le sel provient des fleuves salés qui se déversent dans l'Océan. Je crois que l'opinion de ces derniers est la vraie; malheureusement ils n'ont guère pu répondre aux objections qu'on leur a faites.

J'ai longtemps pensé à ce problème, et je crois que je peux expliquer toutes les difficultés que l'on a soulevées; je le ferai peut-être quelque jour, mais cela nous prendrait trop de temps aujourd'hui.

— La mer est-elle également salée partout? demanda Frank après avoir réfléchi quelques instants sur ce qu'il venait d'entendre.

— Non : elle est plus salée à l'équateur que vers les pôles, elle est moins salée dans les golfes et la mer Méditerranée qu'au large dans l'Océan. Je crois pouvoir expliquer cela pareillement; je fonde là-dessus ma théorie des rivières dont je viens de parler. Mais la différence que l'on observe à divers points de l'Océan est presque insignifiante.

— Dans quelle proportion le sel se trouve-t-il mêlé dans l'eau de la mer?

— Dans la proportion de trois et demi pour cent. Si l'on fait évaporer cent livres d'eau de mer, on obtient environ trois livres et demie de sel.

— Mais n'y a-t-il pas des lacs et des sources qui contiennent une plus grande proportion de sel?

— Un grand nombre. Ainsi il existe dans le Désert même, vers le nord-ouest, un lac appelé le grand lac Salé, dont les eaux contiennent un tiers de sel pur. Il y a beaucoup de sources et de rivières qui sont plus salées que l'Océan. Nous devons espérer que cette petite source nous produira plus que l'eau de la mer. Mais, voyons, comment se fait l'ébullition? Nous avions presque oublié notre travail.

Nous nous approchâmes du chaudron, dont nous retirâmes le couvercle. Une écume blanche semblable à de la neige à demi fondue flottait à la surface. Nous en prîmes un peu et nous en goûtâmes... je ne m'étais pas trompé, c'était du sel, du chlorure de sodium pur! et d'aussi bonne qualité que le meilleur qui fut jamais expédié de l'île du Turc.

XXIII. — LE COMBAT DES SERPENTS.

Je n'ai pas besoin de vous dire quelle fut notre joie : nous goûtâmes tous le sel les uns après les autres, nous voulions être convaincus par nous-mêmes. Cristallisé comme toujours en petits cubes, il était blanc comme la neige ; ce qui nous prouvait son extrême pureté.

Nous avions mis environ vingt-quatre bouteilles d'eau dans notre chaudron, et quand l'évaporation fut complète nous en retirâmes à peu près dix pintes de sel : la source était donc beaucoup plus salée que la mer.

Quand cette première évaporation fut achevée, nous remplîmes de nouveau notre chaudron et rallumâmes notre feu. Mais cette fois le foyer nous servit à deux fins : Marie se mit à faire cuire quelques tranches de gibier que nous eûmes le plaisir d'assaisonner de sel. Nous n'oubliâmes pas de remercier le ciel, qui avait mis à notre portée une provision inépuisable d'un article aussi indispensable.

Nous fûmes témoins de plusieurs incidents très curieux qui se passèrent dans le voisinage de notre saline. De longs cris d'effroi, qui nous surprirent tout d'abord, réveillèrent les échos d'alentour : nous eûmes bientôt reconnu la voix glapissante du geai bleu. On entend assez souvent les cris de cet oiseau, qu'un rien suffit pour effrayer ; mais quand il s'agit de quelque événement extraordinaire, sa voix prend un accent tout particulier. A mesure que son ennemi approche, le cri devient rauque et perçant. La note que le geai émettait en ce moment était si aiguë que ma curiosité fut excitée.

Nous nous tournâmes vers l'endroit d'où venait le bruit, et nous pûmes apercevoir le feuillage remuer et les magnifiques ailes bleues du geai qui s'ouvrirent et se fermèrent en tremblotant. Nous ne vîmes rien autre chose ni sur l'arbre ni sur ceux d'alentour; mais nous découvrîmes sur le sol l'être hideux qui causait l'effroi du pauvre geai : c'était un serpent, qui se glissait doucement sur les feuilles sèches entre les arbres. Ses anneaux jaunâtres tachetés de noir brillaient aux rayons du soleil chaque fois que les écailles de son dos se soulevaient hors de l'herbe. Il avançait lentement en rampant verticalement et tenait sa tête au-dessus des feuilles. De temps en temps il s'arrêtait, allongeait le cou, abaissait sa tête plate, comme un cygne qui plonge le bec dans l'eau, et touchait légèrement de sa langue rougeâtre les feuilles et les herbes, comme s'il eût cherché une piste, puis il se remettait en marche. A le voir ainsi étendu sur le sol, il paraissait égaler la longueur de la taille d'un homme ordinaire; sa grosseur égalait celle de l'avant-bras. Sa queue n'était qu'un long assemblage d'os dépourvus de chair. Cette singularité nous le fit reconnaître : c'était le serpent à sonnettes, le terrible *crotalus horridus*.

Cudjo et les enfants voulaient aller l'attaquer, je les en empêchai : je retins aussi les chiens, qui se montraient pleins d'ardeur.

J'avais souvent entendu parler de la faculté qu'ont ces serpents de fasciner leur proie : je ne savais si c'était une fable ou une vérité. Mais nous avions une excellente occasion de vérifier le fait, nous résolûmes donc de rester spectateurs de l'événement. Allait-il fasciner et dévorer le geai?

Nous nous tînmes dans le plus grand silence : le serpent avançait toujours. L'oiseau suivait au-dessus, sautant de branche en branche et volant d'arbre en arbre en criant de toutes ses forces. Arrivé au pied d'un grand magnolia, le serpent en fit le tour : on eût dit qu'il flairait l'écorce; puis il se replia lentement en forme de spirale tout auprès du tronc. Il ressemblait alors à un cordage tacheté et brillant roulé à plat, comme les marins les disposent sur le pont des navires. Les paupières du serpent étaient abaissées, on eût dit qu'il dormait. Cela me sembla extraordinaire, car j'avais toujours entendu dire que sa puissance de fascination résidait dans ses yeux. Nous vîmes bientôt cependant que l'oiseau ne devait pas être sa victime; car aussitôt qu'il eut cessé de remuer, le geai cessa de crier, et s'envola ailleurs.

Croyant que tout était fini, j'allais prendre ma carabine, quand un léger mouvement qu'il fit me montra qu'il était loin d'être endormi et qu'il guettait quelque proie. Ce devait être un écureuil, car ces serpents en sont très friands. Je regardai l'arbre, il avait toute l'apparence d'un arbre à écureuil. A une assez grande hauteur se trouvait un trou dont les bords portaient des traces évidentes du passage fréquent d'un écureuil, et vers le pied de l'arbre on pouvait distinguer comme un petit sentier battu qui disparaissait sous l'herbe. Le magnolia avait une grosse racine qui sortait de terre et formait comme une nervure en s'élevant de terre : cette racine était battue par le passage incessant des écureuils. C'était le chemin qu'ils suivaient pour monter et descendre; le serpent était enroulé tout auprès, rien ne pouvait passer qu'il ne fût à portée de s'en saisir. Il était certain qu'il attendait la descente d'un écureuil, et, curieux de voir ce qu'il allait arriver, je recommandai à mes compagnons de ne pas faire le moindre bruit.

Nous regardions le tronc attentivement, pensant que l'écureuil allait bientôt sortir. Une petite tête semblable à celle d'un rat parut enfin au bord de l'orifice, et regarda longtemps de côté et d'autre. Et la petite bête n'avait aucune intention de descendre de la position élevée qu'elle occupait.

Nous commencions à perdre tout espoir d'être témoin d'aucun événement, quand nous entendîmes un léger bruit dans les feuilles au-delà de l'arbre. Nous cherchâmes ce que c'était. Un autre écureuil venait en courant vers le nid : tantôt il sautait de branche en branche, tantôt il s'élançait d'une pierre à l'autre; ou bien encore il trottait parmi les feuilles sèches. Il était poursuivi par une belette, dont nous aperçûmes bientôt le corps jaunâtre et allongé.

Les deux ennemis n'étaient pas à plus de dix pas l'un de l'autre et chacun courait de son mieux. Je jetai un coup d'œil vers le serpent. Il avait entendu qu'une victime s'approchait : sa gueule était ouverte, sa mâchoire inférieure reposait contre son cou; on voyait ses dents empoisonnées, sa langue dardait en avant, ses yeux brillaient comme des diamants et tout son corps se soulevait agité par une respiration forte et précipitée. Il semblait s'être dilaté jusqu'à acquérir deux fois son premier volume.

L'écureuil, préoccupé seulement de ce qui se passait derrière lui, courait vers l'arbre de toute sa vitesse; il passa comme un éclair le long de la grosse racine et grimpa rapidement. Le serpent lança la tête en avant au moment où il passait, mais ce mouvement fut si rapide qu'à peine nous pûmes le voir et que nous ne pensâmes pas qu'il l'eût touché.

— Bon ! nous écriâmes-nous en voyant l'écureuil grimper à l'arbre et le croyant sauvé. Cependant, avant qu'il eût atteint la première branche, nous remarquâmes qu'il grimpait moins lestement... il hésitait et enfin il s'arrêta tout-à-fait. Ses pattes de derrière abandonnèrent l'arbre, son corps se balança un instant pendu par les pattes de devant, puis il tomba dans la gueule même du serpent, qui l'attendait.

La belette, qui s'était arrêtée sur place en voyant le serpent, se mit à courir autour en recourbant son dos, ou se levant sur ses pattes de derrière, et sifflant à la manière des chats furieux. Il nous parut qu'elle était irritée de se voir ravir sa proie ; et nous crûmes un instant qu'elle allait attaquer le serpent, qui s'était replié en spirale et attendait son ennemi la gueule béante. Le corps de l'écureuil était tout auprès du serpent, de sorte que la belette pouvait s'en emparer sans se mettre à portée des terribles crocs vénéneux.

Reconnaissant tout le danger de la situation, et redoutant sans doute un duel à mort, la belette cessa bientôt toute démonstration hostile, courut vers les broussailles et disparut dans le bois.

Le reptile déroula alors environ la moitié de ses anneaux, et avançant la tête vers l'écureuil, se prépara à l'avaler. Il l'étendit de toute sa longueur sur le sol, en lui tournant la tête de son côté. Son intention était évidemment de l'engouffrer la tête la première pour ne pas aller à rebrousse-poil; pour rendre le morceau plus facile à avaler, il l'enduisit d'un bout à l'autre d'une salive gluante qui dégouttait de sa langue.

Pendant que nous étions à guetter tous ces préparatifs, notre attention fut éveillée par un bruit qui se faisait dans les feuilles au-dessus de l'endroit où était le serpent. A une hauteur d'environ vingt pieds, se trouvait une liane immense qui s'étendait d'arbre en arbre. Elle était aussi grosse que le bras d'un homme et couverte de feuilles vertes et de grandes fleurs rouges cunéiformes. D'autres fleurs d'espèces différentes s'ouvraient çà et là, car elle était ceinte de nombreux parasites parmi lesquels nous reconnûmes la magnifique vigne cyprès. Quelque chose se remuait sur cette liane : c'était un animal... un grand serpent presque aussi gros que la liane elle-même.

— Encore un serpent à sonnettes ! dit Harry.

— Non : le serpent à sonnettes ne grimpe pas aux arbres. Et puis la couleur de celui-ci était toute différente de celle du premier. Il était d'un noir luisant d'un bout à l'autre. C'était le serpent noir, le *constrictor* de l'Amérique du Nord.

Au moment où nous vîmes le reptile, il était enroulé autour de la liane ; ses anneaux formaient la vis d'un immense tire-bouchon. Nous vîmes qu'il cherchait à descendre, car il s'avançait du côté où la liane venait chercher le tronc du magnolia à environ vingt pieds de terre. Quand il arriva à ce point de jonction, il rapprocha graduellement ses anneaux jusqu'à les faire toucher les uns aux autres et à couvrir complètement la liane. Puis il commença à se dévider de dessus la liane, et tournant lentement la tête à contre-sens de ses anneaux. Quand il eut fait un certain nombre de révolutions autour de la tige flexible, les anneaux avaient complètement disparu, à l'exception des deux derniers près de la queue ; le reptile était allongé sur l'écorce. Tout cela avait été fait en silence et avec précaution : après quoi l'animal sembla s'arrêter pour regarder ce qui se passait au-dessous de lui.

Le serpent à sonnettes avait été, pendant tout ce temps, absorbé par l'attention qu'il mettait à préparer son écureuil. Quand il l'eut salivé complètement, il ouvrit ses mâchoires rouges, et prit par la tête sa victime : il s'étendit ensuite tout de son long et se mit en mesurer d'avaler l'écureuil tête et queue. En quelques secondes la tête et les épaules du petit animal avaient disparu.

Mais le glouton fut tout-à-coup interrompu dans son repas, car au même moment nous vîmes le serpent noir s'abaisser petit à petit de la liane à laquelle il ne restait plus attaché que par l'extrémité de sa queue ; tout son corps pendait directement au-dessus de l'autre serpent.

— Est-ce qu'il oserait attaquer le serpent à sonnettes, le plus terrible de tous les reptiles? nous demandâmes-nous.

Il connaissait évidemment ce qu'il avait à faire, mieux que nous ne pouvions le savoir : en un clin d'œil, il se laissa tomber sur le sol et étreignit de ses noirs anneaux le corps élongé du *crotalus horridus !*

C'était un spectacle curieux que celui de ces deux reptiles se tournant et s'enroulant l'un et l'autre sur le sol, et nous ne pûmes tout d'abord deviner à qui resterait la victoire. Ils étaient à peu près de même grandeur : le serpent noir était, il est vrai, un peu plus long que l'autre, mais il était moins gros et paraissait moins fort. Il avait toutefois un grand avantage sur son antagoniste, il était dix fois plus leste et plus actif que le serpent à sonnettes. Nous fûmes témoins de l'adresse avec laquelle il échappait aux étreintes de son adversaire et s'enroulait à volonté autour de celui-ci en se servant des muscles terribles qui l'ont fait surnommer *constrictor*. A chaque compression du serpent noir, le corps du serpent à sonnettes tremblait de douleur et d'effroi.

Le serpent à sonnettes n'avait qu'une arme dont il eût pu faire un terrible usage, ses crocs empoisonnés; mais ils étaient enfoncés dans le corps de l'écureuil, et il ne pouvait les diriger sur son adversaire. Il lui était impossible de se délivrer de sa proie, qui restait embarrassée dans son gosier comme un javelot dentelé. Nous pouvions voir le corps du malheureux écureuil rejeté à droite et à gauche, dans les efforts que faisait le serpent à sonnettes pour se défendre contre son ennemi.

Le combat commença enfin à être moins acharné et les mouvements des combattants à devenir moins rapides. Nous pûmes voir alors comment ils s'attaquaient l'un l'autre. C'était étrange, car ils étaient loin de s'attaquer face à face : au contraire, les dents du serpent noir étaient enfoncées dans la queue du serpent à sonnettes; et sa queue se soulevait et retombait avec force pour écraser la tête de son ennemi, dont les mâchoires tenaient encore l'écureuil.

Le combat tirait à sa fin : le serpent à sonnettes était étendu mort, et son ennemi l'entourait encore de ses replis comme pour le caresser. Cela ne dura qu'un moment; le vainqueur se retira du corps de sa victime, et s'approchant de la tête il s'appropria la proie à demi engloutie. Tout était fini. J'aurais épargné le constrictor, qui nous avait rendu le service de tuer le serpent à sonnettes; mais Cudjo, qui haïssait par instinct toutes sortes de reptiles, s'était avancé plus vite que moi, et avant que j'eusse pu m'approcher il l'avait percé de sa lance indienne.

XXIV. — L'ARBRE A SUCRE.

Quand vint la nuit nous retournâmes à la maison avec une bonne charge de sel sur le dos de Pompo. Nous en avions fait assez pour saler tout notre gibier et nous servir en outre pendant une quinzaine; d'ailleurs, quand cette provision serait finie nous savions où en trouver d'autre; il n'y avait pas de danger que la source se tarît. Avant la découverte de ce ruisseau nous avions remarqué que l'eau du lac était légèrement saumâtre, mais nous n'en avions pas recherché la cause : c'était peut-être la présence du sel dans cette eau qui nous avait fait supporter patiemment le manque de cet assaisonnement.

Aussitôt que nous eûmes achevé de souper, Harry, qui avait brûlé toute la journée du désir de connaître la découverte que sa mère avait faite, lui rappela sa promesse.

— Voyons, maman, lui dit-il, qu'est-ce que c'est, qu'avez-vous trouvé qui vaille ce sac d'excellent sel que j'ai l'honneur d'avoir découvert, moi?

— Mais, est-ce que j'ai promis de vous le dire ce soir? il me semble que j'ai réservé cette bonne nouvelle pour un moment où nous serions atteints de mélancolie; nous sommes maintenant trop joyeux et contents, n'est-ce pas?

— Oh! vous avez promis de nous le dire ce soir, répliqua Harry. Et puis, ajouta-t-il en essayant de prendre un air sérieux, je suis très triste. Je suis triste depuis... depuis...

— Depuis que tu m'as jeté le chaudron dans les jambes pour aller à la chasse du putois! dit Frank en l'interrompant avec un rire joyeux, qui se communiqua au fidèle Cudjo.

Cette allusion à la mésaventure de Harry, dont nous avions tant ri dans la journée, ne sembla pas tout-à-fait de son goût, l'expression de sa figure devint tout-à-coup sérieuse. Harry était le favori de sa mère; aussi, quand elle vit qu'il était réellement vexé, elle pensa que le moment était venu de révéler son secret.

— Eh bien! dit-elle, je vais vous apprendre ce que j'ai découvert. Ce matin, pendant que nous cheminions dans la vallée, j'ai vu de loin par-dessus les bois la tête d'un arbre aussi précieux que magnifique.

— Un arbre! s'écria Harry, un cocotier peut-être?

— Non.

— Un arbre à pain?

— Non

— Un oranger?

— Non, Harry, répliqua la mère, tu devrais savoir que nous sommes dans une latitude trop septentrionale pour les orangers ainsi que pour les cocotiers ou les arbres à pain.

— Ah! reprit Harry, les autres arbres ne m'importent guère.

— Et si c'était un figuier?

— Un figuier! oui, je l'aimerais assez, mais je préférerais les autres.

— Eh bien! ce n'est pas un figuier.

— Qu'est-ce donc, maman?

— L'arbre dont je parle croît dans la zone tempérée, il réussit même mieux dans les régions les plus froides. N'avez-vous pas remarqué de grands arbres tout droits dont les feuilles sont d'un rouge brillant?

— Oui, maman, répondit Frank, je connais un endroit dans la vallée où il y en a beaucoup : il y en a dont les feuilles sont presque cramoisies; d'autres ne les ont que couleur orange.

— C'est cela même. Les feuilles ne prennent cette couleur que dans l'automne, au printemps elles sont d'un vert brillant par-dessus et blanches par-dessous.

— Oh! dit Harry du ton d'un homme désappointé, je les ai vus aussi : ce sont de beaux arbres... mais...

— Mais... quoi?

— A quoi peuvent nous servir des arbres de cette grandeur? Ils n'ont pas de fruits, car j'y ai regardé : à quoi peuvent-ils être bons? Nous n'avons pas besoin de bois, les tulipiers nous en donnent autant qu'il nous en faut.

— Voyons, monsieur Harry, n'allons pas si vite, s'il vous plaît. Il n'y a pas que les fruits et le bois d'un arbre qui puissent nous être utiles.

— Quoi donc? les feuilles? demanda l'impatient Harry, que pouvons-nous en faire?

— Mais, dit Frank, il y a des feuilles qui ont bien leur prix : que dites-vous, par exemple, de la feuille de thé?

Harry comprit son erreur et ne répondit rien.

— Nous ne pourrons rien faire des feuilles de cet arbre, reprit leur mère, du moins je ne le pense pas.

— Est-ce l'écorce qui nous sera utile? demanda de nouveau Harry.

— Non, ce n'est pas l'écorce.

— Les racines?

— Je ne crois pas qu'elles aient d'autres propriétés que celles du chêne, du hêtre ou de tout autre grand arbre.

— Quoi donc, maman? Je suis certain qu'ils n'ont pas de fleurs, et ils ne portent pas d'autre fruit qu'un petit grain qui a des ailes comme une mouche.

— Oui, ce sont bien là ses fruits.

— A quoi cela peut-il nous servir? J'en ai vu de tout pareils sur le sycomore.

— C'est encore vrai, dit sa mère, car le sycomore est un arbre de la même famille. Mais je n'ai pas dit que nous pouvions tirer parti de ces fruits ailés. Est-ce qu'il n'y a plus rien autre chose dans un arbre?

— Rien autre chose? Voyons... Ah! oui, la sève?

— Ah! la sève! c'est cela! répondit sa mère.

— Quoi, maman, un érable? demanda Frank.

— Oui, un érable à sucre. Qu'en pensez-vous maintenant, monsieur Harry?

Ce fut comme une révélation pour nous tous. Frank et son frère avaient bien entendu parler du sucre d'érable, mais ils n'en avaient jamais vu faire. Marie et Loïsa ne savaient ce qu'était un érable, mais le mot sucre leur rappelait de doux souvenirs! il apportait avec lui toutes sortes d'idées de gâteaux et de confitures. Cudjo n'avait jamais vu de sucre d'érable, car l'arbre ne croît pas en Virginie, mais il aimait le sucre autant qu'un enfant, et il accueillit cette nouvelle avec un sourire de franche satisfaction. On n'entendit pendant quelques instants que des cris de joie, et les mots de sucre et d'érable répétés par des lèvres heureuses. Chez les enfants comme chez les hommes, le désir est toujours en rapport avec la difficulté; et la joie de posséder d'autant plus vive, que la chose a été plus ardemment désirée.

Quand le premier moment d'émotion fut passé, Marie commença à nous expliquer la nature de cet arbre si remarquable.

— On reconnaît facilement l'érable à sucre, dit-elle, à son écorce pâle, à ses feuilles à cinq pointes, qui vertes en été, deviennent orange ou cramoisies dans l'automne. La structure de cet arbre ressemble assez à celle du chêne: son bois est lourd, et on l'emploie souvent dans l'ébénisterie ainsi que dans la construction des navires. Mais ce qu'il y a de plus précieux dans cet arbre est sans contredit sa sève, que la nature, toujours prévoyante, a donnée aux peuples de la zone tempérée pour suppléer à l'absence de la canne à sucre, qui ne croît que dans les pays chauds. Chaque érable donne chaque année de trois à quatre livres d'excellent sucre: on perce l'écorce dans le printemps ou dans l'automne, car la sève ne coule ni en hiver ni en été. La récolte d'automne n'est pas aussi abondante que celle du printemps; mais, continua ma femme, nous devons espérer que nous en récolterons assez pour nous servir jusqu'au retour de la belle saison.

— Mais, maman, dit Harry, comment ferons-nous pour avoir la sève, et quand irons-nous faire cette récolte?

— Le moment le plus favorable est immédiatement après les premières gelées : l'expérience a prouvé que la sève est plus abondante quand les jours sont secs et chauds et les nuits claires et froides.

La manière dont on se procure la sève est des plus simples, et rien n'est plus aisé que de faire le sucre. Il faut d'abord se munir d'un grand nombre de petites auges, une pour chaque arbre : les fermiers des Etats-Unis en ont quelquefois des centaines, car ils percent un grand nombre d'arbres à la même époque. Cudjo pourra très bien faire celles dont nous aurons besoin.

Les seules choses ensuite dont nous ayons besoin sont de petits bouts de roseau comme il en croît ici tout près. A environ trois pieds du sol nous ferons un trou dans l'arbre avec une vrille, et nous y mettrons un tube de roseau pour conduire la sève dans l'auge que nous placerons au-dessous. Nous n'aurons ensuite rien autre chose à faire qu'à attendre que les auges se remplissent de sève et à la faire bouillir dans notre chaudron, comme nous avons agi pour l'évaporation du sel.

Maintenant, Harry, continua ma femme, il ne te faut qu'un peu de patience : attends qu'il vienne quelques gelées, et nous irons récolter du sucre.

Harry ne fut pas obligé d'attendre longtemps : trois jours après le sol était couvert de gelée blanche. La journée fut belle et chaude, le temps était des plus propices à la montée de la sève, et nous nous décidâmes à aller la recueillir.

Cudjo nous avait préparé une vingtaine d'auges : il les avait creusées dans des tulipiers; tout cela était assez grossièrement fabriqué, mais nous en faisions parfaitement notre affaire. Nos tubes de roseau étaient prêts, et nous nous rendîmes tous ensemble à l'endroit où croissaient les érables. Je perçai l'écorce avec une forte vrille, nous y adaptâmes un tube, et après avoir placé une auge à l'autre extrémité nous attendîmes la sève. Elle ne tarda pas à tomber en gouttes limpides du bout de chaque tube; puis les gouttes se suivirent plus rapidement et formèrent enfin un petit courant continu.

Nous recueillîmes les premières gouttes dans nos tasses, car cette sève est des plus agréables : les enfants, surtout Marie et Loïsa, semblaient ne pouvoir s'en rassasier. Harry était enchanté de notre trouvaille ; aussi proclama-t-il l'érable le premier arbre de la forêt, et le déclara bien supérieur à l'arbre à pain, au cocotier ou à l'oranger.

Nous avions apporté notre grand chaudron, nous allumâmes un bon feu, et nous élevâmes des supports en bois, comme nous l'avions fait pour évaporer notre sel. Le chaudron rempli de sève bouillonna bientôt sur le feu. Nous nous étions partagé l'ouvrage : Cudjo allait d'arbre en arbre pour recueillir la liqueur, tandis que Marie et moi nous maintenions le feu et que nous remuions le sucre pour l'empêcher de brûler. Quand il avait suffisamment bouilli nous le versions dans de petits vases de bois où il se cristallisait en refroidissant. Il devenait aussi dur qu'une pierre et prenait une couleur brune : nous le retirions alors des petits vases, que nous remplissions de nouveau. Nous avions soin de retirer ce qui ne voulait pas se cristalliser ; c'était de la mélasse. Cette mélasse est bien supérieure à celle du sucre de canne, elle est plus riche en couleur et de meilleur goût.

Frank et Harry faisaient sentinelle autour de notre camp : ils étaient armés de leurs carabines, car les loups, les blaireaux, les opossums et autres bêtes sauvages sont très friands de la sève de l'érable ; ils affrontent tout danger pour venir en boire. Comme nos arbres étaient dispersés sur une assez grande étendue de terrain, nos deux sentinelles avaient fort à faire.

La sève continua à couler pendant plusieurs jours, et nous ne nous occupâmes de rien autre chose pendant tout le temps qu'elle coula. Dans le printemps elle coule ordinairement pendant plusieurs semaines, et avec plus d'abondance que dans l'automne. Nous avions de légères gelées pendant la nuit ; et c'était fort heureux, car alors la sève ne coulait pas. Nous n'aurions pu autrement empêcher les loups de nous voler. Nous nous étions établis sous les arbres, nous y passions la nuit en y faisant de grands feux, comme dans les forêts de l'Ouest. Nous n'allions à la maison que pour y chercher quelque article indispensable. La bâche de notre chariot nous servait de tente. Nous appelons encore l'endroit où nous avons fait notre premier sucre *le Camp du Sucre*. Nous étions parfaitement accoutumés à cette vie des bois : nous admirions les arbres majestueux qui nous prêtaient le couvert de leur ombrage, et nous écoutions avec délices la brise qui soupirait dans les bois, et dont le bruit se mêlait au gazouillement mélodieux des oiseaux.

Cependant, quand venait la nuit, la musique n'était pas tout-à-fait aussi harmonieuse : l'écho nous apportait le hurlement des loups, le cri mélancolique des grands hiboux, et la voix menaçante du cougar. Mais nous avions soin de faire un bon feu pour tenir à distance du camp tous les voisins incommodes.

La sève commença enfin à couler plus lentement, et finit par s'arrêter tout-à-fait : nous levâmes notre camp. Quand nous fûmes de retour à la maison et que nous eûmes rassemblé tous nos pains ou galettes de sucre, nous estimâmes que nous en avions recueilli une centaine de livres. Nous en avions suffisamment jusqu'au printemps, époque à laquelle nous nous proposions de retourner à notre Camp du Sucre.

XXV. — UN GRAIN DE BLÉ.

Quand nous prîmes place autour de la table préparée pour notre souper, ma femme nous apprit que notre provision de café était épuisée. C'était une triste nouvelle. Notre café était le dernier des achats que nous avions faits à Saint-Louis, et nous nous souvenions d'en avoir bu plus d'une joyeuse tasse dans notre terrible voyage à travers le Désert. Depuis notre arrivée dans la vallée nous n'en avions usé que comme d'une boisson de luxe.

— Eh bien! répondis-je, il faut apprendre à s'en passer. Nous avons maintenant de quoi faire de la soupe, qu'importe le café! Combien n'y a-t-il pas de malheureux qui seraient enchantés d'avoir tout ce que nous possédons, tout pauvres que nous sommes! Nous avons du gibier de différentes sortes ; si nous voulons des queues de castors, nous pouvons nous en procurer à l'instant; la rivière et le lac nous donnent d'excellents poissons ; il y a des lièvres et des écureuils que nous attraperons un de ces jours ; et quand nous voudrons nous dînerons avec des coqs de bruyère ou des dindes sauvages. N'avons-nous pas raison d'être satisfaits de notre sort?

— Mais, papa, dit Harry, j'ai souvent vu les nègres de la Virginie faire du café avec du maïs rôti : ce n'est pas mauvais, je vous assure. J'en ai souvent goûté, et je l'aimais beaucoup, n'est-ce pas, Cudjo?

— C'est absolument comme du café, massa Harry, dit Cudjo.

— Voyez-vous, papa?

— Eh bien! Harry, après?

— Mais pourquoi ne ferions-nous pas comme les nègres, pourquoi ne ferions-nous pas du café avec du maïs?

— Harry, lui répondis-je, tu ne réfléchis pas à ce que tu dis, nous manquons de quelque chose de bien plus important que le café : nous manquons de maïs... même pour en faire du pain! Si je pouvais seulement avoir du maïs, je m'inquièterais peu de café ou de toute autre boisson. Malheureusement il n'y a pas un grain de blé à cent milles à la ronde.

— Mais, moi, papa, je sais où il y en a au moins un litre; et ce n'est pas à cent pas d'ici.

— Allons, Harry, lui dis-je, tu auras pris quelque mauvaise graine pour du blé. Je suis certain qu'il n'en pousse pas dans cette vallée.

— Mais je n'ai pas dit qu'il avait poussé ici, reprit Harry; nous l'avons apporté de Saint-Louis, et il est encore dans le chariot.

— Comment! il y a du blé dans le chariot! m'écriai-je en me levant avec tant d'impétuosité que j'effrayai les enfants. En es-tu sûr, Harry?

— Je l'ai encore vu ce matin dans un vieux sac.

— Cudjo, vite une torche! m'écriai-je, allons au chariot!

Nous n'eûmes pas loin à aller, car le chariot était à la porte de la cabane; j'y montai le cœur tout tremblant d'émotion. Il y avait une vieille dépouille de buffalo et le harnais de notre pauvre bœuf, je les jetai vivement de côté, et trouvai dessous un vieux sac pareil à ceux dont on se sert pour porter le maïs dans les Etats de l'Ouest : nous l'avions apporté de Saint-Louis plein de grain pour le cheval et les bœufs; mais il me semblait qu'il était vide depuis longtemps. Je le levai dans toute sa longueur, et je ne peux vous dire quelle fut ma joie quand je vis qu'il y avait encore un reste de maïs. Nous en trouvâmes aussi de petites quantités dans les coins et dans les crevasses du chariot. Nous les ramassâmes avec soin sans en laisser un seul grain; puis je les portai à la maison et répandis le tout sur la table : Harry avait bien deviné, il y en avait près d'un litre.

— Eh bien! dis-je, nous aurons du pain!

Ce fut une heureuse nouvelle pour ma femme, car elle avait amèrement regretté qu'il nous fît complètement défaut. Nous avions ramassé les fruits du hêtre et nous les avions rôtis, ainsi que les fèves de l'acacia et quelques glands ; le fruit du *pawpaw* nous avait semblé très palatable, mais tout cela ne remplaçait pas le pain. La découverte que nous venions de faire était donc de plus haute importance encore que celle du sel et du sucre.

Sous la latitude où nous nous trouvions, l'hiver devait être assez court ; et nous nous proposâmes dès le printemps de semer notre grain, nous en avions suffisamment pour ensemencer près d'un acre. Il mûrirait en six ou huit semaines, de la sorte nous aurions le temps d'avoir deux récoltes dans l'année : nous pouvions donc espérer d'avoir avant le retour de l'hiver une bonne provision de grain.

Pendant que nous discutions ainsi sur ce que nous avions à faire, Frank s'écria tout-à-coup :

— Du froment ! du froment !

Je regardai, ne sachant ce qu'il voulait dire : en étendant sur la table les grains de maïs, il avait trouvé dans le monceau quelques grains de froment. Il est probable que le sac avait autrefois servi à porter du froment, et qu'il en était resté dans les coutures ; c'est ce que nous reconnûmes, au reste, en fouillant avec soin tout l'intérieur. Nous séparâmes les diverses sortes de grain les unes des autres, nous avions juste cent grains de froment ! C'était une bien petite provision pour commencer nos cultures ; mais nous connaissions le proverbe : *Un gland fait croître un chêne.*

Dans deux ans nous nous promettions d'avoir aussi une bonne récolte de froment.

— Vous voyez, dis-je à mes enfants, comme la Providence veille sur nous : voilà qu'au milieu du Désert nous trouvons le moyen de soutenir notre vie, et que nous aurons bientôt de tout en abondance ; car votre maman vous fera toutes sortes de choses avec du sucre et de la farine.

— Oh ! oui dit Frank, que l'idée de cultiver la terre flattait excessivement, et nous ferons des pâtés de gibier avec notre farine.

— Et des tartes de toutes sortes, ajouta Harry, car nous aurons une grande abondance de fruits : j'ai trouvé des prunes sauvages, des cerises et des mûres aussi longues que mon doigt !

— Avec tout cela, repris-je, nous nous passerons facilement de café.

— Non pas, non pas ! s'écrièrent à la fois Frank et Harry.

— Eh bien ! vous en aurez ! dit leur mère en souriant.

— Comment, maman, demanda Harry, auriez-vous trouvé un autre arbre?

— Oui, j'en ai vu un autre.

— Quel est-il ?

— C'est un arbre à café.

— Un arbre à café! mais je croyais que le café ne venait que dans les climats les plus chauds?

— C'est vrai, si tu veux parler de l'arbuste qui produit le café auquel nous avons été accoutumés jusqu'à présent. Mais il y a tout près d'ici un grand arbre dont la semence remplace avantageusement la fève du caféier. En voici un échantillon.

Marie jeta en même temps sur la table une cosse brune d'environ un pied de long sur deux pouces de large et présentant la forme exacte du croissant d'une nouvelle lune. Cette cosse nous rappela celles de l'acacia, seulement elle était d'une forme différente. Quand nous l'ouvrîmes, nous trouvâmes à l'intérieur une substance farineuse qui recouvrait plusieurs grosses fèves.

— Quand ces fèves sont rôties, broyées, bouillies et préparées comme le café ordinaire, nous dit Marie, elles donnent une liqueur aussi bonne et aussi saine que la fève de Moka. L'arbre qui produit ce fruit, croît par toute l'Amérique : vous avez pu en voir dans la vallée.

— J'en ai vu en effet, dit Harry : depuis que maman nous a montré les propriétés de l'érable, je me suis mis à examiner tous les arbres; car parmi ceux qui nous semblent inutiles, il peut y en avoir de très précieux.

— J'en ai remarqué un aussi, ajouta Frank : son écorce est très rugueuse et tombe par larges écailles. Les branches sont irrégulières, leur extrémité est grosse et charnue, cela donne à tout l'arbre un air extraordinaire. N'est-ce pas vrai, maman?

— C'est cela même : les Français du Canada l'ont appelé *chicot* et les Américains lui ont donné le nom de *stump*. Les savants le désignaient sous le nom scientifique de *gymnocladus :* ce qui veut dire branches dénudées, car pendant l'hiver il a l'air d'un tronc mort. Les premiers habitants des Etats-Unis, qui ne pouvaient se procurer du café, se servirent de ses fèves, et l'appelèrent l'arbre à café.

— Oh! mais nous serons très bien ici, s'écria Harry : du sucre, du café, du sel, du gibier de toutes sortes, des dindes rôties, tout. excepté du pain. Ah ! si seulement nous avions du pain ! Est-ce que notre blé ne pousserait pas si nous le semions tout de suite, papa?

— Non! la gelée le détruirait : il faut prendre patience jusqu'au printemps.

— Ce sera long, d'attendre jusqu'au printemps, dit Harry d'un air chagrin, et puis nous aurons encore à attendre que le blé pousse ! c'est bien long.

— Allons, monsieur Harry, lui repartit sa mère, vous êtes difficile à contenter : voyez donc toutes les découvertes que nous avons faites ! Souvenez-vous combien il y a de malheureux qui accepteraient volontiers notre situation ; souvenez-vous combien il y en a qui sont sans pain, même dans les pays où le pain ne manque pas ! Il y a à ce moment dans les rues de Londres et de Paris plus d'un petit garçon qui regarde d'un œil affamé les pains exposés chez le boulanger, et qui n'a pas plus de chance que vous d'en manger ce soir. Vous n'êtes pas aussi à plaindre : vous avez autre chose à votre service en quantité suffisante ; tandis qu'eux n'ont rien ! Et puis leur faim est excitée par la vue de ces monceaux de pain dont un verre transparent défend seul l'approche ! Pauvres enfants, ces vitres sont pour eux comme des murs de granit ! Pense donc à tout cela, mon Harry, et apprends à te contenter de ce que tu as.

— Mais je ne désire pas autre chose, maman, répondit Harry d'un air contrit, je ne voulais pas me plaindre, je disais seulement que ce serait heureux si nous avions du pain, maintenant que nous pouvons nous procurer du sucre et du café.

— Eh bien! mon ami, reprit sa mère, puisque je te vois dans ces heureuses dispositions, je vais te révéler une autre trouvaille que j'ai faite.

— L'arbre à pain maintenant, j'en suis sûr!... Mais non, cela ne se peut pas.

— L'arbre dont je veux parler pourrait cependant s'appeler l'arbre à pain, car il nourrit pendant les longs mois d'hiver de nombreuses tribus d'Indiens : c'est à peu près la seule nourriture qu'ils puissent se procurer dans la mauvaise saison.

— Je ne sais pas quel arbre ce peut être.

— Cela ne me surprend pas, répondit Marie, car il n'y a pas longtemps qu'on l'a découvert et que les botanistes l'ont décrit, et aujourd'hui même ils ne le connaissent encore qu'imparfaitement. C'est une espèce de pin.

— Comment! un pin qui produit des fruits?

— As-tu jamais vu un pin qui ne produisît pas de fruits?

— Est-ce que les cônes du pin sont des fruits?

— Certainement : que voulais-tu que ce fût?

— Oh! je croyais que c'était là graine.

— Les cônes sont en même temps la graine et le fruit. En botanique on ne connaît pas de fruit : ce que tu appelles un fruit est souvent une graine. Toutes les noix, par exemple, sont en même temps fruits et graine : il en est de même de certains légumes, comme les pois et les fèves. Les fruits de certains arbres ne sont qu'une substance qui enveloppe la graine, comme la pulpe de la poire et de l'orange. Quant aux pins, ils produisent une sorte de noix, qui est tout à la fois fruit et graine.

— Mais, maman, est-ce qu'on peut manger ces cônes qui poussent sur les pins?

— Les cônes ne sont que l'enveloppe qui protége la graine pendant une partie de l'année : elles s'ouvrent comme les noix, et dans l'intérieur on trouve une amande qui est le fruit.

— Mais j'en ai souvent goûté, et c'est très amer.

— Tu as goûté l'amande du pin commun, et elle est véritablement très amère; mais il y a beaucoup de pins dont le fruit est mangeable, et aussi savoureux que nourrissant.

— Quelle sorte de pins, maman?

— On en connaît plusieurs espèces, et on en a découvert dernièrement quelques-unes dans ce Désert même. Il n'y a pas de pays au monde où il existe une aussi grande variété de pins que dans les montagnes du Grand Désert. Il existe en Californie une espèce que les Espagnols appellent *colorado*, parce que son bois est rouge : ce sont les plus grands arbres du monde, ils ont souvent plus de trois cents pieds de hauteur! Pense à cela, trois cents pieds! Les arbres les plus élevés que nous ayons vus dans la vallée du Missisipi n'allaient pas à moitié de cette hauteur. Il y en a des forêts tout entières dans les montagnes de la Sierra-Nevada. Il y en a encore une autre espèce qui s'élève presque aussi haut et que l'on appelle *pinus Lambertiana;* ses cônes ont un pied et demi de long! Imagine-toi des arbres portant des fruits plus longs et plus gros que des pains de sucre!

— Ce doit être magnifique! s'écrièrent à la fois Frank et Harry.

— Mais, maman, ajouta Frank, est-ce le fruit de ces grands pins que mangent les Indiens?

— Leurs fruits sont bons à manger, et les Indiens s'en nourrissent quand ils n'ont pas autre chose : mais ce n'est pas de ces fruits-là que je voulais vous parler. Il s'agit ainsi d'une espèce tout-à-fait différente, qui croît cependant dans la même région.

L'arbre qui le produit est peu élèvé, il n'allait pas à plus de trente ou quarante pieds ; ses feuilles en forme d'aiguilles sont plus vertes que celles des autres pins : ses cônes ressemblent à ceux du pin commun, mais le fruit qu'ils contiennent est huileux et a le goût de la noix du Brésil. Des peuplades entières s'en nourrissent pendant l'hiver : on peut les manger crus ; mais ordinairement les Indiens les font rôtir. Quand ils ont été rôtis et écrasés on en fait une sorte de farine qui peut se cuire et donner un pain appétissant. Les Mexicains appellent cet arbre *pignon*, les voyageurs lui donnent le nom de pin à noix. Le seul botaniste qui l'ait décrit d'une manière correcte l'a nommé *pinus monophyllus*. Le nom qui lui conviendrait le mieux peut-être serait, selon moi, celui de pin à farine.

— Mais, maman, est-ce que cet arbre croît dans la vallée, je ne l'ai pas vu?

— Je ne pense pas qu'il y en ait dans la vallée, mais j'espère que nous en trouverons sur la montagne. Quand nous avons quitté le camp de l'Antilope, j'ai cru voir dans la ravine une espèce de pin qui m'a paru lui ressembler. Il croît d'ailleurs dans les montagnes Rocheuses, dans le Nouveau Mexique et sur toutes les montagnes qui bordent le Pacifique dans la même latitude. Je ne vois pas pourquoi nous ne le trouverions pas sur notre montagne, qui n'est autre chose qu'un prolongement des montagnes Rocheuses.

— Eh bien! dit Harry, nous irons explorer la montagne : ce sera une magnifique expédition. N'est-ce pas, papa?

— Oui, répliquai-je, nous irons aussitôt que nous aurons pu faire une voiture pour porter ta mère et les enfants, nous y attellerons Pompo.

Cette idée fut accueillie avec bonheur. Nous désirions tous pouvoir visiter cette superbe montagne, qui s'élevait si majestueusement dans les airs. Il fut donc convenu qu'au premier beau jour que nous aurions après avoir construit une voiture, nous irions faire un pique-nique au piton des Neiges

XXVI. — LE PITON DES NEIGES.

Trois jours après, notre voiture était faite : nous ne rencontrâmes pas de grandes difficultés dans l'exécution de ce travail, car les roues étaient prêtes. Nous en avions deux paires à notre vieux chariot : nous prîmes les plus grandes, qui se trouvaient en fort bon état. Cudjo fit le corps de la voiture et les brancards, tandis que les enfants et moi remettions les harnais de Pompo en état.

Le temps était toujours beau ; de sorte qu'aussitôt que la voiture fut prête, nous pûmes partir.

Nous nous mîmes en route dès le lever du soleil : nous nous promettions une journée pleine de bonheur. Nous ne laissâmes personne à la maison, elle resta vide encore une fois : Marie, les enfants, Cudjo, Pompo, les chiens, tout le monde partit pour la montagne. Marie et les deux petites filles étaient dans la voiture, sur un monceau de feuilles de palmette et de mousse. Pompo, qui semblait participer à notre allégresse, enlevait la voiture comme si elle eût été vide : Cudjo cependant faisait claquer son long fouet de temps en temps et criait son hue ! dia ! d'habitude. Castor et Pollux couraient à droite et à gauche en fourrant leur nez dans tous les buissons du chemin.

Nous fûmes bientôt sortis de la vallée, et nous commençâmes à gravir la montagne. Le Désert s'étendait au loin tout autour de nous, mais sa triste nudité ne nous inspirait plus la même frayeur. Nous ressentions plus de curiosité que d'effroi. Le soleil brillait au loin vers le sud sur une immense plaine de sable blanc ; on eût dit que d'immenses tours brunes couraient avec rapidité à travers l'espace. C'étaient des trombes de vent qui enlevaient le sable en tournoyant et l'emportaient de tous côtés. Quelquefois ces tours de sable allaient se perdre au loin dans l'horizon ; d'autres fois elles couraient les unes après les autres comme des chevaux de course. On les voyait se rassembler, se mêler, et ne plus former qu'une immense masse jaunâtre, que le vent rabattait vers le sol. C'était un spectacle curieux que celui de ces masses cylindriques qui s'élevaient vers le ciel et couraient sur la plaine comme des êtres animés : nous restâmes plusieurs minutes à admirer ce phénomène.

Puis nous reprîmes le chemin de la montagne en suivant le bord des falaises. Le piton des Neiges resplendissait sur nos têtes : les rayons du soleil s'y décomposaient en mille couleurs ; c'était un mélange d'or et d'écarlate, on eût dit qu'une pluie de roses avait inondé tout le sommet !

Nous remarquâmes qu'il y avait plus de neige sur la montagne que quand nous l'avions aperçue pour la première fois : elle descendait plus bas sur ses croupes. Cela nous frappa tous, et Frank en demanda la raison à sa mère.

— Mon fils, lui répondit-elle, l'air devient plus léger et plus froid à mesure que nous montons : au-delà d'un certain point, la température est si rigoureuse que rien n'y peut vivre. On ne peut guère s'élever sur une montagne au-delà de trois milles, et encore, à cette hauteur, on est presque gelé. Cette observation a été faite dans presque tous les pays du monde ; seulement il ne faut pas oublier qu'auprès de l'équateur on peut monter plus haut, avant de rencontrer un froid extrême, que dans les régions qui avoisinent les pôles. Vous comprendrez aussi, je n'en doute pas, qu'en été on peut monter plus haut qu'en hiver. Rappelez-vous ces deux faits.

Maintenant, si à une certaine hauteur il fait assez froid pour qu'un homme y gèle, il est évident que la neige n'y fond pas. D'où il résulte que les montagnes dont les pics dépassent cette hauteur sont couronnées de neiges perpétuelles. A cette hauteur il ne tombe jamais que de la neige ; quand il pleut dans la plaine, il neige sur la montagne. Il est probable même que presque toute la pluie qui tombe sur la terre était de la neige quand elle a commencé à tomber, et qu'en passant dans des couches d'air plus chaud, elle s'est fondue et a pris dans les régions inférieures la forme de globules liquides. Ces gouttelettes sont très petites à leur départ des nuées, mais elles s'attirent les unes les autres et s'assemblent en tombant jusqu'à ce qu'elles atteignent la terre. Quand il pleut, vous pouvez être presque certain qu'il neige à une grande hauteur au-dessus.

Je me suis convaincue de ce fait en remarquant qu'après une longue pluie dans la vallée, il y avait beaucoup plus de neige sur la montagne. Si la montagne n'eût pas été là, la neige serait tombée en pluie sur la plaine.

— Eh bien! maman, dit Frank, cette montagne doit être très élevée, puisque la neige y reste toute l'année.

— Est-ce là une conséquence?

— Je pense que oui. Vous avez dit tout-à-l'heure que la neige ne fondait pas parce qu'il fait très froid sur les hauteurs.

— Mais si nous étions dans les pays qui entourent le pôle nord, nous verrions de la neige toute l'année jusqu'au bord de la mer ; cela prouverait-il que nous serions sur une haute montagne?

— Ah! je comprends... je comprends maintenant. Les neiges

qui restent sur les montagnes ne prouvent qu'elles sont hautes que si elles sont dans des pays chauds.

— C'est cela même. Dans les pays très chauds, comme ceux situés entre les tropiques, s'il y a de la neige sur les montagnes, on peut affirmer qu'elles ont au moins deux milles de hauteur. Quand il y a beaucoup de neige, c'est-à-dire quand la neige couvre une grande partie du pic, la hauteur est encore plus considérable ; elle atteint trois milles ou plus.

— Notre montagne alors est très haute, puisqu'elle est dans un pays chaud et que la neige y reste toute l'année.

— Comparativement parlant, c'est une haute montagne ; mais il ne faut pas oublier que la première fois que nous la vîmes il n'y avait qu'une pointe de neige au sommet. Il est probable que tout disparaît dans un été très chaud : elle n'est donc pas aussi haute qu'un grand nombre d'autres montagnes de l'Amérique. Tenant compte de la latitude où nous nous trouvons et de la quantité de neige qu'il paraît y avoir, je crois qu'on peut estimer la hauteur de celle-ci à quatorze mille pieds.

— Oh ! tant que cela ! Je ne croyais pas qu'elle fût à moitié aussi élevée. J'ai vu des montagnes qui me paraissaient tout aussi hautes, et cependant on me disait qu'elles n'allaient pas à sept mille pieds.

— Cela vient de ce que vous ne regardez pas celle-là du niveau de la mer comme vous regardiez les autres. La plaine sur laquelle repose cette montagne et d'où nous la regardons est déjà haute d'environ sept mille pieds. Il ne faut pas oublier que nous sommes sur un des plus hauts plateaux du continent américain.

La conversation cessa pendant quelques instants ; nous cheminions en silence les yeux fixés sur le pic aux couleurs rose et blanche, qui brillait sur nos têtes.

Frank reprit bientôt le cours de ses observations :

— N'est-il pas curieux, dit-il, que la neige s'étend régulièrement et descend partout jusqu'au même niveau? C'est comme un collet de manteau ou plutôt comme un bonnet de nuit. Voyez, c'est une ligne droite qui fait le tour de la montagne.

— Cette ligne qui te paraît singulière, lui dit sa mère, est le résultat des lois de la chaleur et du froid, que je viens de t'expliquer : on l'appelle la ligne des neiges. Les cosmographes ont longtemps discuté sur son élévation. Sur les montagnes des tropiques elle est à une grande hauteur au-dessus du niveau de la mer. A mesure que l'on avance vers l'un ou l'autre pôle, elle s'abaisse graduellement ; et enfin sous la zone glaciale on peut dire qu'elle n'existe plus, car dans ces climats la neige couvre la terre en entier : il n'y a plus de démarcation. On pourrait croire d'après cela qu'il serait facile de donner une échelle exacte de l'élévation de cette ligne pour toutes les latitudes ; pourtant cela ne se peut pas. L'expérience a prouvé que non-seulement elle diffère sur des montagnes qui s'élèvent dans la même latitude, mais qu'elle est même souvent plus haute d'un côté de la montagne que de l'autre. On l'a remarqué sur les grandes montagnes, comme les monts Himalaya de l'Inde. Il est facile d'en donner la raison : la position des montagnes relativement les unes aux autres, leur proximité ou leur éloignement de la mer échauffent ou refroidissent l'atmosphère qui les entoure, indépendamment de leur latitude. Les montagnes peuvent avoir un versant plus chaud que l'autre, et nécessairement la ligne des neiges est plus élevée sur le versant le plus chaud. Elle s'élève ou s'abaisse suivant les saisons, nous en avons la preuve sous les yeux : elle est descendue de plusieurs pieds depuis que le temps s'est refroidi. Tout cela, vous le voyez, est très logique ; et quoique la nature semble capricieuse, elle n'agit qu'en vertu de lois immuables et infaillibles.

— Mais, maman, demanda Harry, est-ce que nous ne pourrons pas atteindre le sommet de la montagne ? Je voudrais pouvoir faire quelques boules de neige à l'intention de mon cher Frank.

— La tâche serait rude, monsieur Harry, ni vous ni moi ne pourrions en venir à bout. Frank n'a pas grand'chose à craindre, je crois, de vos bonnes intentions.

— Mais on a monté sur l'Himalaya, et c'est beaucoup plus haut que cette montagne.

— Non, dit Frank, on n'a jamais atteint le sommet de l'Himalaya, n'est-ce pas, maman ?

— Personne n'est allé aussi haut ; l'Himalaya s'élève à cinq milles au-dessus du niveau de la mer. En admettant qu'on pût y arriver, on ne pourrait y vivre.

Pendant cette conversation nous étions arrivés au pied de la montagne ; nous nous arrêtâmes à l'entrée du ravin, nous dételâmes Pompo et nous nous reposâmes sur le bord du ruisseau. Quelques instants après nous entrâmes dans la gorge pour y chercher des *pignons*. Marie nous indiqua bientôt les arbres qu'elle avait remarqués ; leur feuillage était d'un vert clair, beaucoup moins foncé que celui des autres arbres. Nous nous hâtâmes de courir vers celui qui nous paraissait le plus près de nous, nous espérions que ce serait le pin à farine ; ce ne fut pas sans anxiété que nous nous en approchâmes.

Nous fûmes bientôt sous ses branches, et le délicieux parfum qu'exhalaient ses fruits nous annonça que notre espoir ne serait pas déçu. Le sol était jonché de cônes d'environ un pouce et demi de long ; mais, quand nous les examinâmes, ils étaient tous ouverts, et l'amande en avait été extraite. Quelque animal était venu se repaître de ce fruit : c'était la meilleure preuve qu'il était bon à manger. Il y en avait cependant encore un certain nombre aux branches de l'arbre ; nous les eûmes bientôt cueillis et nous les ouvrîmes pour goûter l'amande.

— C'est cela ! s'écria ma femme en frappant ses mains l'une contre l'autre, c'est le pain à farine ! Nous nous en servirons comme de pain jusqu'à ce que nous récoltions du maïs et du froment en quantité suffisante. Allons en cueillir, ajouta-t-elle en nous montrant un bouquet de ces arbres que l'on voyait à une petite distance.

Nous nous hâtâmes d'y aller, et secouant fortement les arbres nous ramassâmes une bonne provision de cônes. Quand le soir vint nous retournâmes à la vallée avec notre voiture à moitié pleine de noix de pin. Nous en fîmes rôtir quelques-unes, que nous écrasâmes pour en faire de la farine ; et de la sorte nous eûmes ce soir-là pour la première fois depuis plusieurs semaines du pain à notre souper.

XXVII. — LA MÉNAGERIE.

Chaque jour apportait son travail, nous étions toujours occupés. Nous fîmes et plaçâmes le plancher de notre maisonnette ; nous élevâmes une cloison autour d'un ou deux champs, l'un pour y semer notre grain, et l'autre pour servir de pâturage à Pompo et l'empêcher de s'égarer dans les bois, où les bêtes féroces eussent pu le dévorer. Nous fûmes assez heureux pour tuer plusieurs cerfs et deux élans, ce qui nous compléta nos provisions d'hiver. La chair des queues noires n'était que médiocrement de notre goût, nous en donnâmes la plus grande partie à Castor et Pollux.

Cudjo était celui d'entre nous qui travaillait le plus : il fit plusieurs ustensiles de ménage qui nous furent très utiles ; il se construisit aussi une charrue de bois qui remplit son but à merveille, car une grande partie de notre terre était légère et se tournait facilement. C'était un espace que nous avions trouvé couvert de fleurs magnifiques, telles que des tournesols, des pavots rouge et orange et des asclépias; nous regrettâmes presque d'être forcés de les détruire.

Dans la crainte d'épuiser trop vite nos munitions, nous avions commencé à chasser avec une arme qui nous réussissait presque aussi bien que la carabine : nous réservions celle-ci pour les grandes occasions. Nous avions trouvé dans la vallée le *bois d'arc* ou l'oranger de l'Osage, avec lequel les Indiens font leurs arcs; nous imitâmes ces enfants de la nature et nous fabriquâmes trois arcs, dont les cordes étaient en tendons de cerf. Les roseaux nous fournirent des flèches, et avec quelques boulons de fer que Cudjo retira des débris du chariot, il nous fit quelques têtes de flèches. Nous nous exerçâmes à tirer pendant presque tout l'hiver, et au commencement du printemps nous pouvions nous servir avec avantage de nos nouvelles armes. Harry, au grand contentement de sa mère, pouvait abattre un écureuil perché sur les branches les plus élevées. Il était beaucoup plus adroit, tant à l'arc qu'à la carabine, que son frère Frank, qui, au lieu de montrer aucune jalousie, était fier de ses succès. Harry nous approvisionna donc tout l'hiver de perdrix, de plusieurs espèces d'écureuils, ainsi que de lièvres et de dindes sauvages : ces dernières avaient la chair plus savoureuse que celles de basse-cour.

Ma femme accrut aussi de son côté les richesses de notre table. Elle avait fait plusieurs excursions botaniques pendant les derniers jours de l'automne, nous l'accompagnions nécessairement pour la protéger; dans chaque promenade elle avait découvert quelque plante utile. Nous avions des groseilles, des cerises et d'autres petits fruits à profusion. Nous en cueillîmes de grandes quantités et nous en fîmes des confitures. Les racines aussi ne nous firent pas défaut : nous avions la *pomme blanche* ou le navet indien; mais la découverte qui nous fut la plus précieuse fut celle de la pomme de terre sauvage. C'est seulement sur les hauts plateaux de l'Amérique que cette plante se trouve à l'état naturel. Si ce n'eussent été les connaissances botaniques de ma femme, nous ne l'aurions pas reconnue : ses tubercules n'étaient pas plus gros qu'un œuf de roitelet, et étaient en si petit nombre, qu'à moins d'être cultivée, la plante ne pouvait nous être d'aucune utilité. Marie espérait, cependant, qu'au moyen de la culture nous aurions de plus beaux résultats. Nous recueillîmes donc toutes les pommes de terre que nous pûmes trouver, et nous les gardâmes pour semence.

Les fèves de l'acacia nous permirent de brasser une espèce de bière très agréable à boire, et nous parvînmes à extraire une boisson plus généreuse des raisins sauvages qui croissaient par toute la vallée. J'avais vu faire du vin en France, et je me rappelai mes souvenirs assez pour réussir parfaitement dans notre vendange. Dans les longues soirées d'hiver nous nous assemblions en rond autour du feu, et Marie nous distribuait à chacun une tasse de cette fortifiante boisson. C'était seulement après une journée de rude travail ou de chasse, que nous pouvions nous permettre d'avoir recours à notre cave.

Ce fut vers ce temps qu'il me vint une nouvelle idée ; je la communiquai à mes compagnons, qui l'accueillirent avec ardeur. Je leur proposai d'attraper autant d'animaux sauvages que possible, et de tâcher de les apprivoiser pour nous les rendre utiles. Plusieurs raisons me déterminaient à tenter cette expérience. D'abord je savais que bien qu'il y eût plusieurs espèces de cerfs dans la vallée, en somme ces animaux n'y étaient pas nombreux, et il ne fallait guère espérer voir leur nombre augmenter, car il était évident que les bêtes de proie les détruisaient de manière à empêcher leur multiplication ; de plus, qu'un nouvel ennemi était venu accroître les causes de leur mortalité : et je prévis que si nous ne prenions certaines précautions ils deviendraient bientôt très rares, et qu'il nous serait difficile de nous en procurer suffisamment. Si nous eussions pu tuer les bêtes carnassières qui leur faisaient la chasse, comme les panthères, les loups et les wolverenes, notre vallée fût devenue un parc, où le gibier se fût accru rapidement. Mais il était impossible de songer à la destruction complète des bêtes féroces, c'était bien assez de nous défendre contre elles, et loin de leur faire une guerre à outrance, nous ne jugions pas prudent de nous aventurer dans les bois seul à seul. Quand les deux garçons s'éloignaient ensemble pour une expédition, leur mère éprouvait jusqu'à leur retour la plus vive anxiété. Il est vrai que nous ne chassions jamais sans rencontrer des traces de loups, de panthères, et souvent aussi d'ours ; nous voyions ces animaux se glisser sous les broussailles.

Nous savions qu'au bout d'un certain temps nous n'aurions plus de poudre, et que nos carabines nous seraient inutiles ; nos arcs et nos flèches n'étaient pas de nature à produire grand effet sur des animaux au cuir si épais : nous espérions seulement que, lorsque nous serions mieux au fait des habitudes de toutes ces bêtes, nous pourrions les détruire au moyen de piéges et sans user nos munitions.

En attendant, si nous pouvions rassembler quelques-uns des animaux les plus utiles et les renfermer dans des champs clos, ils finiraient peut-être par se multiplier, et les difficultés que nous prévoyions disparaîtraient presque en entier. Notre maïs, dont nous pouvions avoir deux récoltes, nous permettrait de les nourrir facilement tout l'hiver. Je voulais aussi rassembler quelques animaux des espèces dont nous ne pouvions manger la chair, j'étais curieux d'observer et d'étudier leurs habitudes ; je voulais en un mot établir une véritable ménagerie dans le Désert.

Le grand but que nous nous étions proposé, l'emmagasinage d'une forte quantité de fourrures de castor, ne s'opposait nullement à l'exécution de cette idée. Les castors ne demandaient aucun soin, et le séchage de leurs peaux ne nous prendrait qu'une légère partie de notre temps.

Harry approuva chaudement mon projets ; il était aussi curieux que moi d'étudier la vie des quadrupèdes. Frank, qui préférait les oiseaux, nous demanda de joindre une volière à notre ménagerie. Marie avait une autre idée : elle voulait rassembler toutes les plantes et tous les arbustes qu'elle croirait pouvoir nous être utiles, et chercher quel effet la culture produirait sur leurs fruits ; son projet était en un mot de former un jardin botanique.

Nous avions donc chacun notre département : Harry et moi, nous étions dompteurs de bêtes ; Frank était oiseleur, et Marie cultivait les plantes. Tout cela donnait beaucoup d'ouvrage à Cudjo. Il lui fallait clore le parc où nous voulions enfermer nos bêtes, ainsi que la portion réservée pour le jardin botanique ; c'était encore lui qui faisait nos piéges, nos filets et nos cages : nous l'aidions nécessairement chacun dans notre partie.

Nous allions donc étudier dans le grand livre de la nature

XXVIII. — CHASSE A LA PLUME ET AU POIL.

Harry réussit le premier dans sa chasse : il tendit un piége dans lequel se prirent deux écureuils gris. Il les enferma dans une cage, et parvint à les apprivoiser si vite, que quelques jours après ses prisonniers mangeaient les noix que nous leur offrions dans le creux de la main. Ces petites bêtes ne pouvaient nous être d'aucune utilité, mais c'était déjà une addition à notre établissement domestique, et nous nous amusions à les voir sautiller dans leur cage, s'asseoir comme des singes et grignoter les noix qu'ils tenaient entre leurs pattes de devant.

Franck eut son tour bientôt après, et la capture qu'il fit promit d'accroître notablement nos richesses agricoles. Il s'était mis en tête d'attraper des dindes sauvages ; il avait construit à cet effet une sorte de piége à palissades comme ceux que les Américains appellent piége des bois. Ces trappes sont des plus simples : elles sont faites de lattes, arrangées de manière à ne pas effrayer l'oiseau qui entre et à l'empêcher de s'élever ou de fuir à droite ou à gauche. L'entrée est combinée comme celle des souricières en fil de fer : l'animal peut aller de l'avant, mais il lui est impossible de retourner en arrière. Frank mit pour appât diverses sortes de racines et de graines et attendit patiemment que sa proie entrât dans son piége, mais il se passa plusieurs jours sans que les oiseaux s'approchassent de l'endroit fatal.

Au bout d'un certain temps notre oiseleur impatienté avait appris à imiter de la manière la plus exacte le cri guttural des vieux coqs, de sorte que chaque fois qu'il se cachait dans le bois nous ne pouvions distinguer son cri de celui des oiseaux eux-mêmes. Il réussit à attirer ainsi les dindes vers l'entrée de son piége, mais soit qu'elles ne fussent pas très friandes des grains qu'il y avait semés, soit pour toute autre raison, elles refusèrent toujours de donner dans le panneau.

Frank eut alors l'idée de prendre un dindon qu'il avait tué d'un coup de flèche et de le poser sur ses pattes dans le piége, comme s'il eût été vivant et occupé à chercher du grain. Il se mit alors dans sa cachette, située à une petite distance, et commença à imiter de nouveau le cri du dindon. Il vint bientôt trois dindons qui s'avancèrent craintivement sous les broussailles ; mais quand ils furent en vue du piége et qu'ils virent un des leurs mangeant tranquillement à l'intérieur, ils s'approchèrent sans peur et coururent tout autour pour chercher l'entrée. Frank les regardait faire avec la plus grande anxiété et sentait son cœur battre avec violence dans sa poitrine : son incertitude ne dura pas longtemps. Les trois oiseaux trouvèrent bientôt l'entrée du piége, y passèrent sans hésiter et pénétrèrent dans l'intérieur. Frank sortit alors de sa cachette, et se hâtant de fermer l'entrée du piége il s'ouvrit un passage à travers les lattes et s'empara de sa proie ; puis après avoir lié les pattes des trois dindons il nous les apporta en triomphe, non sans avoir eu soin de remettre son piége en bon état. Nous l'accueillîmes à la maison avec de grands cris de joie, et nous nous hâtâmes de construire une sorte d'immense volière pour y loger ses trois oiseaux. Nous n'avions qu'un regret, c'est que ce fussent trois vieux coqs.

Le lendemain cependant le succès de Frank fut encore plus complet : quand il retourna visiter son piége avant le lever du soleil, il vit à l'intérieur une dinde vivante avec une troupe d'oiseaux plus petits qui lui parurent tout d'abord une couvée de perdrix. Mais sa surprise égala sa joie quand en s'approchant il eut reconnu que les oiseaux qu'il avait pris pour des perdrix étaient de petits dindonneaux venus avec leur mère. Ils entraient et sortaient en toute liberté, car ils pouvaient facilement passer à travers la palissade; mais la mère courait en vain tout autour, passant la tête entre les barreaux et cherchant à s'élever au-dessus des obstacles qu'elle rencontrait.

Frank craignant que les petits ne s'échappassent s'il s'avançait seul pour s'en emparer, vint nous appeler à son aide. Cudjo, Harry et moi nous y courûmes. Pour enfermer notre proie d'une manière plus certaine, nous prîmes avec nous la bâche de notre chariot, et nous y attachâmes de plus une couverture à chaque bout. Nous ne négligeâmes aucune précaution, car nous tenions beaucoup à prendre la couvée tout entière pour commencer notre basse-cour. Nous nous approchâmes sans bruit du piége et nous nous séparâmes dans le but de l'entourer; et quand les oiseaux se mirent, dans leur frayeur, à courir de côté et d'autre, nous étendîmes la bâche et les couvertures autour du piége, de manière à leur couper toute retraite. Nous fûmes bientôt maîtres de la dinde mère et de sa couvée ; elle n'avait pas moins de dix-huit poussins !

Ce fut avec des chants de triomphe que nous retournâmes à la maison, y rapportant notre précieuse capture : nous n'oubliâmes pas le dindon que Frank avait tué et qui lui avait servi d'appeau; il était encore frais et nous procura un dîner excellent. Nous construisîmes une nouvelle volière pour la dinde et ses petits, car les grillages de la première étaient trop espacés pour emprisonner nos jeunes captifs.

Frank prit ensuite un des coqs qu'il avait attrapés tout d'abord, et l'attacha par la patte dans le piége pour servir d'appeau. Il réussit à s'emparer de la sorte de plusieurs autres volatiles ; mais enfin les dindons devinrent plus prudents et s'éloignèrent tout-à-fait du voisinage. Peu nous importait ; nous en avions désormais autant que nous pouvions en nourrir avant d'avoir récolté notre moisson de blé.

Frank avait découvert que l'écorce de *l'ilex opaca* ou houx d'Amérique produit une glu excellente, et qu'il suffisait de la tremper dans l'eau, de la faire fermenter et d'en retirer les fibres les plus dures. Nous avions construit une grande cage avec des roseaux et du bois d'arc; elle était divisée en plusieurs compartiments, de sorte que nous pouvions y enfermer séparément des oiseaux de différentes espèces. Bientôt après nous eûmes des geais bleus, l'oiseau rouge ou le rossignol de Virginie, des oriolins de plusieurs espèces, et deux variétés de tourterelles. Nous prîmes aussi des perruches et un oiseau excessivement rare que les Indiens appellent *wakon ;* c'est l'oiseau de paradis américain, et comme ceux de l'Orient il a la queue ornée de plusieurs longues plumes légères qui se courbent gracieusement derrière lui.

Un grand nombre de petits oiseaux au brillant plumage habitaient aussi notre cage : il y avait l'oiseau vert, le rouge-gorge, le coq des bois, le petit oiseau bleu, le bouvreuil à ailes rouges et le troupiale à tête orange. Ce dernier venait par grandes troupes dans la vallée.

Nous avions fait aussi un assez grand nombre de petites cages pour les plus petits oiseaux : Frank avait pris environ une douzaine de magnifiques oiseaux-mouches presque tous différents : il leur donnait chaque matin des fleurs fraîches.

Une cage que nous tenions à part renfermait un oiseau qu'au premier abord on n'aurait pas jugé digne de cette distinction : il était gris, il avait une longue queue, de longues pattes noires, des ongles sales, et tout ensemble il ne paraissait guère plus élégant qu'un passereau commun. Mais, aussitôt qu'il ouvrait son bec noir et que les notes commençaient à sortir de son gosier couleur de plomb, on oubliait la sale apparence de son plumage ; on oubliait les ailes brillantes de la perruche, les formes élégantes de l'oriolin, l'oiseau rouge, le geai bleu et le wakon. On était ravi d'admiration par les chants de ce mélodieux musicien. En écoutant avec un peu d'attention, on pouvait remarquer qu'il imitait presque tous les sons qui s'élevaient dans le voisinage ; et si un autre oiseau se mettait à chanter, il s'emparait de son air, et, reprenant sur un ton plus haut et plus harmonieux, il le forçait à se taire de honte ! Ai-je besoin de vous dire que c'était le fameux oiseau moqueur, le rossignol de l'Amérique !

Pendant que Frank augmentait ainsi chaque jour le nombre de

10

ses oiseaux emplumés, Harry était loin de rester oisif. Il avait déjà attrapé cinq espèces d'écureuils : il y en avait des gris, des noirs, des rouges, toutes espèces qui vivent dans les arbres. Il y en avait aussi deux de ceux qui vivent toujours à terre : l'un de ces derniers avait été pris dans les plaines du Désert dans les racines de l'*artemisia*. C'était une jolie petite bête à peu près grosse comme une souris et marquée de bandes comme un zèbre. Je ne crois pas que les naturalistes l'aient encore décrite. Les enfants l'aimaient beaucoup, Marie et Loïsa l'avaient accoutumée à dormir sur leurs genoux.

La ménagerie d'Harry s'accrut encore d'un lièvre et de deux *racoons* : Cudjo les avait pris un soir en chassant avec les chiens. Quoique ces derniers animaux, assez semblables au renard, ne nous offrissent aucun avantage, ils ajoutaient à la variété de notre collection, et l'étude de leurs habitudes curieuses nous amusait singulièrement.

XXIX. — LE PORC-ÉPIC.

Nous fîmes ensuite une partie de pêche ; Cudjo avait découvert que le ruisseau était très poissonneux, et s'était déjà emparé de plusieurs spécimens. C'étaient des poissons d'une espèce qui nous était inconnue, mais dont la chair était délicieuse.

Nous partîmes de bon matin, mais comme nous n'avions pas loin à aller, nous laissâmes Pompo et la voiture à la maison. Cudjo avait trouvé une fosse très poissonneuse à une petite distance de la maison. Nos lignes étaient faites d'une sorte de chanvre particulier aux pays voisins des montagnes Rocheuses, qui croît naturellement dans la vallée ; nous les avions attachées à de longs roseaux dont il pousse beaucoup ici. Comme les enfants, nous avions courbé des épingles pour en faire des hameçons, et nos appâts étaient des vers de toute espèce. Harry et Frank portèrent notre attirail de pêche, Cudjo et moi nous nous chargeâmes des petites filles ; Marie eut toute liberté d'herboriser le long du chemin.

Quand Pompo vit que nous partions sans lui et que Castor et Pollux nous accompagnaient, il se mit à courir tout autour de son enclos en hennissant comme pour demander à nous suivre ; mais nous n'avions pas besoin de lui.

Cudjo nous montrait le chemin, il avait déjà pêché plus d'une fois dans cette fosse.

Nous avions fait à peu près un quart de mille, quand un cri de Marie nous arrêta tous sur place : elle nous montrait du doigt quelques arbres que l'on voyait à une petite distance du sentier que nous suivions.

— Qu'est-ce que c'est, maman, lui demanda Harry, une nouvelle espèce d'arbre ? Je finis par croire qu'en dépit de la latitude nous trouverons quelque jour l'arbre à pain et le cocotier.

— J'en suis bien fâchée pour toi, Harry, et pour nous tous aussi, lui dit sa mère, mais je n'ai fait aucune nouvelle trouvaille botanique. Non, c'est autre chose, et cela ne vous sera pas très utile, mais c'est assez curieux ; et votre papa peut vous expliquer un nouveau chapitre d'histoire naturelle : c'est tout-à-fait dans sa partie, car c'est un animal à quatre pattes dont il s'agit.

— Un animal ! s'écria Harry ; mais je n'en vois pas. Où est-il, maman ?

— Je n'en vois pas non plus, lui répliqua sa mère, je ne vois que ses traces ; mais c'en est assez pour m'indiquer un animal très destructeur. Voyez là-bas !

Son doigt nous indiquait un bouquet de jeunes cotonniers entièrement privés de leur écorce et de leurs feuilles : on eût dit qu'un troupeau de chèvres était passé par là ou que l'on avait gratté les branches avec un couteau. Quelques-uns des arbres étaient morts, d'autres, plus fraîchement pelés, avaient encore l'hmidité de la sève.

— Je vois ce que vous voulez dire, maman, reprit Harry, quelque animal a rongé l'écorce de ces arbres; mais lequel ? Les castors ne grimpent pas, et je suis sûr que ni les écureuils, ni les racoons, ni les opossums, ne pourraient peler un arbre de cette façon.

— Ce n'est aucun de ceux que tu viens de nommer. Ton père peut te dire quel est le rongeur qui a fait périr ces beaux cotonniers, qui sont du genre que les botanistes appellent *populus angulatus*.

— Voyons, Harry, lui dis-je, essayons d'abord de trouver l'animal.

Nous nous dirigeâmes tous vers le bouquet de cotonniers ; nous n'avions pas été loin, quand la bête que nous cherchions se montra sur une petite butte de terre devant nous. Elle avait environ trois pieds de long, son dos était large et voûté depuis le bout du nez jusqu'à la naissance de la queue. Comparativement à son corps, sa tête et son museau étaient petits, et l'on pouvait à peine voir son épaisse et longue fourrure, ses courtes et grosses pattes armées de longues griffes. Ses oreilles disparaissaient sous une espèce de crinière. L'animal avait l'air tout ensemble d'une masse de poils et de peaux. Il semblait nous avoir vus, et s'éloignait sous les herbes aussi vite qu'il le pouvait. Sa marche toutefois n'était pas rapide, il n'allait guère plus vite qu'une tortue : c'est un des animaux les moins lestes qu'il y ait au monde.

Aussitôt que je l'aperçus et que je vis qu'il n'était pas dans les branches d'un arbre comme je m'y attendais, je voulus retenir les chiens; je m'y pris trop tard, ils étaient déjà à sa poursuite : ils avaient oublié la leçon que leur avait donnée le putois. J'essayai de les rappeler, mais tous mes cris furent inutiles ; ils se jetèrent ensemble sur l'étrange animal, qui s'arrêta subitement, cacha sa tête sous son ventre et sembla s'enfler d'au moins deux fois sa grosseur ordinaire. Dans cette position il se frappait les flancs de sa queue de la manière la plus violente.

Ce qui nous avait tout d'abord paru un poil rude et épais, prit alors l'apparence de longues épines ; et Harry s'écria aussitôt :

— Un porc-épic ! un porc-épic !

Les chiens, qui ne savaient malheureusement pas ce que c'était, ne s'arrêtèrent pas pour l'examiner : ils se jetèrent sur lui comme d'habitude, la gueule béante. Mais ils ne furent pas longtemps à lâcher, et nous les vîmes presqu'aussitôt revenir vers nous en criant de douleur.

Leur gueule était restée ouverte, leurs lèvres, leurs mâchoires, leur nez, tout était percé d'épines pointues. Pendant ce temps le porc-épic s'était redressé et traîné au pied d'un arbre, sur lequel il commençait à grimper. Mais Cudjo, qui était furieux de la mésaventure de ses favoris, courut droit à lui et l'abattit d'un coup de sa lance.

Harry, que sa rencontre avec le putois avait rendu plus prudent, hésitait à s'approcher du porc-épic ; car il avait entendu dire que cet animal pouvait lancer ses épines à une certaine distance, et en percer ses ennemis. Frank me demanda si cette tradition était correcte.

— Non, lui répliquai-je, c'est une de ces histoires merveilleuses que l'ingénieux naturalise français Buffon aimait tant à raconter. Les épines du porc-épic se détachent assez facilement, si quelque chose les presse trop fort, comme quand un chien veut les saisir, elles tiennent à peine à leur racine; et elles sont armées d'une sorte de crochet à l'autre extrémité, par lequel elles s'attachent à celui qui les saisit. C'est la seule défense de cet animal, qui est si lent dans ses mouvements, que tous ses ennemis peuvent le rattraper. Cependant les bêtes les plus féroces épargnent volontiers le porc-épic, et le laissent peler les arbres en paix : ni les loups ni les panthères, ni les chats sauvages ne peuvent le tuer. Quelquefois, au contraire, il les tue en se défendant à sa manière; car il n'attaque jamais, et ne mange que l'écorce et les feuilles des arbres. On trouve souvent des cougars morts dans les bois à la suite des blessures qu'ils se sont faites à la langue et à la gueule avec les épines du porc-épic. Cela arrive aussi au lynx, ainsi qu'aux chiens et aux loups.

Voilà tout ce que je savais alors du porc-épic; mais j'ai eu occasion, un jour avec Harry, de voir le porc-épic combattre contre un de ses ennemis, qui finit par le tuer malgré son armure aux mille pointes. Quoique cela n'ait eu lieu que plusieurs mois après notre partie de pêche, il vaut mieux, je crois, que je le raconte immédiatement.

XXX. — LA MARTRE ET LE PORC-ÉPIC.

Nous étions au plus fort de l'hiver. Il y avait assez de neige sur le sol pour que nous pussions suivre les traces que nous rencontrerions. La neige nous donna donc l'idée de la chasse, et Harry et moi nous nous mîmes à la poursuite d'un couple d'élans qui s'étaient approchés de notre maison pendant la nuit. Les traces étaient toutes fraîches, les élans avaient dû passer peu avant nous. Nous pensâmes pouvoir les rattraper en très peu de temps.

Le sentier qu'ils avaient suivi conduisait au lac, et de là remontait le ruisseau. Nous avions avec nous Castor et Pollux. Quand nous chassions, nous les tenions en laisse pour les empêcher d'effrayer le gibier ou de lui donner l'éveil.

Les élans avaient traversé le ruisseau à environ un mille et demi de la maison; nous allions les suivre, quand nos yeux rencontrèrent tout-à-coup des empreintes très extraordinaires, qui se dirigeaient vers le bois : c'étaient des marques de pieds humains, de pieds d'enfants !

Vous pouvez vous imaginer quelle fut notre surprise. Les empreintes avaient environ cinq pouces de long, et semblaient avoir été faites par un enfant de cinq ans. Il y en avait comme deux séries : on eût dit que deux enfants s'étaient suivis tout près l'un de l'autre. Que signifiait cette découverte ? Y avait-il dans la vallée d'autres êtres humains que nous ? Etaient-ce les traces de jeunes Indiens ? L'idée me vint tout-à-coup que c'étaient des fossoyeurs, des *Yamparicos*, mangeurs de racines, que l'on trouve dans presque tous les coins de l'Amérique. La vallée était-elle habitée par une famille de ces malheureuses créatures ?

— C'est possible, après tout, me dis-je quand je pensai à leur manière de vivre, ils se nourrissent de racines, d'insectes et de reptiles ; ils se creusent des trous ou des terriers comme les animaux des bois... Une famille ou deux auraient pu habiter la vallée sans que nous les ayons rencontrées. Mais étaient-ce réellement les traces de jeunes *Yamparicos* que nous avions sous les yeux ?

Nous abandonnâmes notre chasse aux élans pour élucider ce mystère, et nous quittâmes les traces des animaux pour suivre celles des enfants.

En arrivant à une sorte de clairière où la neige était très unie et où les empreintes étaient bien marquées, je me baissai pour les examiner plus attentivement et m'asurer si elles provenaient réellement de pieds humains. Il n'y avait pas de doutes possibles : les talons étaient accusés ; le pied s'élargissait en approchant des orteils, qui étaient eux-mêmes fortement imprimés sur la neige. Mais tout-à-coup je découvris une autre circonstance mystérieuse. En comptant les orteils, je trouvais que quelques empreintes en portaient cinq, comme cela devait être, mais que d'autres n'en avaient que quatre. Je les examinai donc avec plus d'attention, et je vis que chaque orteil était armé d'une griffe, qui n'était pas généralement bien accusée, parce qu'elle était recouverte de poils. Ces empreintes n'avaient donc pu être faites par des enfants ; mais elles provenaient du passage de quelque bête armée de griffes.

Nous continuâmes néanmoins à suivre ces traces ; nous voulions savoir quelle était la bête qui les avait laissées sur son passage. C'était peut-être une espèce jusqu'alors inconnue, et nous voulions dans ce cas avoir le mérite de la découvrir. Nous n'eûmes pas loin à aller et nous n'avions pas fait cent pas, que nous étions en vue d'un bouquet de jeunes citronniers dont l'écorce avait été rongée par un porc-épic. C'était là le mot de l'énigme : nous avions suivi les traces de cet animal.

Je ne me rappelai qu'alors que le porc-épic est un *plantigrade* ayant cinq doigts aux pieds de derrière et seulement quatre à ceux de devant.

Nous regrettâmes d'avoir abandonné notre chasse pour arriver à ce piètre résultat, et nous jurâmes de nous en venger sur le porc-épic si nous pouvions le découvrir. Ce ne fut pas long. Il était dans les branches d'un arbre à environ cinquante pas devant nous. Mais au même moment nous vîmes un autre animal aussi différent du porc-épic qu'un bœuf l'est d'un frelon.

Du bout du nez à l'extrémité de la queue cette autre bête n'avait pas moins d'un mètre un quart de long, et cependant son corps n'était pas plus gros que le bras d'un homme. Sa tête était large et aplatie, ses oreilles étaient courtes et droites ; son museau s'allongeait en pointe. Elle avait des moustaches comme un chat, quoique la tête dans son ensemble eût plutôt l'apparence de celle d'un chien. Ses pattes étaient courtes et fortes, et annonçaient beaucoup d'agilité et de vigueur. Son poil était roux, sauf sous la gorge, où l'on voyait une tache blanche, et sur le dos, les pattes, le nez et la queue, où il tirait sur le noir. On eût dit une martre gigantesque. C'en était une en effet, c'était la grande martre d'Amérique ; appelée mal à propos *martre-pêcheur*. Quand nous l'aperçûmes pour la première fois, elle était allongée sur un tronc qui s'approchait obliquement de l'arbre que le porc-épic était alors occupé à dépouiller : ses yeux étaient fixés sur ce dernier ; elle avait évidemment l'intention de l'attaquer, nous résolûmes de rester spectateurs du combat.

Le porc-épic, qui n'avait pas encore vu son ennemi, continuait à ronger l'écorce du cotonnier : la martre s'élança bientôt du tronc où elle avait grimpé, et courut vers l'arbre. Quand le porc-épic la vit s'approcher, il poussa un cri d'effroi, et parut en proie à la plus grande terreur. Cependant, au lieu de rester où il était, nous fûmes tout étonnés de le voir se laisser tomber presque au nez de son adversaire. Je ne compris pas d'abord la prudence de cette manœuvre ; mais un moment de réflexion me convainquit que le porc-épic voulait user de son meilleur moyen de défense. La martre était tout aussi à son aise que lui sur les branches de l'arbre, et il ne pouvait s'y tenir sans laisser en danger son cou et son ventre, qui sont l'un et l'autre dépourvus d'épines et seraient restés exposés aux attaques de son adversaire.

Aussitôt qu'il eut touché le sol il se roula en boule, et ne présenta plus qu'une masse formidable de *chevaux de frise*.

La martre courut tout autour de lui en faisant serpenter son long corps avec une grande agilité; de temps en temps elle montrait les dents et soulevait son dos en sifflant comme un chat. Nous nous attendions à chaque instant à la voir s'élancer sur sa proie; mais il parut bientôt qu'elle connaissait tout le danger d'une attaque de ce genre, et qu'elle ne savait trop quel autre moyen employer. Pendant tout ce temps le porc-épic restait immobile comme un bloc : sa queue seule remuait vivement à droite et à gauche, et parfois se relevait comme par saccades.

Qu'allait faire la martre ? Il n'y avait pas un pouce du corps du porc-épic qui ne fût défendu par son armure de pointes, pas un endroit où elle pût fourrer impunément l'extrémité de son museau. Allait-elle abandonner l'entreprise ? Nous le crûmes un instant; mais nous fûmes bientôt détrompés.

Quand la martre eut fait plusieurs fois le tour du porc-épic, comme je vous l'ai dit, elle se mit derrière lui, à quelques pouces seulement de sa queue. Elle resta là quelques instants comme si elle eût étudié les mouvements de cette queue, qui continuait ses oscillations : elle ne faisait pas le moindre mouvement, pas le moindre bruit.

Le porc-épic, qui ne pouvait pas la voir et crut peut-être qu'elle était partie, commença à agiter sa queue moins vivement et la laissa tomber enfin immobile.

C'était le moment qu'attendait la martre et une seconde après nous vîmes qu'elle avait saisi avec ses dents l'extrémité de la queue, qui est dépourvue de pointes.

Qu'allait-elle faire ensuite ? Allait-elle couper avec ses dents le bout de la queue du porc-épic ? Non, son plan était tout différent.

Aussitôt que la martre eut mordu la queue du porc-épic, celui-ci commença à jeter des cris plaintifs; mais sans y prendre garde la martre se mit à marcher à reculons en entraînant sa victime avec elle. Elle la conduisit vers un arbre dont les branches s'étendaient horizontalement à très peu au-dessus du sol. Nous ne comprenions rien encore à cette manœuvre.

Le porc-épic ne pouvait résister ; ses pattes cédaient et glissaient sur le sol couvert de niege, car la martre était beaucoup plus forte que lui. Ils furent bientôt arrivés au pied de l'arbre. La martre y grimpa aussitôt à reculons, en tenant toujours l'extrémité de la queue du porc-épic, et se gardant avec soin de la pointe des épines. Nous ne pensions pas qu'il lui fût possible de grimper dans l'arbre en traînant un autre animal presque aussi gros qu'elle.

Mais elle ne voulait qu'atteindre une des branches les plus basses, et aussitôt qu'elle y fut arrivée elle s'y étendit tout de son long en la saisissant fortement avec ses pattes à la manière des chats. Elle tenait toujours la queue du porc-épic, qui se trouvait soulevé de manière à avoir la tête en bas et continuait à pousser des cris de douleur et d'effroi.

Nous ne comprenions encore rien à la stratégie de la martre ; mais nous eûmes bientôt le secret de ses manœuvres. Aussitôt que le porc-épic fut comme en balance, la martre s'élança à terre avec tant de force que la secousse jeta le porc-épic à la renverse. Avant que le pauvre animal eût pu se retourner et se mettre en boule, la martre lui avait enfoncé ses griffes dans le ventre et ses dents dans la gorge !

Le porc-épic se débattit en vain : la martre le maîtrisait avec tant d'adresse qu'il lui fut impossible de se retourner. Nous vîmes qu'il ne fallait plus que quelques instants pour achever la défaite du porc-épic ; il était temps d'intervenir, nous lâchâmes donc Castor et Pollux.

Ils eurent bientôt forcé la martre à lâcher prise ; mais elle ne se retira pas loin : elle se tourna vers les chiens, et les tint à distance en les menaçant de ses dents aiguës. Ils auraient eu de la peine à s'en rendre maîtres si nous n'eussions été là : quand elle nous vit approcher elle s'élança sur un arbre, et y grimpa avec l'agilité d'un écureuil. Une balle la fit bientôt tomber à terre. Elle avait une odeur de musc si forte que nous fûmes forcés de tenir son corps à distance.

En retournant au porc-épic, dont nos chiens s'étaient bien gardés d'approcher, nous le trouvâmes presque mort : la martre lui avait ouvert le cou, et il saignait abondamment. Nous l'achevâmes, et, prenant avec nous le corps de la martre pour en conserver la peau, nous retournâmes à la maison sans plus songer à notre chasse aux élans.

Mais je reviens à notre partie de pêche.

Aussitôt que nous eûmes tué le porc-épic, nous nous occupâmes de nos chiens et les débarrassâmes des épines dont ils avaient la gueule pleine. Cela ne fut pas très facile : nous y mîmes toute l'adresse et toute l'attention possibles. Leur tête cependant enfla prodigieusement et ils semblèrent souffrir cruellement. Aussi ce leur fut une leçon salutaire et ils se gardèrent bien à l'avenir d'aller attaquer les porcs-épics qu'ils rencontrèrent.

XXXI. — LA PÊCHE.

Cudjo, qui voulait emporter le porc-épic à notre retour, le pendit à un arbre, et nous reprîmes le chemin de la rivière. Notre bon noir avait dessein d'écorcher notre chasse et d'en manger une partie, il assurait en avoir déjà goûté et que cette chair était aussi bonne que celle d'un jeune cochon. Nous ne nous sentions nullement disposés à l'imiter; mais nous le laissâmes faire, pensant que les chiens pourraient se nourrir de ce qu'il laisserait : nous ne savions souvent que donner à Castor et Pollux, qui faisaient de temps en temps assez maigre chère.

Nous atteignîmes bientôt les bords du ruisseau, auprès de la fosse que Cudjo avait découverte. C'était une longue étendue d'eau profonde, que surplombait une rive élevée, et qu'ombrageaient de hauts arbres. Sur le bord opposé la rive s'abaissait jusqu'au niveau de l'eau : plusieurs troncs d'arbre à demi couverts d'eau s'avançaient de la rive jusque dans le courant.

Nous nous établîmes sur le bord le plus élevé, à un endroit tapissé de gazon et ombragé de magnifiques palmettos, à l'abri desquels les enfants pouvaient se rouler en liberté. Marie s'assit au pied d'un arbre, et nous nous mîmes à pêcher. La seule chose que nous avions à faire était de jeter nos lignes et d'attendre que le poisson eût la simplicité de venir se prendre. Nous conversions à voix basse de peur d'effrayer le poisson : il n'y avait pas plus de cinq minutes que nous étions à guetter nos lignes que nous remarquâmes çà et là un léger mouvement de l'eau, et au milieu de petits cercles qui se formaient de toutes parts, nous vîmes de petits points noirs qui ressemblaient étonnamment à des têtes de serpent. Cudjo seul ne s'y trompa pas; il avait vu souvent pareille chose en pêchant dans les criques de la Virginie.

— Massa! s'écria-t-il aussitôt, la crique est pleine de tortues!

— De tortues! reprit Harry.

— Oui! massa Harry, répondit Cudjo, et sur ma parole, je crois que ce sont des tortues à écailles molles! C'est cela qui fait un bon plat... La tortue vaut mieux que poisson, chair ou volaille.

Une des tortues s'approcha jusqu'au bord de la rive sur laquelle nous étions; sa longue tête, qui ressemblait à un museau, ainsi que sa carapace, dont les bords flexibles s'élevaient et s'abaissaient pen-

...ant qu'elle nageait, nous montrèrent en effet qu'elle appartenait au genre *trionyx* ou à écailles flexibles : c'était même un *trionyx ferox*, la meilleure de toutes les tortues pour la table de l'épicurien. Nous venions donc de découvrir un autre mets délicieux, il ne s'agissait plus que de l'attraper.

Je m'étais retourné pour demander à Cudjo comment nous pourrions nous en emparer, quand je sentis tout-à-coup que j'avais quelque chose au bout de ma ligne : je crus avoir pris un poisson; mais, à ma grande surprise, j'amenai à la surface une tortue, et probablement celle qui était venue respirer un instant auparavant. Elle n'était pas très grosse et nous l'eûmes bientôt tirée à terre : Cudjo, pour s'assurer qu'elle ne nous échapperait pas, la renversa tout simplement sur le dos. Cudjo nous dit que ces étranges bêtes mordent volontiers ce que l'on jette à l'eau et tout ce qui leur semble nouveau; nous en acquîmes bientôt la preuve.

Au bout de quelque temps chacun de nous eut fait pêche, et nous étions à surveiller attentivement nos lignes, quand nous aperçûmes un animal sur le bord opposé, à environ cent mètres au-dessous de l'endroit où nous étions. Nous en avions souvent vu de pareils, et Harry ne l'eut pas plus tôt remarqué qu'il nous dit à demi-voix :

— Papa ! maman ! voyez, un racoon !

C'était en effet un racoon : il n'y avait pas à s'y méprendre. Nous voyions son large dos brun, sa tête et son museau de renard, ainsi que sa queue grosse avec ses anneaux noirs et blancs. Ses pattes courtes et épaisses, ses oreilles droites, les taches blanches et noires de sa figure nous étaient familières : car le racoon est un animal des mieux connus en Amérique ; nous en avions même un dans notre ménagerie.

A la vue du racoon, les yeux de Cudjo brillèrent de joie ; car il n'y a pas d'animal que les nègres des Etats-Unis aiment autant à tourmenter que cette pauvre bête, il leur procure autant de plaisir que le renard en apporte aux chasseurs anglais. La chasse du racoon est un des rares plaisirs du pauvre esclave quand il a fini son rude travail et que la lune se lève sur les Etats du Midi. Ils mangent sa chair, quoiqu'elle ne soit pas des meilleures; cependant ils préfèrent de beaucoup celle de l'opossum. Cudjo fut donc enchanté de voir une de ses anciennes victimes.

Le racoon ne nous avait pas encore aperçus, autrement il aurait lestement décampé. Il s'avançait lentement le long de la crique, sautant sur un des arbres renversés, s'arrêtant un moment, et regardant fixement dans l'eau.

— Le vieux racoon veut pêcher, dit Cudjo, voilà ce qui l'amène.

— Pêcher ! dit Harry.

— Oui, massa Harry. Il pêche les tortues.

— Et comment les prend-il ? demanda Harry.

— Comment il les prend, massa Harry ? attendez un eminute et vous allez voir.

Nous observâmes attentivement ses manœuvres, car nous étions curieux de voir comment il s'y prendrait; Cudjo seul avait le secret de sa manière de pêcher. Nous savions qu'il ne se jetterait pas après les tortues dans l'eau, car elles peuvent plonger facilement, et elles l'auraient mordu de façon à lui faire lâcher prise, s'il se fût avisé de les attaquer dans leur élément. Nous vîmes bientôt, du reste, que telle n'était pas non plus son intention.

On voyait au-dessous d'un des troncs d'arbre qui s'avançaient dans l'eau un assez grand nombre de têtes de tortue qui sortaient hors de l'eau. Le racoon les voyait aussi; car il s'avançait peu à peu, sans les perdre de vue un instant. En arrivant à l'arbre il grimpa dessus sans bruit et avec légèreté ; puis, plaçant sa tête entre ses pattes de devant, il se tourna la queue vers l'eau, et descendit le long du bois à reculons. Il s'avança petit à petit jusqu'à ce que sa longue queue se trouva au-dessus de l'eau, puis il se mit à la remuer lentement de côté et d'autre. Son corps était tellement recourbé et roulé sur lui-même, qu'il était impossible de dire quel animal c'était.

Il n'y avait pas longtemps qu'il était occupé à ce manége quand une des tortues, qui nageait dans le voisinage, aperçut sa queue qui oscillait de côté et d'autre. Attirée par la curiosité ou par l'espoir d'attraper quelque chose à manger, elle s'approcha et saisit dans sa gueule les longs poils de l'extrémité de la queue. Mais elles les avait à peine entre ses dents, que le racoon, se redressant, donna une violente secousse, et tirant la tortue hors de l'eau, la jeta sur la rive à sec ! Puis, en trois sauts, il fut auprès de sa victime, qu'à l'aide de son museau il renversa sur le dos, en ayant soin de ne pas approcher de ses mâchoires en forme de bec. La tortue était à la merci du racoon, qui allait la démolir à sa manière, quand Cadjo, ne pouvant plus y tenir, partit en criant de toutes ses forces; les chiens l'accompagnaient pour passer de l'autre côté de la rivière.

La chasse ne fut pas longue; quelques secondes après, le cri des chiens nous apprit que le racoon s'était réfugié sur un arbre. Malheureusement pour lui, l'arbre n'était pas haut; et Cudjo put l'atteindre avec sa longue lance. Quand nous arrivâmes sur le lieu du combat, l'animal était mort, et Cudjo le traînait par la queue, pour nous prouver sa victoire.

Nous retournâmes pêcher, et, quoique nous ne prissions pas d'autres tortues, nous réussîmes à nous approvisionner d'une grande quantité de poisson. De retour à la maison, Marie nous prépara un excellent souper avec le produit de notre pêche; et notre appétit nous permit à tous d'y faire le plus grand honneur.

XXXII. — LA PETITE MARIE ET L'ABEILLE.

Tant que dura l'hiver nous ne vîmes guère nos castors. Ces animaux se retirèrent dans leurs cabanes pendant la mauvaise saison: les nôtres n'étaient cependant pas engourdis par le froid; seulement ils se tenaient à l'abri, passant leur temps à manger et à dormir. Quelquefois ils se montraient au-dehors pour se laver et se nettoyer, car les castors aiment beaucoup la propreté; mais ils ne sortaient pas pour se procurer des provisions, en ayant amassé suffisamment pour tout leur hiver.

Le lac gela assez fort pendant plusieurs semaines pour que nous pussions nous aventurer sur la glace; nous en profitâmes pour visiter les huttes des castors, qui s'élevaient çà et là comme autant de petites meules de foin. Elles étaient si bien et si solidement construites, que nous pouvions monter et sauter dessus sans le moindre danger de les défoncer. Ce n'aurait même pas été chose facile de les ouvrir par le haut; aucune bête fauve, pas même le wolverene, avec ses griffes crochues, n'aurait pu y parvenir.

Nous remarquâmes que toutes les ouvertures servant de portes se trouvaient bien au-dessous du niveau de la glace, de sorte que les castors pouvaient entrer et sortir facilement: quand nous frappions avec force sur les huttes, nous voyions, à travers la glace, les pauvres bêtes s'élancer au-dehors tout effrayées. Nous restâmes parfois assez longtemps à regarder si elles reviendraient; mais nous ne les vîmes jamais rentrer à leur logis. Cela nous étonna tout d'abord, car nous savions très bien que le castor ne peut vivre sous la glace, où il n'y a pas d'air, mais nous découvrîmes bientôt qu'ils s'étaient ménagé le moyen d'échapper au danger d'être noyés.

La rive s'élevait assez haut sur l'un des côtés du lac; les castors avaient creusé de grands trous dans cette rive : l'entrée était combinée de manière à ne pouvoir geler; et nous remarquâmes que lorsqu'ils étaient chassés de leurs huttes ils se retiraient du côté de ces ouvertures, et que là, élevant la tête au-dessus du l'eau, ils respiraient en sûreté.

L'hiver est la meilleure saison pour chasser le castor, car alors sa fourrure a plus de prix; mais comme je l'ai déjà dit, nous ne voulions en tuer que lorsque la colonie serait devenue très populeuse.

La glace était parfaitement unie, cela nous donna l'idée de patiner. Frank et Harry aimaient cet exercice au moins autant que moi, mais il nous fallait des patins : nous fîmes des patins avec du bois d'arc, qui était assez léger et assez dur tout à la fois pour remplir le but que nous avions en vue. Cudjo nous fit les montures de fer; mais comme toute notre provision de fer consistait dans les débris de notre chariot, et que ce métal nous était trop précieux pour l'employer à des articles destinés seulement à notre amusement, il les fabriqua très légères. Nous savions en outre que le fer ne serait pas perdu, et que nous pourrions toujours l'employer à autre chose quand il en serait besoin. Nous eûmes donc bientôt trois paires de patins; nous les attachâmes fortement avec des courroies de peaux de daims : nous volâmes bientôt entre les huttes des castors, au grand étonnement sans doute de ces amphibies. Marie, les enfants et Cudjo se tenaient sur la rive et battaient des mains à nos prouesses.

L'hiver se passa au milieu de ces innocentes occupations.

Il ne dura pas longtemps, et aussitôt que le printemps fut revenu, Cudjo laboura, avec sa petite charrue de bois, le champ que nous avions clos, et nous y semâmes notre blé. Nous en avions presque une acre et nous nous promettions de récolter environ cinquante boisseaux au bout de six semaines. Nos cent grains de froment ne furent pas oubliés; et nous les confiâmes à la terre séparément. Ils n'occupèrent pas beaucoup de place. Marie avait son jardin, où nous plantâmes des pommes de terre sauvages et d'autres racines qu'elle avait découvertes dans la vallée : il y avait entre autres une espèce de navet dont j'ai déjà parlé et que l'on appelle pomme blanche ou navet indien. Elle avait aussi trouvé des oignons sauvages, qui nous furent très utiles pour faire la soupe : il y en avait encore d'autres dont je connais seulement les noms ; trois d'entre eux, le *kamas*, le *kooyak* et le *yampak*, sont des racines qui méritent d'être cultivées. Des miliers d'Indiens qui habitent le Grand Désert ne mangent presque rien autre chose. Les nombreuses tribus des Diggers, ou *fossoyeurs*, recherchent ces racines avec le plus grand soin et s'en nourrissent presque exclusivement.

Les fleurs commencèrent à venir égayer la nature, et quelques parties de la vallée offrirent un spectacle magnifique. Le sol était littéralement couvert de mauves, de cléomes, d'asclépias, et d'hélianthes. Nous allions fréquemment de ce côté pour y faire de joyeux pique-niques. La cataracte, où le ruisseau se précipite du haut des falaises ; les sources salées, et autres endroits de ce genre, nous présentaient le plus vif intérêt. Il était rare que nous revinssions sans avoir appris quelque chose, et sans avoir admiré quelque nouvelle merveille de la nature. Marie et moi nous projetions souvent ces excursions dans le but de communiquer aux enfants ce que nous savions d'histoire naturelle. Nous n'avions pas de livres, tous nos exemples étaient tirés de la nature elle-même.

Un jour , au commencement du printemps, à l'époque où les fleurs ne faisaient que d'ouvrir, nous avions quitté la maison pour une de ces parties de plaisir. Nous nous étions établis dans un petit vallon qu'entouraient de superbes magnolias. Frank avait pris sa sœur par la main, était allé à quelques pas de là cueillir un bouquet pour sa mère. Tout-à-coup l'enfant se mit à jeter de grands cris ! Avait-elle été mordue par un serpent ? Nous nous levâmes tous pleins d'effroi et nous courûmes de son côté. Elle criait toujours en en tenant sa main en l'air, car c'était là qu'elle était blessée. Elle venait d'être piquée par une abeille : elle avait sans doute voulu prendre une fleur dans laquelle butinait l'insecte, et l'aiguillon l'avait punie de son intervention malencontreuse.

Aussitôt que l'enfant fut remis de sa frayeur, il nous vint plusieurs idées à l'occasion de cette aventure.

Il y avait donc des abeilles dans la vallée : nous l'avions ignoré jusqu'alors. Nous avions été trop occupés pendant l'automne pour y faire attention, et pendant l'hiver elles n'étaient pas sorties : le retour du printemps les avait appelées au-dehors.

Il était naturel de penser que là où il y avait des abeilles il devait y avoir du miel, et le mot de miel résonnait agréablement aux oreilles de notre jeune population. Nous ne pensâmes plus qu'aux abeilles et au miel, et pendant quelques minutes notre conversation roula tout entière sur ces insectes, leurs nids, les arbres qu'ils préféraient, les animaux qui volaient leur miel, et les différentes sortes de ruches.

Nous cherchâmes tous parmi les fleurs pour être certains que ce n'était pas une guêpe qui avait piqué Marie : nous ne tardâmes pas à découvrir plusieurs abeilles qui voltigeaient entre les fleurs de l'hélianthe.

Au moment où Harry s'écriait : Une abeille ! une abeille ! Frank lui répondait par le même cri, et Cudjo disait de son côté : Oh ! massa, voyez cette grosse-là, comme elle est chargée de butin !

Nous eûmes en peu de temps constaté la présence d'un assez grand nombre d'abeilles pour nous donner la certitude qu'il y en avait au moins une colonie dans le voisinage. Il s'agissait maintenant de savoir comment nous la trouverions. Elle habitait sans doute dans quelque arbre creux, mais comment pouvions-nous découvrir cet arbre au milieu d'une véritable forêt ? Ce n'était pas chose facile.

Heureusement que nous avions parmi nous un vieux dépisteur d'abeilles : c'était Cudjo, qui les avait souvent chassées dans les bois de la Virginie, avait abattu des arbres et mangé le miel ; car Cudjo était aussi friand de miel qu'un ours.

Il nous fallait toutefois retourner à la maison pour préparer tout l'attirail indispensable, et comme la journée était avancée, nous résolûmes de remettre au lendemain notre chasse aux abeilles.

XXXIII. — LA CHASSE AUX ABEILLES.

La journée du lendemain fut chaude et brillante de soleil : le temps était des plus favorables à la chasse que nous avions projetée. Nous partîmes après déjeuner tout joyeux à l'avance du plaisir que nous nous promettions. Harry pouvait à peine contenir sa joie ! il avait souvent entendu raconter des parties de chasse aux abeilles, et il désirait ardemment être acteur d'une de ces scènes émouvantes. Il comprenait facilement qu'après avoir trouvé un arbre à abeilles on l'abattait à coups de hache, on l'ouvrait et on en retirait le miel : c'était chose des plus simples. Mais la difficulté était de trouver les arbres-ruches ; car, comme je crois l'avoir dit, ces arbres sont entièrement semblables aux autres, et le trou par lequel entrent les abeilles est ordinairement placé si haut qu'il est impossible du sol de voir ces mouches s'agiter sur les bords.

On pourrait à la rigueur découvrir par un examen très minutieux un nid d'abeilles, car l'écorce, comme au bord des trous des écureuils, est brunie et comme polie par le passage incessant des mouches. Mais on pourrait bien faire des milles dans les bois avant de faire attention à cette circonstance.

Les arbres à miel se trouvent quelquefois par hasard ; mais le chasseur d'abeilles ne compte pas sur le hasard, autrement ses chances de succès seraient des plus minces. Il a une méthode à lui, il cherche le nid, et il est à peu près certain de le trouver si le pays est assez découvert pour qu'il puisse y faire ses remarques. Il est peut-être bon de faire observer ici que les abeilles s'établissent ordinairement dans des contrées ouvertes ou dans le voisinage d'arbres à fleurs ; car les branchages épais des forêts étouffent toutes les fleurs, et elles ne trouveraient pas à butiner sous les ombrages touffus. Ces mouches aiment les vallons ouverts, les clairières épanouies au soleil que l'on trouve souvent dans les forêts-prairies de l'Ouest.

Nous étions donc tous très curieux de savoir comment Cudjo s'y prendrait ; car jusqu'alors il s'était renfermé dans le silence le plus absolu, malgré l'impatience que montrait Harry de connaître son secret. Les ustensiles que Cudjo avait apportés étaient de la plus grande simplicité : il avait d'abord un verre à boire (nous en avions heureusement sauvé un dans notre grand coffre), puis une tasse pleine de mélasse d'érable, et quelques pincées du poil blanc d'un lapin.

— Que peut-il vouloir faire de tout cela ? se demandait Harry.

Nous ignorions tout comme lui l'usage qu'il pourrait en faire, et Cudjo était décidé à ne rien dire jusqu'à ce que nous le vissions à l'œuvre.

Nous arrivâmes enfin aux clairières et nous entrâmes dans la plus grande. Pompo fut dételé et attaché ; puis nous nous mîmes à la suite de Cudjo, étudiant attentivement tout ce qu'il faisait. Les yeux de Harry ne le quittaient pas d'un instant, car il craignait de perdre le moindre détail de l'opération : il le regardait donc avec autant de curiosité que si c'eût été un prestidigitateur qui allait escamoter quelque objet.

Cudjo ne soufflait mot et s'occupait de tous ses préparatifs avec toute l'importance d'un homme qui possède un secret et qui a su exciter l'intérêt et la curiosité.

Sur un des côtés de la clairière se trouvait une pièce de bois mort. Cudjo prit son couteau et enleva une petite portion de l'écorce, dont il se mit à unir et polir la surface. Il y versa une petite quantité de mélasse, de manière à en couvrir environ la grandeur d'une pièce de douze sous. Il prit ensuite le verre et l'essuya avec le coin de sa veste jusqu'à ce qu'il fût aussi clair qu'un diamant; ce fut après ces préparatifs qu'il se mit en quête d'une abeille.

Nous en trouvâmes bientôt une qui s'était enfoncée dans les corolles d'une fleur d'hélianthe; Cudjo s'en approcha sans bruit et renversa le verre dessus de manière à couvrir la fleur et l'abeille; puis il boucha l'ouverture du verre avec la paume de sa main, qu'il avait eu soin de couvrir avec un gant de peau de daim : séparant alors la fleur de sa tige, il l'emporta avec l'abeille.

En arrivant à la pièce de bois il retira adroitement la fleur de dedans le verre, et y laissa seulement l'abeille, qui volait çà et là dans l'intérieur pour trouver une issue. Le verre et l'abeille furent placés sur la pièce de bois à l'endroit où se trouvait déposée la goutte de mélasse. Ce verre était renversé de manière à tenir l'abeille captive. Nous étions tous à l'entour à attendre quel serait le résultat de cette manœuvre.

L'abeille effrayée de se trouver en prison continua à s'agiter de tous côtés, et à chercher un passage par le haut du verre : un de ses efforts fut si violent que le coup la fit retomber sur le bois, où elle s'empêtra dans la mélasse. Il n'y en avait pas assez pour l'arrêter tout-à-fait; mais elle n'en eut pas plus tôt goûté qu'elle ne chercha plus à s'échapper. Elle sembla même oublier sa captivité; et enfonçant sa trompe dans le doucereux liquide, elle se mit à le pomper avec activité.

Cudjo n'y toucha pas avant qu'elle en eût pris autant qu'elle en pouvait porter : tirant alors le verre de côté avec le plus grand soin, il la fit quitter ce banquet inattendu. Il avait retiré son gant, et passant le pouce et l'index sous le verre il saisit l'abeille, qui était quelque peu étourdie par sa gloutonnerie, et de l'autre main il lui mit sous le ventre une petite pincée de poil de lapin. La mélasse dont les pattes étaient chargées fit adhérer ce poil, qui était extrêmement léger, et qu'il étendit autant que possible, pour le rendre plus visible, en prenant soin toutefois de ne pas empêcher la mouche de voler. Tout cela fut fait avec une adresse qui nous surprit étrangement, et qui surprendrait pareillement tous ceux qui verraient une chasse aux abeilles pour la première fois. Il fallait se garder de blesser l'abeille, et les doigts de Cudjo, tout gros qu'ils étaient, semblaient se mouvoir avec autant d'adresse et de légèreté que ceux d'une brodeuse.

Quand tout ce travail fut fini il remit l'abeille sur la pièce de bois, en la posant aussi doucement que possible.

La pauvre mouche semblait tout étonnée de ces étranges manœuvres, elle resta sans bouger pendant quelques secondes ; mais un chaud rayon de soleil vint bientôt la ranimer. Voyant qu'elle était de nouveau en liberté elle ouvrit ses ailes diaphanes, et s'éleva dans les airs. Elle monta d'abord tout droit jusqu'à une hauteur de trente à quarante pieds, et se mit à voler en rond comme pour retrouver son chemin.

Nous la voyions parfaitement au moyen des petits poils blancs, qui restaient attachés à ses pattes. A dater de ce moment les yeux de Cudjo ne perdirent pas un de ses mouvements : on eût dit que les pupilles s'étaient dilatées jusqu'à deux fois leur grandeur ordinaire et que les globes blancs étaient à demi sortis de leur orbite. Sa tête tournait aussi comme si son gros cou s'était changé en un pivot et eût acquis un mouvement de rotation anomal.

Après avoir décrit plusieurs cercles dans les airs, la mouche prit tout-à-coup la direction du bois : nous la suivîmes des yeux aussi longtemps que nous le pûmes ; mais nous la perdîmes bientôt de vue malgré sa cargaison de poils blancs. Nous remarquâmes qu'elle avait suivi une ligne droite, comme le font au reste toutes les mouches qui reviennent chargées de butin. C'est de là qu'est venue cette expression américaine « à vol d'abeille, » comme ont dit en Europe « à vol d'oiseau. »

Cudjo savait qu'elle suivrait cette ligne jusqu'à ce qu'elle arrivât à l'arbre où se trouvait son nid : il avait donc une base pour commencer ses recherches, c'était une ligne droite qui s'étendait dans une direction connue à partir de l'endroit où nous étions.

Mais cela ne suffisait pas évidemment pour lui faire découvrir l'arbre : l'abeille pouvait s'arrêter au bord des bois, ou aller vingt pas plus loin, ou cinquante pas, ou même un quart de mille. Il était donc certain qu'il nous fallait un autre point de repère, autrement nous aurions pu chercher pendant une semaine sans rien trouver.

Cudjo savait tout cela ; il ne s'arrêta donc pas un instant pour étudier ce qu'il avait à faire. Il avait pris note de la direction du vol de la mouche, et l'avait soigneusement marqué sur un arbre qui croisait en ligne avec le point de départ. Il nota aussi le point de départ en traçant une ligne sur la pièce de bois dans la direction qu'avait prise l'abeille.

— Que va-t-il faire maintenant? nous demandâmes-nous.

Cudjo ne fut pas long à nous le montrer : il choisit une autre pièce de bois à environ deux cents pas de la première, il en coupa l'écorce comme il avait déjà fait et y versa une goutte ou deux de mélasse. Nous prîmes une abeille comme auparavant, elle fut emprisonnée sous le verre, chargée d'un flocon de poil de lapin, et mise en liberté. Mais, à notre grande surprise, celle-ci s'envola dans une direction opposée à celle de la première.

— Cela n'y fait rien, dit Cudjo ; c'est même tant mieux : deux arbres à miel valent mieux qu'un.

Cudjo marqua la direction du vol de cette seconde abeille comme il avait fait pour la première.

Nous prîmes une troisième mouche, à laquelle nous fîmes subir le même traitement sur la même pièce de bois. Celle-ci prit encore un chemin différent des deux autres.

— Ah! massa ! s'écria Cudjo, la vallée est pleine de miel, trois arbres à miel trouvés d'une fois !

Et il fit une nouvelle marque sur la pièce de bois.

Nous prîmes une quatrième abeille que nous laissâmes aller après l'avoir gorgée de mélasse et chargée d'un flocon de poils blancs. Cette dernière appartenait évidemment à la même colonie que la première, car nous la vîmes s'envoler dans la direction que nous avions observée tout d'abord.

Cudjo nota soigneusement le chemin qu'elle avait pris. Nous avions un nouveau point de départ pour trouver le nid de la première abeille, c'était la route suivie par la quatrième. Quant aux marques faites pour la seconde et la troisième, elles auraient encore toute leur valeur le lendemain ou tout autre jour ; il s'agissait donc de chercher dans la direction suivie par la première et la quatrième mouches.

Nous commencions à comprendre le plan de Cudjo, et nous pouvions l'aider : il s'agissait de déterminer l'endroit exact où se trouvait l'arbre à miel. C'était au point d'intersection des lignes une et quatre. Mais il y avait quelque difficulté à surmonter pour trouver ce point de jonction.

Cette difficulté, quelque grande qu'elle pût nous paraître, n'était pas de nature à embarrasser Cudjo ; son plan était arrêté.

Il y avait là plusieurs gros arbres : Cudjo se dit instinctivement que les abeilles s'étaient logées dans l'un deux. Il jeta sa hache à terre et tourna ses gros yeux vers le sommet. De notre côté nous écarquillâmes les yeux pour tâcher d'apercevoir les insectes, qui sans aucun doute allaient et venaient dans les hautes branches.

Un long cri de Cudjo nous annonça que la chasse était finie, il avait trouvé l'arbre à miel.

Le nid ou plutôt le trou qui y conduisait se trouvait presque au haut d'un sycomore très élevé ; et sur les indications du bon nègre nous pouvions voir le passage battu par les mouches, et nous les apercevions elles-mêmes qui entraient et sortaient en foule. L'arbre était très gros, il était creux dans le bas ; un homme aurait pu se cacher dans son intérieur, et, suivant toute probabilité, les abeilles avaient construit leur ruche dans une grande partie de la cavité qui s'étendait jusqu'au haut.

Nous avions passé plusieurs heures à trouver le nid, la journée était déjà très avancée ; nous résolûmes d'attendre jusqu'au lendemain pour abattre l'arbre et en retirer le miel. Nous rentrâmes donc à la maison enchantés d'avoir réussi aussi heureusement.

XXXIV. — UN AMATEUR DE MIEL.

Il y avait cependant plusieurs choses à considérer avant de nous remettre à l'œuvre le lendemain. Comment retirerions-nous le miel? Il ne s'agissait, direz-vous peut-être, que d'abattre l'arbre et de l'ouvrir. C'était en effet ce que nous avions à faire ; mais il fallait d'abord prendre certaines précautions.

Il n'est guère difficile d'abattre un arbre et de le fendre, surtout si l'on a une bonne hache ; mais il est autrement difficile de dépouiller de leur miel huit ou dix mille abeilles, qui sont armées chacune d'un dard affilé. Nous n'avions pas de soufre, d'ailleurs nous en aurions eu qu'elles étaient à une trop grande hauteur pour que l'effet s'en fît sentir. Une fois que l'arbre serait abattu, nous ne pourrions en approcher, elles seraient évidemment furieuses.

Mais Cudjo connaissait à fond tous les mystères de la chasse aux abeilles : il savait donc comment abassourdir les insectes et leur voler leur miel. Nous préparâmes, sous sa direction, deux paires de gants de peau de daim : nous en avions déjà une paire, et

Marie en eut bientôt cousu une autre ; elles étaient comme celles dont on se sert pour arracher les chardons, elles avaient une place pour le pouce, tous les doigts se trouvaient ensemble. Une paire de ces gants était pour Cudjo, l'autre pour moi ; les enfants n'avaient aucun rôle à jouer dans cette opération, ils devaient se tenir à distance.

Outre les gants nous nous fîmes aussi des masques de peau d'élan, et nous les garnîmes de cordons pour les attacher. Nous avions ensuite des paletots de peau de cerf, qui nous auraient protégés efficacement contre toutes les abeilles du monde.

Nous prîmes donc le chemin de l'arbre à miel en emportant tout cet attirail avec nous ; nous avions aussi une hache pour abattre l'arbre et plusieurs vases pour mettre le miel. En arrivant à la clairière nous dételâmes Pompo et l'attachâmes à un piquet comme le jour précédent ; nous craignions de le laisser approcher trop près du lieu où l'affaire allait se passer, de peur que les abeilles n'imaginassent de se venger sur lui. Nous prîmes nos divers appareils et nous nous rendîmes au pied de l'arbre.

En jetant les yeux vers son sommet, nous remarquâmes que les abeilles semblaient en proie à une agitation extraordinaire ; elles volaient par milliers autour de l'entrée de leur trou, et entraient et sortaient en foule. Comme il ne se faisait aucun autre bruit, nous pouvions entendre leur bourdonnement incessant. Que signifiait cette agitation ? Allaient-elles essaimer?

Cudjo prétendait que la saison n'était pas encore assez avancée, et il ne comprenait rien à cette agitation inusitée.

— Massa, me dit-il après avoir étudié leurs mouvements pendant quelques minutes, elles m'ont l'air d'être tourmentées par la présence de quelque ennemi.

Nous ne voyions cependant aucun animal auprès de leur trou ; d'ailleurs il en est peu qui osent affronter leur aiguillon. L'ouverture du trou n'avait pas plus de trois pouces de diamètre, et nous savions que ni l'écureuil, ni la martre, ni le putois ne se seraient aventurés dans leur voisinage.

La journée était très chaude, la plus chaude que nous eussions encore eue ; nous pensâmes que la chaleur pouvait les avoir fait sortir. Comme cette explication nous parut la plus vraisemblable et que d'ailleurs nous n'en trouvions pas d'autre, nous nous mîmes en mesure d'abattre le sycomore.

La chose ne nous parut pas difficile : l'arbre était creux, il n'avait guère que l'écorce jusqu'à une certaine hauteur à partir du sol, et elle n'offrait aucune résistance à la hache. Cudjo se mit donc à l'ouvrage, et les copeaux volèrent bientôt sous le tranchant du fer.

Il n'avait guère donné qu'une douzaine de coups, quand nous entendîmes un bruit étrange qui ressemblait à un grognement. Cudjo s'arrêta aussitôt et nous nous regardâmes tous pleins de surprise et d'effroi, je dis pleins d'effroi, car le bruit que nous entendions avait quelque chose de terrible, et ne pouvait provenir que de quelque animal féroce et dangereux. Mais nous ignorions encore d'où il venait. Nons regardâmes de tous côtés, on ne voyait rien dans le bois. Les broussailles étaient rares et clair-semées et nous aurions certainement vu un animal de forte taille jusqu'à une certaine distance, s'il y en avait eu dans les alentours.

Le bruit recommença : il semblait sortir du sol... non, il sortait de l'arbre lui-même.

— Massa ! s'écria Cudjo, c'est un ours ! je reconnais son grognement !...

— Un ours ! m'écriai-je, un ours dans l'arbre ! Sauve-toi, Marie, cours à la clairière !

Je forçai ma femme et les enfants de s'éloigner. Harry et Frank voulaient rester avec leurs carabines ; j'eus beaucoup de peine à les faire partir. Je fus obligé de leur dire qu'ils devaient aller protéger leur mère et les petites filles, et les défendre si l'animal s'échappait de ce côté. Tout cela avait été l'affaire de quelques secondes, et Cudjo et moi nous fûmes bientôt seuls.

Il était évident qu'un ours était monté dans le creux de l'arbre : c'était là la cause de l'agitation des abeilles ; la hache de Cudjo l'avait effrayé, et il se hâtait de descendre.

Que faire ? Il n'y avait pas moyen de boucher le trou, nous n'avions rien de prêt, et nous n'avions pas assez de temps devant nous.

Je pris ma carabine, Cudjo se tint auprès de moi avec sa hache; j'armai ma pièce, et je me préparai à tirer aussitôt que sa tête paraîtrait. Mais, à notre grande surprise, nous ne vîmes qu'une masse informe de gros poils noirs : il descendait à reculons. Nous ne nous arrêtâmes pas à discuter sur ce que nous avions à faire. Je tirai aussitôt que ses cuisses parurent, et, presque au même instant, Cudjo lui asséna un coup de hache terrible : il y avait de quoi le tuer. Cependant, au lieu de tomber à terre, il disparut de nouveau dans l'arbre, il était remonté.

Allait-il se tourner dans la cavité et descendre la tête la première? Hélas! ma carabine était déchargée, et Cudjo pouvait le manquer de sa hache et le laisser sortir.

Mes yeux tombèrent par hasard sur les deux paletots de peau de daim que nous avions posés à terre, ils devaient former un paquet assez volumineux pour boucher l'orifice de la cavité. Je jetai ma carabine, et les saisis à la hâte; Cudjo m'aida; en une seconde ou deux nous les avions roulés et poussés dans le trou, qu'ils remplissaient exactement. Pendant que nous les forcions dans le creux de l'arbre, nous vîmes du sang couler dans les parois intérieures du sycomore : l'ours était blessé. Il n'était pas probable alors qu'il eût l'idée de redescendre de sitôt; et pendant que l'un de nous gardait la place, l'autre courut chercher de grosses pierres, que nous amoncelâmes jusqu'au haut.

Nous courûmes autour de l'arbre, et nous le regardâmes attentivement pour nous assurer qu'il n'y avait pas d'autre ouverture par où l'ennemi pût sortir et venir nous attaquer. Il n'y en avait certainement pas d'autre que celle par où entraient et sortaient les abeilles, et même celle-là n'était pas assez grande pour qu'il pût y passer son museau, tout allongé qu'il était. Nous tenions l'ours en cage.

Marie et les enfants devaient être inquiets sur notre compte, je courus jusqu'à la clairière leur raconter ce que nous avions fait. Harry et Frank étaient enchantés de notre idée; et comme il n'y avait plus de danger, nous retournâmes tous les trois vers le sycomore : car l'ours était aussi bien gardé que dans une cage de fer.

Nous voulions cependant l'achever, la difficulté était de trouver le moyen de l'atteindre. Nous ne pouvions penser à mettre en liberté un animal aussi dangereux, qui nous aurait facilement tués les uns et les autres, s'il nous eût rencontrés seul à seul. J'avais d'abord pensé que c'était un de ces ours à longs poils, que l'on ne tue jamais d'un coup de feu. Mais, en y réfléchissant, je vis que ce ne pouvait être un ours de cette espèce, car ils ne grimpent jamais. C'était donc un ours noir.

Comment l'atteindre? Devions-nous le laisser mourir de faim où il était? Non, cela ne ferait pas notre affaire; car il dévorerait toute la provision de miel, si ce n'était déjà fait. Et puis il pourrait peut-être s'échapper en élargissant le trou du haut de l'arbre : ses griffes sont assez pointues et assez fortes. Il fallait donc adopter un autre plan.

Je m'imaginai qu'il était probable qu'il était au bas de la cavité, poussant son nez contre la pelote d'habits. Nous ne pouvions en être sûrs, car il ne grognait plus : soit qu'il fût trop irrité, soit que sa blessure fût trop grave. Dans tous les cas, il ne disait rien. Ce que nous avions à faire, c'était d'ouvrir un petit trou dans l'arbre, au-dessus de lui, pour pouvoir lui envoyer une balle. Ce plan nous parut le meilleur, et Cudjo se mit de nouveau à l'œuvre.

Quelques minutes après, nous avions percé jusqu'à la cavité, et nous pouvions voir à l'intérieur, mais l'ours n'était pas visible, il était monté plus haut. La réception que nous lui avions faite lui avait évidemment ôté tout désir de faire plus ample connaissance avec nous.

— Il faut l'enfumer, dit Cudjo, cela le fera descendre.

Il n'y avait pas d'autre moyen, mais comment y parvenir ? Nous pensâmes à pousser des feuilles mortes et de l'herbe sèche dans le trou que Cudjo venait d'ouvrir et à y mettre le feu. Mais nous courions risque de brûler nos paletots... Il nous fallut donc d'abord les retirer et les remplacer par de grosses pierres : cela fut fait en quelques minutes. Après quoi nous remplîmes le trou de feuilles et de branchages, nous y mîmes le feu, et nous bouchâmes l'entrée avec une poignée d'herbes pour empêcher la fumée de sortir par là.

Quelques moments après, nous eûmes la preuve de la réussite de notre attaque : la fumée commença à sortir par le trou dont se servaient les abeilles, qui tout effrayées, s'échappaient en foule de leur nid. Nous n'avions pas pensé à ce moyen d'ob enir le miel, autrement nous ne nous serions pas donné la peine de faire nos gants et nos masques.

L'ours ne fut pas long à grogner de nouveau ; nous l'entendîmes bientôt gronder au haut de l'arbre. De temps en temps il poussait un grognement qui ressemblait à une toux sèche. Les grognements se changèrent bientôt en plaintes étouffées, puis vint une sorte de hideux sanglot, et tout cri cessa. Un moment après, nous entendîmes un bruit sourd, comme celui que fait un corps pesant en tombant à terre : c'était l'ours qui venait de dégringoler du haut du sycomore.

Nous attendîmes quelques minutes ; rien ne bougeait, il ne se faisait aucun bruit. Nous retirâmes l'herbe qui bouchait le trou que nous avions ouvert, il en sortit une fumée noire et épaisse. L'ours devait être mort, aucun animal n'aurait pu vivre dans une pareille atmosphère. Je passai la baguette de ma carabine dans l'orifice, et je sentis une masse poilue; mais elle était inerte : l'ours était bien mort. Quand tous nos doutes furent dissipés, nous retirâmes les pierres et traînâmes l'animal hors du trou : il était mort ou du moins tout près de mourir.

Cudjo, pour trancher tous les doutes à cet égard, lui asséna un coup de hache sur la tête. Sa fourrure était pleine d'abeilles mortes ou mourantes, que la fumée avait étouffées, et qui étaient tombées de leurs rayons de miel.

Nous avions à peine achevé l'ours, que notre attention dut se tourner d'un autre côté : un événement inattendu nous embarrassait : le sycomore était en feu. L'intérieur de la cavité était tapissé de bois mort et desséché, qui avait pris feu et brûlait avec violence. Nous courions grand risque de voir brûler notre miel.

C'était une triste conclusion : tous nos travaux allaient être perdus, toutes nos espérances déçues. Et nous qui nous étions promis de nous régaler de miel à souper !

Que pouvions-nous faire pour sauver notre butin ? Nous ne vîmes qu'un remède : c'était d'abattre l'arbre aussi vite que possible et de séparer ensuite la partie qui brûlait de celle où se trouvait le miel.

Nous ne savions si nous aurions le temps de l'abattre. Le feu brûlait vivement, et depuis que nous avions débouché les ouvertures il s'était formé un tirant d'air qui enlevait la flamme comme dans une cheminée. Nous nous hâtâmes de reboucher les trous, et Cudjo se mit de nouveau à jouer de la hache. On eût dit qu'il travaillait comme pour une gageure : les éclats de bois volaient de tous côtés.

Le sycomore commença enfin de craquer et nous nous retirâmes tout à l'écart, à l'exception de Cudjo, qui savait de quel côté l'arbre tomberait, et ne craignait pas d'être écrasé.

— Crrrrac, crrrrac ! fit entendre le grand sycomore en se couchant sur le sol et brisant ses branches les plus élevées en mille petits morceaux.

Il était à peine à terre, que Cudjo l'attaqua avec sa hache à un autre endroit, comme si c'eût été un monstre dont il voulût abattre la tête. Quelques minutes après il avait atteint la cavité intérieure, et découvrait des rayons que le feu n'avait pas encore touchés. Ils étaient bien fumés cependant, et toutes les abeilles s'étaient enfuies. Nous n'eûmes donc besoin ni de nos masques ni de nos gants pour prendre le miel. L'ours en avait goûté avant nous ; mais il n'y avait pas longtemps qu'il était à l'œuvre quand nous avions interrompu son repas : il n'avait dévoré qu'un ou deux rayons. Il nous en restait bien assez. C'était un ancien nid, et nous y trouvâmes du miel en quantité suffisante pour emplir tous les vases que nous avions apportés.

Nous hissâmes l'ours dans la voiture : nous ne voulions perdre ni ses jambons ni sa peau. Le vieux sycomore continua de brûler et nous nous mîmes en route pour notre habitation.

XXXV. — LE COMBAT DE DAIMS.

Nous n'avions pas encore réussi cependant dans ce que nous voulions accomplir à tout prix. A l'exception de notre troupeau de dindons, aucun des animaux que nous avions apprivoisés ne pouvait nous être d'aucune utilité. Nous aurions bien voulu prendre quelques daims, et nous imaginâmes toutes sortes de moyens à cet effet. Une fois ou deux nous avions vu les faons et les daguets à la suite de leur mère ; mais, malgré tous nos efforts, nous n'avions pu les joindre. Au lieu de jeunes faons, cependant, nous prîmes un jour à l'improviste deux vieux daims de l'espèce des daims rouges. Cette capture fut faite dans des circonstance si étranges, que je crois devoir vous en raconter tous les détails.

Nous étions allés à la chasse au daim ; Harry et moi avions dessein de fatiguer un faon avec les chiens et de le prendre en vie. Nous avions muselé Castor et Pollux, de peur qu'ils ne missent en pièces le malheureux faon avant que nous pussions le retirer de dessous leurs dents : j'avais souvent vu museler des lévriers dans le même but. Nous remontâmes la vallée du côté où nous pensâmes avoir le plus de chance de rencontrer le gibier. Nous marchions lentement et en silence pour ne pas l'effrayer, sondant tous les bois du regard et écoutant avec attention. Nous arrivâmes de la sorte au bord d'une petite clairière.

C'était dans ces endroits ouverts au soleil que nous rencontrions ordinairement les daims. Nous avancions donc avec précaution, tenant chacun un chien en laisse. Tout-à-coup nous entendîmes un bruit étrange, qui venait évidemment de la clairière : c'était comme si de gros animaux se débattaient en fureur sur le gazon. Mais au milieu de cette sorte de piétinement on distinguait un bruit sec semblable au craquement de substances dures, on eût dit qu'une demi-douzaine d'hommes jouaient du bâton. De temps en temps nous entendions aussi un bruit étrange, ressemblant au hennissement d'un cheval.

Nous nous arrêtâmes aussitôt. Nos chiens prirent l'éveil et voulurent s'élancer en avant; mais nous les retînmes avec soin, et nous écoutâmes dans la clairière.

— Qu'est-ce que cela peut être, papa? me demanda Harry.

— Je n'en ai pas la moindre idée, répondis-je.

— Ce doivent être des animaux qui piétinent ainsi, reprit-il, et ils doivent être assez nombreux. Papa, est-ce que ce n'est pas ainsi que brament les daims? Je crois les avoir déjà entendus crier de la sorte.

— C'est possible. Ce sont peut-être des élans. Mais je ne peux pas m'expliquer ce qui cause une aussi grande commotion.

— Ne serait-il pas possible, dit Harry, qu'ils soient à combattre quelque animal, une panthère ou un ours?

— Si cela était, répondis-je, ce que nous aurions de mieux à faire serait de retourner aussi vite que possible par le chemin que nous avons pris pour venir. Mais je ne crois pas que cela soit ce que tu supposes : ils ne songeraient pas à combattre de pareils animaux. L'élan et le daim se fient à l'agilité de leurs pattes plutôt qu'à la force de leur bois pour échapper à l'ours et à la panthère. Non, cela ne peut pas être. Mais avançons-nous prudemment, et voyons ce qui se passe : tiens bien ton chien, et en avant!

Nous marchions avec la plus grande précaution, prenant soin de ne pas fouler les feuilles sèches et les branches mortes qui se trouvaient sur notre chemin. Un bouquet de pawpaws s'élevait à une petite distance sur la droite : nous nous dirigeâmes de ce côté; nous voulions nous cacher derrière leurs larges feuilles vertes. Quelques pas encore, et nous pûmes voir toute l'étendue de la clairière et découvrir en même temps la cause du bruit étrange que nous avions entendu.

Il y avait au milieu de la clairière six daims rouges : le développement de leur bois nous dit que c'était un troupeau de mâles. Ils se battaient entre eux avec fureur, tantôt deux par deux, tantôt trois ou quatre ensemble, ou bien tous à la fois comme dans une mêlée générale. Puis ils se séparaient, s'éloignaient de quelques pas, et revenant tout-à-coup se précipitaient avec furie les uns contre les autres. Ils poussaient de longs bramements, se heurtaient du front et s'entre-déchiraient de leurs bois; le poil arraché par l'extrémité de sa cornes volait au loin par flocons; le sang coulait de leurs blessures; leurs yeux lançaient des éclairs, et tous leurs mouvements annonçaient la fureur et la rage. Ils se heurtaient quelquefois avec tant de violence qu'ils roulaient ensemble sur le gazon; mais en un clin d'œil ils se relevaient et recommençaient le combat avec une nouvelle ardeur.

Deux de ces animaux attirèrent plus particulièrement notre attention : ils étaient plus forts et plus âgés que les autres, autant que nous pouvions en juger par le nombre de leurs cors. Aucun des autres ne semblait de taille à combattre contre eux; aussi, se jugeant dignes l'un de l'autre, ils s'étaient choisis comme adversaires et se battaient à l'écart. Ils luttaient depuis quelques minutes, quand tout-à-coup ils se séparèrent comme d'un commun accord et s'éloignèrent l'un de l'autre d'environ vingt pas. Allongeant alors le cou et rassemblant toute leur énergie, ils s'élancèrent l'un vers l'autre et se rencontrèrent tête contre tête comme des boucs. Leurs bois en se heurtant firent entendre un grand bruit. Il y eut comme un éclat, et nous crûmes que l'un d'eux avait perdu ses défenses : il n'en était rien cependant. Et nous les vîmes continuer à lutter ensemble pendant quelque temps, puis ils s'arrêtèrent tout-à-coup tête contre tête et comme pour rependre haleine. Ils restèrent ainsi tranquilles et immobiles pendant quelques instants et recommencèrent à lutter. Quelques minutes après ils s'arrêtèrent de nouveau, toujours tête contre tête, de sorte que leur haleine enflammée se mêlait en tourbillons épais.

Il nous sembla qu'ils combattaient d'une manière différente de celle des autres : mais ces derniers s'étaient approchés de nous pendant ce combat, et nous préparâmes nos carabines pour les recevoir. Il en vint enfin deux ou trois à portée; nous choisîmes chacun le nôtre, nous tirâmes presque en même temps. Un des jeunes daims tomba; les trois autres en nous voyant cessèrent leur lutte acharnée et s'enfuirent vers le bois.

Harry et moi nous nous élançâmes à leur poursuite; et pensant que celui que Harry avait manqué pouvait être blessé, nous laissâmes courir les chiens. Nous nous étions arrêtés un instant pour les démuseler, et notre surprise fut grande de voir en nous relevant les deux vieux daims combattant encore tête à tête dans la clairière.

Notre première idée avait été de recharger nos carabines; mais les chiens s'étaient élancés vers les combattants au lieu de poursuivre les fuyards : ils furent en un moment pendus à leurs flancs. Nous courûmes de toutes nos forces du même côté, et nous fûmes tout étonnés de voir que les daims, au lieu de cesser leur lutte pour s'enfuir, luttaient encore tête à tête comme si leur acharnement leur faisait mépriser tout danger. Quand nous arrivâmes auprès d'eux, les chiens les avaient fait tomber à genoux ; et nous vîmes alors pourquoi ils avaient continué si longtemps cette lutte désespérée ; ils ne pouvaient se séparer, leurs bois étaient enlacés l'un dans l'autre. Ils se tenaient aussi fortement que s'ils eussent été liés avec des courroies faites de leur propre peau. Quand nous eûmes fait retirer les chiens et que nous les eûmes attachés de manière à les empêcher de s'échapper, nous trouvâmes que les bois des deux daims étaient entrelacés de telle manière l'un dans l'autre qu'il nous était impossible de les dégager.

Leurs sentiments hostiles avaient sans doute cessé au moment où ils s'étaient trouvés enchaînés l'un à l'autre ; et ils se tenaient nez à nez, également effrayés et comme honteux de la folie qu'ils venaient de commettre.

Nous essayâmes longtemps, Harry et moi, de les débarrasser l'un de l'autre ; mais nous eûmes beau pousser, tirer ou frapper, nous ne pûmes y réussir. Les bois de ces animaux sont élastiques, mais le choc avait été si violent qu'ils s'étaient ployés sous le coup, et il nous était impossible de leur faire reprendre leur forme première. Il eût fallu la force d'un cheval. J'envoyai donc Harry chercher Cudjo et sa scie, lui recommandant en même temps d'amener la voiture et Pompo, pour emporter le jeune daim que nous avions tué, et des cordes pour attacher ceux que nous avions pris.

Pendant son absence, je m'occupai à dépouiller le mort ; je laissai seuls ceux qui se tenaient par les cornes, certain qu'ils ne pourraient s'échapper. Ils avaient l'air abattu et mélancolique : il était heureux pour eux cependant que nous nous fussions trouvés là, car leur sort eût été sans nous beaucoup plus triste encore. Les loups ou quelques autres animaux de proie les auraient déchirés à belles dents ; et s'ils fussent restés sans être aperçus de leurs ennemis, ils seraient morts de faim et de soif après s'être débattus pendant quelques jours et s'être épuisés en vains efforts.

Les daims meurent souvent de la sorte.

Cudjo arriva bientôt avec tous les instruments nécessaires. Quand nous eûmes bien lié nos prisonniers, nous sciâmes un de leurs bois et les séparâmes l'un de l'autre. Nous les mîmes ensuite tous les trois dans la voiture et nous reprîmes en triomphe le chemin de la maison.

XXXVI. — LA TRAPPE.

Cudjo avait préparé depuis quelque temps le parc destiné à recevoir nos daims : il contenait plusieurs acres et offrait à ses futurs habitants de l'herbe et de l'ombrage. Une palissade assez haute pour qu'aucun animal ne pût la franchir régnait tout autour : ce parc arrivait jusqu'au bord du lac, et nous avions creusé une petite pièce d'eau, qui se trouvait à l'intérieur de la palissade et devait servir d'abreuvoir. Nous y lâchâmes nos deux daims et les y laissâmes en liberté.

Nous désirions beaucoup, Harry et moi, avoir une daine qui leur tiendrait compagnie. Il n'y avait cependant aucune chance que nous pussions en prendre deux par un hasard semblable à celui qui venait de nous procurer nos deux captifs, car les femelles de cette espèce n'ont pas les grands bois des mâles. Nous ne savions trop quel moyen employer pour atteindre notre but.

Nous en causions assez souvent dans nos conversations du soir, quand nous étions réunis autour du foyer domestique. Nous espérions en tuer une qui serait accompagnée de ses faons ; nous les aurions pris facilement, car ils restent d'ordinaire auprès de leur mère, même quand celle-ci est tombée sous la balle du chasseur. Nous aurions préféré tout autre moyen. Frank et sa mère s'opposaient de toute leur force à l'adoption de ce plan, qui leur semblait trop cruel. Car Frank était d'une nature très compatissante : il n'aurait pas tué une mouche à moins que la nécessité ne l'y eût forcé.

Cependant Frank et sa mère étaient entomologistes et ne se faisaient pas faute de sacrifier à leurs recherches scientifiques mouches, papillons et insectes de toute espèce ; ils avaient de la sorte formé de riches collections, où ces pauvres bêtes étaient empalées avec des épines d'acacia. Ils n'auraient donc pu défendre longtemps leur thèse en présence d'arguments contraires aussi positifs, si nous eussions insisté : mais nous avions de meilleures raisons, pour choisir un autre plan ; nous savions que les faons seraient très longtemps à croître, et nous voulions une ou deux femelles en âge de porter.

— Ne pourrions-nous pas les prendre dans un piége? dit Harry ;

pourquoi ne pas essayer de ce qui a si bien réussi à Frank pour les dindons?

— J'ai peur que nous ne soyons pas si heureux.

— Mais, papa, reprit Harry, j'ai lu quelque part qu'il y a bien des sortes de piéges. Ainsi je me rappelle qu'on en fait qui ressemblent à notre parc, on n'y laisse qu'une seule ouverture : il y a deux palissades qui s'étendent dans le bois en s'ouvrant comme les pointes d'un compas. On chasse les daims du côté des palissades, on les fait entrer dedans, les chasseurs suivent et ferment l'ouverture après eux. Il me semble que c'est bien facile à faire : si nous essayions?

— Nous ne réussirions pas : d'abord nous serions plusieurs semaines à fendre le bois nécessaire pour faire les palissades assez étendues ; puis nous aurions besoin d'être plus nombreux, tant en hommes qu'en chevaux et en chiens, pour forcer les daims à prendre la direction voulue. Il est vrai qu'avec le temps nous pourrions peut-être en venir à bout ; mais je pense à un autre moyen, qui, je crois, nous réussirait mieux.

— Eh bien ! à la bonne heure ! Quel est-il, papa?

— Tu te rappelles qu'il y a un endroit où nous avions vu les traces d'un grand nombre de daims marquées entre deux arbres?

— Oui, ce n'est pas loin des sources salées. Vous nous avez dit que c'était probablement le sentier qu'ils suivaient pour aller lécher le sel sur les pierres d'alentour.

— Bien : il s'agirait de creuser une fosse entre les deux arbres, de la couvrir de branches, d'herbes et de feuilles, et puis d'attendre. Qu'en penses-tu?

— Oui ! une fosse, c'est ce qu'il y a de mieux.

Le lendemain nous prîmes la pelle ainsi que la hache, et accompagnés de Cudjo et de Pompo, qui traînait la voiture, nous partîmes pour l'endroit que j'avais désigné. Nous commençâmes nos opérations aussitôt que nous y fûmes arrivés. Il fallut d'abord tracer la grandeur de la fosse, qui devait avoir huit pieds de long et s'étendre en largeur d'un arbre à l'autre ou du moins aussi près des troncs que leurs grosses racines nous le permettraient. Cudjo prit la pelle et se mit bravement à l'œuvre pendant que je tranchais à coups de hache les racines qu'il rencontrait. Harry, de son côté, s'était armé de la hachette et coupait de longues branches qui devaient couvrir le trou que nous faisions.

Nous jetions la terre dans la voiture et nous l'emportions dans le bois, en ayant grand soin de n'en répandre à l'entour que le moins possible. Le terrain était heureusement très meuble et s'enlevait facilement, de sorte qu'après cinq heures de travail nous avions creusé une fosse d'environ sept pieds de profondeur. Nous crûmes que cela suffirait ; les daims ne devaient pas pouvoir s'élever à cette hauteur.

Les branchages furent placés au-dessus, puis recouverts d'une couche de légers roseaux, et enfin de longues herbes et de feuilles sèches, pour que l'on n'aperçût aucune différence avec le sol d'alentour. Après avoir fait disparaître toutes les traces de notre travail et avoir remis nos outils dans la voiture, nous reprîmes le chemin de la maison. Nous n'avions plus rien à faire qu'à attendre que quelque daim mal avisé voulût bien tomber au fond de notre trappe.

Le lendemain matin, dès le lever du soleil, nous étions en route pour visiter notre fosse ; nous eûmes le plaisir de voir, avant même d'arriver, que le haut était défoncé.

— Nous avons pris quelque chose, papa ! s'écria Harry en courant à la hâte jusqu'au bord.

Mais notre étonnement fut extrême quand en regardant au fond nous ne vîmes que le squelette d'un animal que nous reconnûmes pour celui d'un daim ! Il restait quelques lambeaux de peau qui avaient été traînés çà et là. On remarquait tout autour des parois intérieures de la fosse des preuves évidentes de la lutte terrible qui devait avoir eu lieu pendant la nuit : les branches et les feuilles qui étaient tombées avec l'animal étaient couvertes de sang et semblaient avoir été piétinées avec fureur.

— Que s'est-il passé là, papa? demanda Harry au moment où nous regardions tout désolés cette scène de carnage. Ah ! ajouta-t-il, je parie que ce sont des loups?

— Je le pense aussi, lui répondis-je, le daim est tombé dans la fosse pendant la nuit, et ils y sont descendus pour le dévorer.

— C'est vexant, dit Harry tout désappointé ; avoir fait une fosse aussi complète pour fournir un repas à ces bêtes voraces ! N'est-ce pas vexant ?

— Attends un peu, lui répliquai-je, nous allons voir comment nous pourrons les punir. Retourne à la maison, et amène Cudjo avec la voiture et ses outils... N'oublie pas de lui dire d'apporter aussi le grand panier.

Cudjo arriva bientôt avec la pelle et la voiture, et nous nous mîmes à travailler de nouveau dans la fosse. Elle était devenue si profonde, que nous étions obligés pour sortir la terre de nous servir d'un grand panier d'osier que Cudjo avait fait quelque temps auparavant.

Nous l'attachâmes au bout d'une longue courroie de peau de daim ; et, après l'avoir descendu au fond de la fosse, où nous l'emplissions de terre, nous le hissions et le vidions dans la voiture. C'était un travail fatigant, et Cudjo et moi nous échangions tour à tour la pelle et le panier. Deux heures après nous avions creusé notre fosse d'environ quatre pieds de plus : elle avait maintenant douze pieds. Nous taillâmes les parois aussi perpendiculaires que possible, nous tâchâmes même d'élargir la fosse par la base, puis nous recouvrîmes le tout comme nous l'avions fait la veille, avec des branches fraîches, de l'herbe et des feuilles.

— Maintenant, dîmes-nous en retournant à la maison, nous verrons si le loup pourra sortir de là une fois qu'il y sera tombé. Il pourra bien tuer le daim qu'il y trouvera, mais nous lui rendrons la pareille dès le matin.

Le lendemain nous revînmes de bonne heure, nous étions impatients de connaître le résultat. Nous y allâmes tous, Frank, Marie et les petites filles, chacun voulait voir si nous avions pris quelque chose. Cudjo s'était armé de sa longue lance, Harry et moi nous avions nos carabines, Frank avait pris son arc. Nous étions en mesure de châtier les loups.

Quand nous fûmes près de la fosse, Harry, qui avait pris les devants, revint nous dire que le haut était défoncé et qu'il y avait un animal dans le fond. Nous nous hâtâmes d'arriver jusqu'au bord. Le trou qui vait été fait au milieu n'était pas grand, il faisait noir au fond, et nous ne voyions que des yeux qui brillaient comme deux escarboucles... Il y en avait plusieurs paires, dont les regards étaient fixés sur nous.

— Qu'est-ce que cela peut être?... demanda Harry. Sont-ce des loups?...

— Oui, ce doit être des loups.

Je fis écarter les enfants, je me mis à genoux, et, allongeant le cou vers le trou, je regardai attentivement. Je ne fus pas longtemps dans cette position avant de voir six paires d'yeux ; à ma grande surprise, ils étaient de diverses couleurs et de différentes grandeurs. La fosse semblait pleine d'animaux de toutes espèces.

Il me vint à l'idée au même instant que dans le nombre il pouvait y avoir une panthère ; et comme je savais cet animal de force à franchir cette hauteur, je fus quelque peu alarmé. Je me relevai vivement, et je fis remonter Marie et les enfants dans la voiture ; puis je leur dis de s'éloigner jusqu'à ce que nous eussions reconnu à quelles sortes de bêtes nous avions affaire.

Je retournai au bord du trou et retirai assez d'herbes et de branchages pour y laisser pénétrer quelques rayons de lumière. Le premier animal que je pus distinguer ce fut une daine, et entre ses pattes deux jolis faons qui s'abritaient sous elle ! Je cherchai ensuite tout autour les autres yeux que j'avais vus, et dans le coin le plus obscur j'aperçus trois bêtes fauves, couchées, et semblables à autant de renards. C'étaient des loups, trois loups aboyants ou *loups de la Prairie.* Ils cessèrent bientôt d'aboyer, car Cudjo les dépêcha en un clin d'œil avec sa longue lance.

Marie revint alors avec les enfants, et Cudjo descendant dans la fosse attacha la daine et les faons; nous les hissâmes hors du trou et les mîmes dans la voiture. Nous retirâmes aussi les cadavres des loups et les traînâmes à une certaine distance. La fosse fut remise en ordre, et nous retournâmes à la maison enchantés de notre excellente capture. Nous nous réjouissions aussi d'avoir détruit les loups, car il y en avait beaucoup dans la vallée et ils nous importunaient excessivement. Nous ne pouvions pas laisser un morceau de viande dehors qu'ils ne l'emportassent pendant la nuit ; et depuis que nous avions nos deux daims, ils les avaient pourchassés plusieurs fois dans le parc et ne les avaient abandonnés que lorsque quelqu'un de nous ou nos chiens étaient allés les forcer à s'enfuir.

Ce qui nous paraissait le plus extraordinaire, c'est que les loups n'eussent pas attaqué la daine et ses faons. Ils auraient pu les tuer en une seconde, et cependant ils ne les avaient pas touchés. Cela nous semblait fort étrange et nous ne savions comment l'expliquer. Nous en comprîmes la cause plus tard, quand nous connûmes mieux la nature de ces animaux. Nous avons depuis été à même de constater que de toutes les bêtes fauves qui habitent notre vallée, le loup de la Prairie est le plus intelligent. Le renard lui-même, dont on vante tant l'adresse et la ruse, est des plus stupides auprès de son cousin l'aboyeur, le loup de la Prairie. Nous en eûmes différentes preuves plus tard, quand nous essayâmes d'en prendre.

Nous cherchâmes d'abord à les attraper dans un piége comme celui que Frank avait tendu pour les dindons : nous y mîmes un morceau de gibier. Mais quoique nous vissions des traces de loups tout autour et particulièrement vers le côté où ils pouvaient approcher davantage de l'appât, pas un ne voulut s'aventurer dans le passage qui conduisait à l'intérieur.

Nous préparâmes ensuite un autre appât avec des nœuds coulants faits de tendons de cerf : le lendemain l'appât avait disparu et les tendons étaient coupés, comme si des rats les avaient rongés ; mais les traces que les loups avaient laissées ne nous permettaient aucun doute sur la nature des délinquants.

Nous essayâmes ensuite avec un quatre de chiffre ; nous avions fait cet engin avec une grande traverse renversée : elle était soulevée d'un côté et soutenue de l'autre par un système de traverses et d'arcs-boutants comme pour prendre des moineaux. L'appât était disposé au-dessous de manière à tenter les moins gourmands.

Le lendemain matin la trappe était tombée; nous crûmes avoir attrapé un loup. Mais nous ne fûmes pas peu surpris de voir qu'il n'y en avait pas et que l'appât était enlevé ! Nous trouvâmes l'explication de ce mystère. Le loup avait creusé un trou qui de l'intérieur de la trappe allait aboutir au-dehors ; mais ce qu'il y avait de plus extraordinaire, c'est qu'il avait été commencé au-dehors et creusé avant que l'appât eût été touché et que la trappe fût tombée ! Nous en avions la preuve dans le petit monceau de terre qui se trouvait à l'extrémité extérieure du trou.

Nous essayâmes une autre fosse, quoique nous eussions encore celle que nous avions creusée auprès des sources salées. Nous y prîmes de temps en temps des daims et d'autres animaux, mais les loups surent s'en garer. Nous en pratiquâmes une nouvelle, dans un autre partie de la vallée, auprès de grottes profondes, où nous savions qu'il y avait beaucoup de loups. Nous y mîmes un appât de gibier, que nous plaçâmes sur les feuilles ; une autre fois nous descendîmes un daim vivant dans le fond : mais chaque fois l'appât resta intact, bien que nous eussions la preuve que les loups avaient tourné tout autour pendant la nuit.

Ces désappointements nous vexaient étonnamment, car nous tenions à diminuer le nombre des loups autant que possible. Nous en tuâmes un ou deux à coups de fusil, et nous en manquâmes quelques autres ; mais nous ne pouvions pas dépenser notre poudre à les tirer. Heureusement Cudjo trouva enfin un moyen qui nous réussit ; il l'avait vu employer souvent dans la Virginie pour prendre des racoons : c'était un piége construit sur le même principe que les souricières à ressort. On ployait une branche ou un jeune arbre qui ne se relevait qu'au moment où l'appât était touché, une lourde pièce de bois tombait en même temps et tuait l'animal qui venait de toucher au ressort. Par ce moyen nous tuâmes en quelques nuits près d'une douzaine de loups ; mais ils devinrent si soupçonneux qu'ils ne voulaient plus s'approcher de rien qui ressemblât à quelque chose de façonné. Et il se passa longtemps avant que nous pussions en attraper d'autres.

Tout cela n'arriva qu'à la longue, mais nous finîmes par conclure de toutes ces preuves de sagacité que les trois loups qui étaient restés dans la fosse sans toucher à la daine et à ses faons étaient ceux-là même qui avaient dévoré le daim la nuit précédente. Ils l'avaient trouvé dans une fosse peu profonde, d'où ils avaient pu sortir après l'avoir mangé. Revenus la nuit suivante, ils avaient attendu que la daine et ses faons fussent tombés dans le trou ; et ils y avaient sauté après eux, sans s'imaginer que les circonstances n'étaient plus les mêmes. Mais la chute qu'ils avaient faite leur avait appris qu'il étaient tombés dans une trappe, et se doutant bien que ceux qui avaient préparé le piége viendraient bientôt le visiter ils étaient devenus aussi effrayés que la pauvre daine. Nous les avions trouvés en effet couchés et tremblants comme des faons.

Cette histoire vous semble peut-être incroyable, elle est cependant vraie : il nous en arriva une autre du même genre et tout aussi extraordinaire quelque temps après. Frank prit une dinde et un gros renard dans un de ses piéges ; et quoiqu'ils fussent restés ensemble plusieurs heures, le renard n'avait pas touché à une plume de la dinde, tant il était effrayé !

J'ai entendu aussi raconter qu'une panthère s'était trouvée pendant une inondation seule à seul avec un cerf dans un îlot, et, quoiqu'à tout autre moment son instinct l'eût portée à se jeter sur le cerf, elle le laissait courir autour de l'îlot sans lui faire le moindre mal. La panthère avait compris que le cerf et elle couraient le même danger, et chez les bêtes comme chez les hommes, cette situation rend amis les plus féroces ennemis.

XXXVII. — L'OPOSSUM ET SES PETITS.

Voici une autre aventure qui faillit avoir pour nous une fin déplorable : Frank m'accompagnait ce jour-là, Harry était resté à la maison avec sa mère. Nous étions sortis dans le but de nous procurer de la mousse d'Espagne qui croissait sur certains chênes au bas de la vallée. Quand cette mousse est séchée, fumée et nettoyée des feuilles et des morceaux d'écorce qui y adhèrent, on peut en faire d'excellents matelas : elle vaut le crin le plus frisé. Nous n'avions pas pris la voiture, parce que Cudjo avait mis Pompo à la charrue et labourait la terre où nous voulions semer pour notre seconde récolte. Nous n'avions avec nous que de longues courroies de cuir, car notre intention était de faire de grosses balles et de les charger sur nos épaules.

Nous partîmes donc pour le bas de la vallée en quête d'un arbre à mousse sur lequel nous pussions grimper. Presqu'au pied de la falaise, nous aperçûmes un très gros chêne dont les branches n'étaient que peu élevées, et auxquelles pendaient de longs brins de mousse argentée flottant par masses comme la queue d'un cheval. Nous eûmes bientôt recueilli ce qui se trouvait sur les branches inférieures, et montant plus haut nous dépouillâmes aussi de leur riche chevelure celles qui croissaient au-dessus.

Pendant que nous étions ainsi occupés, un certain gazouillement d'oiseaux attira notre attention vers un fourré de pawpaws qui se trouvait à quelque distance de notre chêne. Nous pouvions distinguer à travers les branchages de ces arbres, et nous nous assurâmes que le bruit provenait de deux oriolins ou oiseaux de Baltimore : les premiers colons leur donnèrent ce nom parce qu'ils crurent trouver un certain rapport entre la couleur jaune et noire de ces oiseaux et les armes de lord Baltimore. Nous pensâmes que leur nid était caché dans les pawpaws, car quelques instants auparavant ils nous avaient grondés de leur mieux quand nous passions près du fourré. Mais nous nous demandions contre qui ils pouvaient gronder en ce moment, car ils sautillaient entre les branches en criant de terreur et paraissaient en proie à la plus vive agitation. Nous cessâmes de nous occuper de la mousse pour voir ce que cela pouvait être.

Nous aperçûmes bientôt un étrange objet se traînant sur le sol tout au bord du fourré. Nous ne sûmes d'abord que supposer : était-ce un animal ? Non, c'était impossible. Nous n'avions jamais vu d'animal pareil ; et cependant nous distinguions des pattes, des queues, des yeux, des oreilles et des têtes... oui, des têtes ! On eût dit qu'il sortait une tête de chaque partie de son corps, nous en comptâmes une demi-douzaine. L'animal avançait lentement et s'arrêta quand il fut vis-à-vis notre chêne, de sorte que nous pûmes le voir tout à notre aise.

Tout-à-coup les diverses têtes semblèrent se séparer du reste du corps, et devinrent elles-mêmes de petits animaux avec une longue queue, qui ressemblaient assez à une couvée de petits rats blancs. Le gros animal sur lequel ils étaient venus était un opossum : c'était évidemment la mère de toute la troupe. Cette femelle était à peu près de la grosseur d'un chat, et était couverte d'un poil laineux de couleur grise. Son museau ressemblait à celui d'un cochon, quoiqu'il fût plus pointu; elle avait des moustaches comme un chat. Ses oreilles étaient courtes et droites, sa large gueule était garnie d'une formidable rangée de dents pointues. Les pattes étaient courtes, charnues, et armées de longues griffes ; elles semblaient s'ouvrir comme des mains sur le sol. La queue était très extraordinaire; elle était presque aussi longue que le corps, finissait en pointe comme celle du rat et était complètement privée de poil. Outre tous ces caractères distinctifs, la bête portait sous le ventre une poche qui nous indiqua qu'elle appartenait à la famille des marsupiaux. Les petits opossums étaient tout aussi pointus. Nous n'en comptâmes pas moins de treize qui couraient et jouaient dans les feuilles.

Aussitôt que la mère se fut débarrassée de toute la troupe, elle courut plus légèrement de côté et d'autre, tout en regardant attentivement dans l'un des pawpaws qui croissaient à l'écart près de l'endroit où elle s'était arrêtée. Les oriolins épouvantés continuaient à voltiger, criaient avec fureur, et s'élançaient parfois avec tant d'audace, que le bord de leur aile allait presque toucher le nez de l'opossum. Cette bête semblait considérer toute cette manœuvre avec la plus parfaite indifférence, et continuait à regarder fixement dans les branches. En jetant un coup d'œil dans la même direction, nous aperçûmes l'objet qui attirait son atention : c'était le nid des oriolins, qui pendait comme une longue bourse ou plutôt comme la jambe d'un bas dans les branches supérieures de l'arbre.

L'opossum resta quelques instants immobile, puis parut tout-à-coup prendre une résolution. Elle s'approcha de l'endroit où jouaient ses petits, et jeta un cri aigu qui les fit tous accourir auprès d'elle. Plusieurs d'entre eux se cachèrent dans la poche qu'elle avait ouverte pour les recevoir; deux autres tournèrent leur petite queue autour de la racine de la sienne et se cachèrent presque entièrement sous sa laine, tandis que deux ou trois autres grimpèrent sur son cou et ses épaules. C'était la chose du monde la plus curieuse à voir : il y en avait qui se tenaient sur son dos au moyen de leur queue, de leurs dents et leurs griffes, tandis que d'autres sortaient leur nez de sa large poche.

Nous crûmes qu'elle allait s'éloigner avec toute sa couvée, et nous fûmes tout surpris de la voir s'approcher du pawpaw et y grimper. Quand elle eut atteint la première branche, qui s'étendait presque horizontalement, elle s'arrêta, et prenant ses petits les uns après les autres, elle leur fit tourner leur queue une ou deux fois autour de la branche et rester pendus la tête en bas. Il était resté cinq ou six petits sur l'herbe; elle retourna les chercher, les porta sur la branche et les força à se suspendre comme les autres : les treize petits opossums pendaient donc comme une rangée de chandelles à la boutique d'un épicier.

Cela nous parut si drôle à Frank et à moi, que nous ne pûmes nous empêcher d'éclater de rire en voyant toutes ces petites bêtes pendues par la queue. Nous eûmes la prudence cependant de rire tout bas, car nous tenions à voir ce que la mère allait faire.

Aussitôt donc qu'elle eut rangé toute sa famille le long de cette branche, elle commença à grimper plus haut. Nous remarquâmes qu'elle saisissait les branches avec ses pattes exactement comme l'aurait fait un homme avec ses mains, et qu'elle se soulevait ainsi de branche en branche. Elle atteignit enfin celle à laquelle le nid était suspendu par son extrémité supérieure. Elle s'arrêta un moment pour la bien considérer : elle craignait sans aucun doute que cette branche ne pût supporter son poids sans se briser. Si la branche se détachait, l'opossum allait faire une chute dangereuse; car l'arbre était un des pawpaws les plus élevés que nous eussions encore vus, et il ne se trouvait au-dessous aucune branche à laquelle l'animal pût s'accrocher en tombant.

Il y avait donc danger. Mais le nid, qui probablement était plein d'œufs, tentait fortement l'opossum : après un instant d'arrêt elle s'avança sur la branche. Quand elle fut à peu près à mi-chemin, la branche commença à se courber, à craquer, et parut vouloir se rompre. Ces apparences, le cri des oiseaux qui venaient assez près pour la toucher de leurs ailes, semblèrent l'effrayer tout-à-coup, et elle se recula comme pour redescendre. Quand elle fut retournée au tronc de l'arbre, elle regarda de nouveau le nid d'un air d'embarras et de désappointement.

Il y avait une branche de chêne, qui, partie d'un arbre voisin, se prolongeait jusqu'au-dessus du nid. L'oppossum la vit, étudia un instant la distance qui séparait cette branche de la proie qu'elle convoitait, puis se décida aussitôt à descendre du pawpaw et à grimper au haut du chêne. Nous la perdîmes de vue dans les feuilles pendant une minute, puis nous la revîmes se traînant sur la branche de chêne.

Quand elle fut exactement au-dessus du nid elle s'élança sans hésiter et resta suspendue par l'extrémité de sa queue, puis se donna un mouvement d'oscillation en ouvrant la gueule et étendant les griffes pour saisir le nid. Mais malgré tous ses efforts elle ne pouvait y parvenir. Elle resta pendue de la sorte pendant plusieurs minutes, cherchant à attraper tantôt le nid, tantôt les feuilles du pawpaw, vivement excitée par la vue des œufs délicieux que contenait le nid. Elle avait déroulé jusqu'au dernier anneau de sa queue et ne tenait plus à l'arbre que par un seul tour : nous nous attendions à la voir tomber à chaque instant. Ce fut en vain pourtant qu'elle s'allongea autant que possible, et reconnaissant enfin elle-même l'inutilité de ses efforts, elle fit entendre une sorte de miaulement menaçant, se rejeta sur la branche et descendit du chêne.

Il nous sembla qu'elle désespérait d'atteindre ce nid, car courant à la branche où ses petits étaient restés pendus, elle les détacha et les jeta à terre avec assez de rudesse. Elle les eut bientôt rassemblés sur son dos et dans sa poche, et se mit en mesure de s'éloigner tandis que les oriolins chantaient leur triomphe aussi bruyamment qu'ils avaient exprimé leurs alarmes.

Frank et moi jugeâmes qu'il était temps d'intervenir, et de couper la retraite à l'opossum. Nous sautâmes donc à terre et nous eûmes bientôt rattrapé et pris toute la famille. Aussitôt qu'elle nous avait aperçus, la mère s'était roulée en boule : on ne voyait ni tête ni pattes, elle simulait la mort. Plusieurs des petits qui étaient en-dehors de sa poche descendirent et se roulèrent comme elle : on eût dit alors une grosse balle de laine grisâtre avec plusieurs petites tout autour.

Cependant, quand elle vit que nous n'étions pas la dupe de cette manœuvre, et que nous commencions à la piquer de la pointe d'une flèche, la vieille opossum se redressa, et ouvrant ses longues mâchoires, chercha à mordre autour d'elle en criant comme un petit chien blessé.

Ses cris furent inutiles ; quelques minutes après nous l'avions muselée et attachée à un petit arbre : nous voulions emporter toute la famille en retournant à la maison.

XXXVIII. — LE MOCCASON ET LES ORIOLINS.

Nous remontâmes donc dans le chêne pour y continuer notre récolte de mousse. Nous causions gaiement du dépit et de l'embarras de l'opossum, et Frank me disait qu'il était bien aise d'avoir trouvé ce nid d'oriolins, qu'il voulait en apprivoiser quelques-uns, et qu'il avait l'intention de revenir les prendre au nid quand ils seraient éclos, quand tout-à-coup les cris et les sifflements recommencèrent de plus belle.

— Encore un opossum! dit Frank; c'est peut-être le père, qui vient au secours de sa famille.

Nous regardâmes à terre, et nous vîmes bientôt ce qui causait cette étrange commotion : un immense serpent, le terrible *moccason*, dont le venin est mortel, se glissait lentement à travers les herbes qui croissaient sous le pawpaw. Ce reptile était de forte taille; sa grande tête plate, ses yeux à demi sortis de leur orbite, et brillants comme des éclairs, en faisaient un objet hideux. De temps en temps, et à mesure qu'il avançait, il dardait sa langue fourchue, imbibée de salive empoisonnée sur laquelle reflétaient vivement les rayons du soleil; on eût dit un jet de flamme. Il rampait sous l'arbre même où se trouvait le nid des oriolins.

Frank et moi nous restâmes à le regarder; car nous étions désireux de voir ce qu'il allait faire. Arrivé au pied de l'arbre il s'arrêta un instant comme pour réfléchir.

— Est-ce qu'il va grimper? me demanda Frank.

— Non, répliquai-je, le moccason ne grimpe pas, autrement les oiseaux et les écureuils auraient peu de chances de lui échapper. Mais regarde! il fait seulement semblant : c'est pour effrayer les oriolins encore davantage.

Le serpent s'était approché du pied de l'arbre, et avait élevé sa tête contre l'écorce en dardant sa langue comme pour lécher. Les oriolins croyant qu'il allait grimper, s'étaient perchés sur les branches les plus basses, et sautillaient de l'une à l'autre en criant de rage et de terreur.

Le serpent les voyant s'approcher presque à portée de ses hideuses mâchoires, se replia sur lui-même comme pour se préparer à frapper. Ses yeux scintillaient comme des étincelles enflammées, et semblaient fasciner les oiseaux; car, au lieu de s'éloigner, ils s'approchaient de plus en plus, tantôt s'élançant à terre, tantôt retournant sur la branche pour revenir encore sur le sol, comme s'ils eussent obéi à la terrible attraction de ces yeux brûlants, et n'eussent pu échapper à leur fatale influence.

Leurs mouvements semblaient même devenir moins vifs, leurs cris étaient moins violents et leurs ailes pouvaient à peine s'ouvrir quand ils tournoyaient autour de la tête du moccason. L'un d'eux tomba enfin sur le sol à portée du serpent, et resta comme épuisé de fatigue, le bec ouvert, et tout-à-fait incapable de se mouvoir. Nous nous attendions à voir le reptile s'élancer sur sa victime; mais au contraire ses anneaux se déroulèrent, le reptile s'allongea de toute sa longueur, et commença à s'éloigner de l'arbre.

Les oriolins, affranchis de l'influence qu'ils avaient subie, volèrent jusqu'aux plus hautes branches de l'arbre et cessèrent leurs cris.

La retraite inattendue du moccason nous causait une extrême surprise.

— Qu'est-ce qui peut l'avoir effrayé? me demanda Frank.

Avant que j'eusse pu répondre, nous aperçûmes sur le bord des broussailles un animal de la grosseur d'un loup, et d'un gris presque noir. Son corps était ramassé, rond et couvert, non pas de poils, mais de longues soies, qui atteignaient presque six pouces de long sur tout le haut de la ligne dorsale, de sorte que l'on eût dit qu'il avait une crinière. Ses oreilles étaient très courtes; il n'avait pas de queue, ou plutôt il n'en avait qu'un tronçon, et ses pieds étaient faits en sabots au lieu d'être armés de griffes comme ceux des bêtes de proie. Mais, bête de proie ou non, ses longues mâchoires étaient munies de deux longues défenses blanches, qui sortaient en-dehors et lui donnaient un aspect formidable. Sa tête et son museau ressemblaient assez à ceux du cochon; c'était en effet un *peccari* ou cochon sauvage du Mexique.

Quand il fut sorti des broussailles et des longues herbes, nous vîmes qu'il avait derrière lui deux petits animaux rougeâtres, deux jeunes peccaris, qui le suivaient pas à pas. C'était une mère et sa portée.

Ils s'approchèrent bientôt tous les trois du pawpaw, à leur vue les oriolins recommencèrent leur cris d'effroi. Mais le peccari n'y fit aucune attention : il ne cherchait pas des oiseaux, et il marchait toujours le nez près de terre, s'arrêtant çà et là pour déterrer une racine ou ramasser une noix.

En s'éloignant du pawpaw l'animal traversa le chemin qu'avait suivi le moccason : il s'arrêta tout-à-coup, releva la tête et flaira l'air ambiant. L'odeur fétide du moccason l'avait frappé, et semblait lui inculquer une énergie toute nouvelle. Il courait un instant à droite et à gauche, comme s'il eût cherché la piste. Il revint au pawpaw; mais là se trouvaient deux sentiers, l'un par lequel le serpent était venu; l'autre, celui qu'il avait suivi pour s'éloigner. Cette double voie sembla dérouter un moment le chasseur, qui prit tout d'abord la mauvaise et la suivit au galop; mais il revint bientôt et s'élança dans la seconde.

Pendant toutes ces manœuvres, le serpent se retirait sous le couvert aussi vite que possible; mais le moccason rampe très lentement. Nous le voyions se faufiler à travers les herbes et lever de temps en temps la tête pour regarder en arrière. Il s'éloignait dans la direction des falaises, qui se trouvaient à un jet de pierre.

Le reptile avait à peine parcouru la moitié de cette distance quand la peccarie prit la bonne piste et arriva sur lui en galopant. Elle s'arrêta tout-à-coup en le voyant, hérissa ses longues soies et poussa une sorte de grognement. Le serpent, se voyant rattrapé, replia ses anneaux sur lui-même et se prépara à combattre, tandis que son adversaire, qui ressemblait alors plus à un porc-épic qu'à un cochon, se recula comme pour prendre son essor et s'arrêta. Les deux adversaires se regardèrent un instant, la peccarie calculait évidemment sa distance et le serpent semblait trembler d'effroi. Il n'avait plus cet air de férocité que nous avions remarqué en lui au moment de son attaque contre les oiseaux; ses yeux avaient perdu tout leur feu, et tout son corps semblait ridé et d'une pâleur cendrée.

Tout cela se passa en un clin d'œil : la peccarie s'élança en avant avec un bond effrayant, et ses pieds retombèrent sur les anneaux pressés du serpent. Elle rebondit à l'instant même et s'éleva aussi vite que la pensée au-dessus de sa victime. Le moccason s'était déroulé et se remuait de douleur, moulu, brisé sur le sol.

La peccarie s'élança de nouveau et ses sabots cornés retombèrent cette fois sur le cou du serpent et l'aplatirent sur l'herbe. Le corps du reptile s'étendit de toute sa longueur, il trembla convulsivement pendant une seconde, puis resta immobile sur le gazon. La peccarie jeta un cri de triomphe, qui sembla être en même temps un cri d'appel pour ses petits : ils sortirent des broussailles sous lesquelles ils s'étaient tenus et coururent vers leur mère.

XXXIX. — LA MÈRE.

Le résultat de ce combat nous plaisait assez, quoiqu'à vrai dire si les peccaris eussent pu attraper les oriolins ils les auraient dévorés et leurs œufs aussi avec tout aussi peu de scrupule que le moccason : et pourquoi prenions-nous un si grand intérêt aux oriolins, qui, sans aucun doute, avaient mangé plus d'un charmant papillon et plus d'un insecte inoffensif? Cela est cependant : de tous les temps le pauvre serpent, qui, comparativement, est un animal inoffensif et dont la puissance destructive a été grandement exagérée, a été haï et chassé par l'homme plus que toute autre créature : serait-ce par suite de la prophétie des livres saints.

Nous pensions déjà aux moyens de nous emparer des peccaris : nous désirions surtout prendre les petits, qui nous auraient été très utiles, et qui nous auraient tenu lieu de cochons, quoique leur chair ait un goût assez différent. Elle ressemble plutôt à celle du lièvre : on ne peut même la manger que si on l'a préparée d'une certaine manière aussitôt après que l'on a tué la bête.

Ces animaux ont sur le dos, presqu'à l'extrémité de l'épine dorsale, un orifice glandulaire. Ces glandes secrètent une substance qui a une odeur très prononcée de musc ; si cette partie n'est pas détachée du corps dans l'intervalle d'une heure après la mort, toute la chair est tellement imprégnée de musc qu'il est impossible de s'en nourrir. Si au contraire ces glandes sont ôtées en temps utile, le peccari n'est pas mauvais quoiqu'il ne produise jamais de lard comme le porc ; comme nous l'avons dit, le goût de sa chair rappelle beaucoup celle du lièvre.

Mais nous ne pensions pas à tout cela en ce moment : nous ne songions qu'à nous emparer des petits peccaris.

Il n'y avait pas à y songer tant que la mère serait avec eux ; nous n'aurions pas osé affronter la fureur de cette vilaine bête. Nos chiens mêmes n'auraient pu la maîtriser ; elle les aurait déchirés avec ses longues défenses et ses mâchoires armées comme celles du crocodile. Le chien le plus hardi baisse la queue et s'enfuit devant cet animal ; s'il reste, il sort du combat avec une patte de moins ou éventré d'un coup de défense. Nous ne pouvions donc nous risquer à aller attaquer les petits aussi longtemps que la mère serait là pour les protéger. Que faire alors? Devions-nous envoyer une balle à la mère? Cette idée répugnait à Frank, quoiqu'il sût comme moi que c'était une bête dangereuse et qui ne méritait pas la pitié que nous eussions montrée à une biche ou toute autre bête non carnassière. Je savais en outre qu'il y en avait beaucoup dans la vallée, car j'avais souvent vu leurs traces, et qu'il était dangereux d'en rencontrer. Il est arrivé souvent que des peccaris ont entouré des chasseurs ou des voyageurs et les ont mis en pièces.

Je pensai donc qu'il n'était pas prudent d'épargner ceux que nous rencontrerions, autrement nous pourrions en souffrir. Je ne m'arrêtai donc pas aux objections de Frank, et descendant de la branche où j'étais monté je pris ma carabine, qui reposait le long de l'arbre, et je me préparai à faire feu.

La peccarie pendant tout ce temps était occupée avec le cadavre du reptile. Après l'avoir tué, elle avait d'un coup de dent séparé la tête du reste du corps ; et tenant cette partie entre ses pattes de devant, elle avait pris la peau entre ses dents et le dépouillait aussi adroitement qu'un maréyeur écorche une anguille. Toute la peau était déjà enlevée au moment où je saisis ma carabine ; et le quadrupède commençait à dévorer le serpent, dont il jetait de temps en temps quelques morceaux à ses petits en poussant de légers grognements qui indiquaient toute la satisfaction qu'il éprouvait de cette occupation.

J'élevai ma carabine à la hauteur de l'épaule et je commençais à viser, quand un nouvel objet attira mon attention et me fit abaisser mon arme ; je venais d'être saisi de frayeur. La peccarie était à environ cinquante pas de l'arbre sous lequel nous étions grimpés, et à vingt pas au-delà je voyais un autre animal carnassier qui sortait du fourré et s'avançait vers nous. Il était presque gros comme un jeune veau, mais moins haut sur ses pattes; il paraissait aussi plus long. Tout son corps était d'un rouge foncé, excepté le cou et la poitrine, qui étaient presque blancs : ses oreilles étaient droites, courtes et noires; sa tête ressemblait à celle d'un chat, et son dos s'abaissait vers le milieu au-dessous du niveau de ses fortes épaules.

La vue seule de cet animal nous aurait effrayés quand bien même nous n'eussions pas su à qui nous avions affaire : c'était le terrible cougar ! Pour la première fois depuis que nous étions dans l'oasis, nous éprouvâmes de la peur. Nous savions que les peccaris, tout féroces qu'ils peuvent être, ne sauraient nous atteindre, car il leur est impossible de grimper aux arbres; nous étions donc à l'abri de tout danger de leur part. Mais l'approche du cougar empirait notre position : car il peut monter à un arbre aussi lestement qu'un écureuil, et il se bat dans les branches comme à terre Je savais tout cela, aussi je me tournai vers Frank et je lui dis tout bas de se tenir immobile et en silence.

Le cougar s'avançait d'un pas de larron; autant que nous pouvions en juger, ses yeux étaient fixés sur la peccarie. Il s'approchait en se baissant sur ses pattes de manière qu'il paraissait se traîner sur son ventre; sa longue queue oscillait gracieusement à droite et à gauche : on eût dit un chat gigantesque qui se préparait à s'élancer sur sa proie.

Pendant tout ce temps la peccarie dévorait goulûment la carcasse du reptile sans s'apercevoir du danger qui la menaçait. L'endroit où elle était n'était ombragé d'aucune broussaille, mais il y avait tout auprès un gros arbre dont les longues branches s'étendaient horizontalement au-dessus d'elle et de ses petits. Quand le cougar fut arrivé au bord des hautes herbes qui l'avaient caché jusqu'alors, il s'arrêta tout-à-coup comme pour décider ce qu'il avait à faire. Il savait qu'à moins de sauter d'un bond sur le dos de sa victime il aurait à se défendre de ces terribles dents qui déchiraient en ce moment même le cadavre du moccason. Il était encore trop éloigné pour arriver sur la peccarie d'un seul saut, il chercha donc le moyen de s'approcher davantage sans être vu.

Tout-à-coup il aperçut les longues branches qui s'étendaient au-dessus de sa proie, et changeant de plan, il se trourna lentement et en silence, en se glissant dans les herbes. Il faisait un détour pour atteindre le côté de l'arbre opposé à celui où se trouvait la peccarie. Nous le vîmes s'approcher et grimper avec la rapidité d'un éclair et nous entendîmes le bruit de ses griffes sur l'écorce sèche; la peccarie sembla l'avoir entendu pareillement, car elle releva la tête en grognant et s'arrêta un moment pour écouter.

— Ce n'est qu'un écureuil, pensa-t-elle probablement. Et elle se remit à achever son repas.

Le cougar quitta cependant le tronc de l'arbre, et, après avoir regardé soigneusement autour de lui, il s'avança sans bruit sur la branche. Quand il eut atteint la distance voulue, il se ramassa en se recourbant comme un chat, et poussant un cri terrible il s'élança sur le dos de sa victime. Ses griffes étaient entrées tout d'abord dans le cou de la peccarie, dont il couvrait le corps en entier en le pressant de ses pattes de derrière et de sa queue. L'animal effrayé jeta un cri perçant et essaya de se débarrasser de son ennemi : ils roulèrent ensemble sur le sol ; la peccarie grinçait des dents et continuait à crier de toutes ses forces. Ses petits couraient tout autour en prenant part au combat ; un coup de patte les étendait à terre, mais ils se relevaient, essayaient de mordre, et criaient à l'unisson avec leur mère.

Le cougar combattait en silence : depuis le cri qu'il avait jeté en s'élançant il n'avait pas proféré un son ; ses griffes étaient toujours enfoncées dans la chair de sa victime, et ses dents lui dédéchiraient le cou.

Le combat ne dura pas longtemps, quelques secondes seulement. La peccarie cessa bientôt de se débattre et tomba sur le côté ; son terrible adversaire la tenait toujours embrassée ; il lui avait ouvert le cou, et il lapait à la façon des chats le sang chaud de sa victime.

Malgré tout le mépris que nous inspirait la couardise du cougar, nous ne jugeâmes pas prudent d'intervenir. Nous savions qu'il nous traiterait comme il venait de traiter la peccarie, s'il nous savait si près de lui ; nous restâmes donc immobiles sans oser remuer bras ou jambes. Il n'était pas à plus de trente pas de nous, car la lutte l'avait rapproché de notre arbre. J'aurais pu lui envoyer une balle pendant qu'il dévorait la peccarie, mais je n'étais pas certain de tuer un animal de cette force avec une seule balle, et je me décidai à le laisser s'éloigner s'il le voulait.

Nous n'eûmes pas beaucoup de temps pour peser ce que nous avions à faire ; car le combat était à peine terminé, que des bruits étranges s'élevèrent du bois tout autour de nous.

Le cougar les avait sans doute également entendus, car il se leva tout-à-coup sur ses pattes et se mit à écouter d'un air alarmé. Il parut hésiter un moment sur ce qu'il avait à faire ; il tournait les yeux de côté et d'autre, puis fixait de nouveau la proie qu'il était en train de dévorer. Il eut cependant bientôt pris son parti ; et saisissant dans sa gueule le cou de la peccarie, il rejeta le corps sur son dos, et se prépara à s'éloigner.

Il n'avait fait encore que quelques pas, quand les bruits, qui croissaient toujours, semblèrent sortir de la lisière du bois ; presque au même instant plusieurs animaux s'élancèrent dans la clairière. C'était des peccaris ; il y en avait vingt ou trente. Le cri de la femelle qui venait d'être tuée les avait rassemblés ; ils s'approchaient de tous côtés au pas de course et avec des grognements épouvantables.

Ils s'étaient avancés entre les arbres et le cougar avant que celui-ci pût y arriver ; ils l'entourèrent en un clin d'œil. Ils formaient autour de lui un cercle menaçant, hérissé de défenses, et poussaient des cris effrayants.

Le cougar voyant que toute retraite serait impossible aussi longtemps qu'il serait embarrassé de sa victime, la laissa tomber à terre et s'élança sur celui de ses ennemis qui se trouvait en tête de la troupe ; il le renversa d'un coup de griffe. Mais il n'eut pas le temps de se tourner, il fut assailli de tous côtés, et nous vîmes bientôt son sang couler sous la dent des peccaris. La lutte devint terrible : le cougar tint un moment ses adversaires à distance ; un coup de patte les abattait, ou bien ses griffes et ses dents les mettaient en pièces ; mais toute la troupe commençait à le serrer de plus près.

Il nous sembla que le cougar cherchait simplement à s'ouvrir un passage pour s'échapper, mais les peccaris, aussi actifs que lui, le retenaient dans leur cercle et lui présentaient une barrière infranchissable de gueules béantes et de défenses acérées. Le cougar s'élança par deux ou trois fois en l'air comme pour sauter au-delà du cercle dans lequel il était prisonnier, mais les peccaris bondissaient en même temps que lui et l'arrêtaient dans son essor. Enfin, un effort suprême l'arracha du milieu de ses ennemis, et il s'élança rapidement pour s'enfuir; quelle ne fut pas notre terreur de le voir accourir vers l'arbre où nous étions perchés !

Ce fut avec un sentiment de désespoir que j'armai ma carabine ; mais avant que j'eusse seulement pu le coucher en joue il était passé comme un éclair et se tenait à vingt pieds au-dessus de notre tête, nous regardant d'un œil tout effaré. Il avait passé si près de nous, que ses griffes avaient effleuré mon bras, et que j'avais senti le souffle brûlant de son haleine sur ma figure !

Les peccaris s'étaient approchés du pied de l'arbre, et ne pouvant y grimper, ils restaient assemblés tout autour. On en voyait qui couraient en rond et levaient la tête en grognant ; d'autres déchiraient l'écorce à belles dents, et tous criaient à tue-tête. Frank et moi nous étions muets de terreur ; nous ne savions que faire. Nous avions au-dessus de nous le terrible cougar, dont les yeux nous dardaient des rayons de feu, et qui d'un bond pouvait nous atteindre. Au-dessous nous avions une troupe d'ennemis tout aussi terribles, car les peccaris nous auraient déchirés en un instant si nous eussions essayé de descendre. Nous étions donc placés dans un dilemme horrible, et je fus quelques instants avant de pouvoir prendre une résolution.

Je me dis enfin que le cougar était certainement le plus dangereux de nos ennemis. Les peccaris ne pouvaient nous nuire aussi longtemps que nous resterions dans l'arbre ; tandis que nous étions à la merci de l'autre, dans les branches comme à terre. Je me décidai donc à essayer de tuer le cougar.

Pendant tout ce temps cet animal était demeuré perché sur une branche élevée ; il est probable que sans la peur qu'il avait des peccaris il nous eût déjà attaqués ; mais il craignait en s'élançant sur nous de se précipiter avec nous au milieu de ses ennemis : il se tint donc coi sur sa branche. Je me doutais bien cependant qu'il n'hésiterait plus après le départ du troupeau qui faisait sentinelle au pied de l'arbre.

Frank était sans armes : il n'avait apporté que son arc et ses flèches, et les avait imprudemment laissés au pied de l'arbre, où les peccaris les avaient mis en pièces. Je le plaçai derrière moi, pour qu'il fût à l'abri du cougar dans le cas où, se sentant seulement blessé, l'animal viendrait à s'élancer sur nous. Tout cela fut fait en silence et aussi doucement que possible, pour ne pas effrayer le monstre, dont les yeux ne nous quittaient pas.

Aussitôt que je fus prêt, je mis ma carabine en position le plus adroitement que je pus : je m'appuyai contre une autre branche et visai droit à la tête du cougar ; c'était la seule partie de son corps que je pouvais voir. Je fis feu... La fumée m'aveugla pendant quelques instants, et je ne pus me rendre compte de l'effet que j'avais produit. J'entendis seulement un bruit semblable à celui d'un corps pesant tombant à travers le feuillage, puis la secousse de ce même corps arrivant au sol ; un instant après les cris des peccaris remplissaient l'air. Je regardai au-dessous de moi et je vis le cougar qui se débattait au milieu d'eux. Cela ne dura pas longtemps : quelques moments après ils le soulevaient sur leurs longues défenses, et la masse inerte retombait sur l'herbe rougie de son sang.

XL. — ASSIÉGÉS DANS UN ARBRE.

Je commençais à croire que nous étions hors de tout danger : nous ressentions, Frank et moi, ce bonheur que l'on éprouve quand on vient d'échapper à une mort presque certaine. Nous supposions que les peccaris allaient bientôt se disperser et retourner au couvert du bois, puisque leur ennemi n'était plus.

Notre joie ne fut pas de longue durée : leur vengeance ne sembla pas satisfaite par la mort du cougar, et ils continuèrent à se tenir autour de l'arbre, à ronger l'écorce et à grogner d'une voix menaçante en nous regardant. Il devenait évident qu'ils étaient décidés à nous mettre en pièces s'ils le pouvaient : c'était une étrange manière de nous remercier de leur avoir livré leur ennemi.

Nous étions sur les branches les plus basses, aussi pouvaient-ils nous voir distinctement : nous aurions pu monter plus haut; mais cela ne nous aurait guère servi, puisque les peccaris ne pouvaient-nous atteindre où nous étions. Ils finiraient cependant par nous faire périr de faim ou de soif s'ils continuaient à nous empêcher de descendre, et d'après ce que j'avais entendu raconter de ces animaux, je craignais qu'ils ne persistassent à nous assiéger.

Je crus d'abord qu'il valait mieux ne pas tirer sur eux; peut-être leur fureur se passera, pensais-je, et ils s'en iront. Nous grimpâmes donc un peu plus haut et nous nous cachâmes autant que nous le pûmes au milieu des branches moussues.

Après deux heures d'attente, je reconnus que cette précaution était inutile : les peccaris étaient devenus plus tranquilles, mais ils formaient encore une troupe nombreuse qui semblait décidée à continuer le siége. Il y en avait même plusieurs qui s'étaient couchés au pied de l'arbre; leur nombre ne semblait aucunement diminué.

L'impatience me gagnait : notre longue absence devait inquiéter ceux que nous avions laissés à la maison. Je craignais que Harry et Cudjo ne vinssent à notre rencontre, et que ne pouvant se réfugier assez vite sur un arbre ils ne tombassent sous les coups des peccaris. Je résolus donc de voir si un coup de fusil ou deux ne les feraient pas décamper.

En conséquence, je descendis jusqu'aux branches les plus basses pour être plus sûr de mon coup, et je commençai à tirer. Je choisissais chaque fois une victime et la visais au cœur. Je tirai cinq fois, et à tout coup j'abattais un peccari : mais au lieu d'intimider les autres, on eût dit que je leur inspirais plus d'énergie et de férocité : ils foulaient aux pieds les cadavres de leurs camarades et grognaient avec plus de fureur que jamais en s'élançant contre l'arbre comme pour y grimper.

Quand je voulus charger ma carabine pour la sixième fois, je fus consterné de voir que je n'avais plus qu'une balle. Je la mis dans le canon, je tirai de nouveau et j'étendis un autre peccari sur le gazon. Mais tout ce carnage était inutile; ces animaux semblaient mépriser la mort.

Ne voyant plus aucun moyen de les éloigner, je remontai dans les branches les plus élevées, où j'avais laissé Frank, et je pris place auprès de lui. Nous n'avions plus rien à faire qu'à attendre patiemment dans l'espoir que la nuit nous débarrasserait de nos assiégeants. Nous les entendions encore grogner au-dessous de nous et mordre de rage l'écorce du chêne, mais nous n'y faisions plus attention, nous nous en remettions à la Providence du soin de nous délivrer.

Il n'y avait que quelques instants que j'étais remonté, quand nous nous aperçûmes qu'il s'élevait autour de nous une fumée âcre et épaisse. Nous crûmes d'abord que cela provenait de la fusillade, mais comme elle augmentait à chaque instant, et que nous ne reconnaissions pas l'odeur de la poudre, nous cherchâmes ce que cela pouvait être. Cette fumée nous prenait à la gorge et nous attaquait les yeux; nous ne pouvions plus voir ni le sol ni les peccaris, nous ne distinguions qu'une fumée blanchâtre qui s'élevait tout autour de l'arbre. J'entendais encore le grognement de nos ennemis, mais il me semblait qu'ils se dispersaient et que leur cri n'était plus le même.

Il me vint tout-à-coup à l'idée que la bourre de ma carabine avait enflammé la mousse; nous la vîmes en effet brûler à grand feu quand la flamme eut quelque peu dissipé la fumée. Le foyer s'était concentré sur le point où nous avions amoncelé de grandes quantités de mousse.

Nous nous retirâmes sur les branches qui s'étendaient vers le côté opposé, et pour éviter la fumée nous allâmes aussi loin qu'elles purent nous porter. Il était à craindre que la flamme n'atteignît les longs flocons qui pendaient aux rameaux eux-mêmes, et que l'arbre prenant feu de tous côtés nous ne fussions forcés de sauter au milieu de nos ennemis. Nous avions heureusement dépouillé toutes les branches qui se trouvaient au-dessus du foyer, et les flammes ne s'élevaient pas encore assez haut pour atteindre les autres.

Quand nous nous fûmes retirés du tourbillon de fumée qui nous avait aveuglés un instant, nous vîmes les peccaris qui s'étaient retirés à une petite distance, et qui, pressés les uns contre les autres, paraissaient terrifiés par la vue du feu.

Cette fois, pensai-je, nous allons en être débarrassés : ils vont s'éloigner assez pour nous permettre de fuir à l'abri de la fumée.

Je me mis donc à étudier le terrain du côté où le vent poussait la fumée : je supposais avec raison qu'aucun peccari ne s'était retiré de ce côté, et je compris que si nous pouvions descendre sans être vus, nous aurions une chance de salut. Nous étions sur le point de nous aventurer sur les branches inférieures, quand je crus entendre des chiens aboyer au loin. Ce fut une nouvelle cause de terribles appréhensions.

C'étaient évidemment nos chiens, et nous savions que Harry et Cudjo devaient les suivre de près. La troupe de peccaris aurait bientôt déchiré nos pauvres bêtes, et Harry !... Harry allait peut-être aussi être dévoré ! Cette idée était horrible : Frank et moi nous nous arrêtâmes tout tremblants pour écouter... c'étaient bien les chiens ! Nous les entendions qui jappaient avec force, et à chaque instant leur voix devenait plus distincte. Un moment après nous pûmes distinguer des voix qui semblaient être celles des gens à la piste des chiens : ce ne pouvait être que Cudjo et Harry qui venaient à notre secours.

Je ne savais que faire. Devais-je les laisser approcher, et pendant que les chiens occuperaient les peccaris leur crier de se réfugier dans un arbre ? Le seul parti à prendre c'était de laisser Frank où il était, de m'élancer au travers de la fumée, de m'approcher de Harry et de Cudjo et de les avertir avant que les peccaris pussent arriver sur eux. Fort heureusement leurs voix venaient du côté le plus favorable, et je pourrais peut-être les atteindre sans être poursuivi.

Je n'hésitai plus : je donnai ma carabine à Frank, et tirant mon couteau, je me laissai tomber au milieu de la mousse enflammée. Je me mis à courir aussitôt que je fus à terre, et je n'avais pas fait cent pas que je vis les chiens et un moment après Cudjo et Harry. Mais en jetant un coup d'œil derrière moi je vis aussi que toute la bande de peccaris me poursuivait. J'eus à peine le temps de crier à Harry et à Cudjo de grimper à un arbre, et m'élançant à une branche je quittai terre au moment où ils arrivaient auprès de moi. Harry et son compagnon me voyant sauter dans un arbre, et apercevant la troupe d'animaux qui accourait sur eux, se hâtèrent de m'imiter, et je les vis bientôt en sûreté dans les branches. Les chiens s'étaient élancés pour attaquer les peccaris ; mais ils ne combattirent pas longtemps, car les défenses terribles de ces animaux les firent revenir en criant vers l'arbre où Harry et Cudjo s'étaient réfugiés. Heureusement qu'il se trouvait des branches très basses, sur lesquelles Cudjo les aida à monter : autrement les pauvres bêtes auraient bientôt éprouvé le sort du cougar, car les peccaris, excités par leur attaque, les poursuivirent avec furie et entourèrent l'arbre dans lequel ils étaient grimpés.

J'étais seul dans mon arbre. Je ne pouvais voir ni Harry, ni Cudjo, ni les chiens, mais j'apercevais le troupeau noir qui les assiégeait et j'entendais tout ce qui se passait, le cri des chiens, la voix de Harry et de Cudjo, et le grognement des peccaris, ce qui faisait un concert des plus effrayants. Puis ce fut la détonation de la carabine de Harry et je vis un des peccaris tomber sur le côté. Cudjo poussait de grands cris et je pouvais apercevoir aussi sa longue lance descendant de temps en temps parmi la troupe d'ennemis qui l'entourait : elle était teinte de sang, et un grand nombre d'animaux était tombé sous ses coups. Puis un second coup de feu, les chiens aboyèrent de nouveau, et Cudjo cria plus fort que jamais en manœuvrant toujours sa longue lance. Le combat dura quelques minutes, nombre de peccaris étaient étendus au pied de l'arbre. Il n'y en avait plus que quelques-uns qui ne fussent pas blessés, ils parurent enfin s'alarmer du carnage de leurs compagnons, et, s'éloignant de l'arbre, ils s'enfuirent sous les broussailles d'alentour. Ils étaient vaincus et ne revinrent pas nous attaquer : nous descendîmes donc de nos arbres et prîmes à la hâte le chemin de la maison pour mettre un terme à l'anxiété de ma femme.

Quoique nous ayons depuis rencontré assez fréquemment des peccaris dans nos parties de chasse et que nous soyons même parvenu à nous emparer de quelques petits, ils n'essayèrent plus à nous attaquer; ils ne songeaient qu'à fuir. Il est dans le caractère de cet animal de combattre bravement jusqu'à ce qu'il soit vaincu : plus tard, quand il rencontre son vainqueur, il s'enfuit sans combat. Il paraît qu'il n'y avait qu'une bande de peccaris dans la vallée et nous l'avions presque détruite, car ils parurent moins nombreux et beaucoup plus craintifs.

Le lendemain nous revînmes bien armés pour emmener notre opossum et ses petits, car le combat nous l'avait fait oublier complètement. Nous ne fûmes pas peu surpris de voir qu'elle avait rongé et coupé ses liens et qu'elle était disparue avec toute sa portée.

XLI. — APPRIVOISEMENT DES ÉLANS.

Nous fîmes une double récolte de blé dans le cours de cette année : deux mois après les semailles le grain était mûr. Quand nous rentrâmes notre seconde récolte, nous en avions vingt charges de notre voiture : c'était autant qu'il nous en fallait pour notre provision d'un an, tant pour nous que pour nos bêtes.

Notre seconde année se passa à peu près comme la première : nous récoltâmes une grande quantité de sucre au printemps et nous semâmes beaucoup de grain. Notre collection d'animaux s'augmenta de diverses espèces de daims et d'antilopes; entre autres animaux que nous prîmes, se trouvait une louve avec une nombreuse portée. La férocité de la mère nous força de la tuer, mais nous gardâmes les petits et nous les élevâmes. Ils devinrent aussi obéissants que nos chiens, avec lesquels ils fraternisaient comme s'ils eussent été de la même race.

Il nous arriva plusieurs aventures dans le courant de l'hiver et de l'été.

Vers la fin de la troisième année, le nombre de nos castors s'était grandement multiplié : nous pensâmes qu'il était temps d'en prendre quelques-uns et de commencer notre provision de fourrures. Ils étaient devenus si apprivoisés qu'ils venaient chercher les provisions que nous leur offrions. Il nous fut donc très facile de prendre ceux que nous voulions tuer, sans alarmer les autres Nous avions creusé une sorte de petit bassin auprès du lac, avec lequel il communiquait au moyen d'une écluse. C'était là que nous leur apportions à manger, et quand nous y jetions des racines de sassafras des marais ils s'approchaient en grand nombre; nous n'avions qu'à fermer l'écluse pour les prendre à notre aise. Tout cela se faisait sans bruit ; et comme ceux que nous prenions ne retournaient pas raconter leur mésaventure aux autres, et que l'écluse était ouverte à tout autre moment, les survivants, malgré toute leur sagacité, ne surent jamais ce qu'étaient devenus leurs compagnons et ne semblèrent pas soupçonner de trahison, nous restâmes donc toujours bons amis.

Notre première campagne nous produisit de onze à douze mille francs de fourrures et environ douze cents francs de *castoreum*. La seconde année nous obtîmes encore plus de peaux, nous estimâmes le produit de la saison à vingt-cinq mille francs. Comme nous avions besoin d'une cabane pour y sécher et y conserver nos pelleteries, nous en construisîmes une seconde : c'est celle que nous habitons aujourd'hui. L'ancienne devint notre magasin.

Le produit de la troisième campagne égala celui de la seconde, et les résultats de la quatrième et de la cinquième ne furent pas moindres ; de sorte que nous avons maintenant de cent douze à cent quinze mille francs de peaux et de castoreum. Nous avons en outre tous les castors de la chaussée, que nous pouvons prendre à chaque instant, et qui nous produiraient environ soixante mille francs : nous sommes donc riches en ce moment d'environ cent soixante quinze mille francs.

Comme vous le voyez, mes amis, nous avons vérifié la prophétie de ma femme et nous avons fait notre fortune dans le Désert.

Mais quand nous eûmes commencé à rassembler tous ces éléments de richesse, nos idées prirent un autre cours, et nous nous demandâmes comment nous réaliserions notre fortune.

C'était là une difficulté qu'il nous était difficile de surmonter, si nous n'avions pas de marché où nous pussions vendre nos pelleteries. En effet, elles ne nous étaient pas plus utiles que ne le serait un sac d'or à un homme mourant de faim dans le désert. Nous avions, il est vrai, en abondance toutes les choses nécessaires à la vie, mais nous étions comme emprisonnés dans notre petite oasis. Nous étions, en un mot, comme un matelot jeté dans une île déserte, d'où la mer l'empêche de sortir.

Nous avions réduit à la domesticité un assez grand nombre d'animaux, mais excepté Pompo nous n'avions aucune bête de somme. Encore le pauvre animal commençait à prendre de l'âge, et quand nous serions prêts à quitter la vallée Pompo serait encore plus vieux : à peine pourrait-il se traîner. Il ne fallait donc pas compter sur lui pour sortir du Désert une famille assez nombreuse et une provision de plusieurs milliers de peaux de castor.

Quoique nous fussions toujours heureux, car nous étions toujours occupés, ces pensées venaient parfois nous troubler et nous causer beaucoup d'anxiété.

Si Marie et moi eussions été seuls, nous serions volontiers restés où nous étions, nous nous serions trouvés contents d'y mourir en paix. Mais nous avions des enfants, et nous devions penser à leur éducation. Nous ne pouvions nous accoutumer à l'idée de les laisser à toujours en dehors du monde, et de les condamner à mener une vie aussi primitive que celle que nous imposaient les circonstances.

Je proposai à ma femme de partir avec Pompo et de tâcher de gagner les établissements du Nouveau-Mexique, où j'aurais pu me procurer des mules, des chevaux ou des bœufs. Je les aurais amenés à notre vallée et nous les aurions gardés jusqu'à ce que nous jugions à propos de sortir du Désert.

Mais Marie ne voulut pas en entendre parler et ne consentit jamais à me laisser partir : peut-être ne nous reverrions-nous jamais, disait-elle.

En y réfléchissant bien depuis, je reconnus que ce voyage était impossible. Car en supposant que j'aie pu traverser le Désert, où aurais-je trouvé l'argent nécessaire pour acheter les animaux dont j'avais besoin? Je n'en avais seulement pas assez pour acheter un bœuf ou un âne ; les gens du Nouveau-Mexique se seraient moqués de mes prétentions.

— Prenons patience, me disait ma femme, nous sommes heureux ici ; quand le moment viendra où nous serons prêts à partir, Celui qui nous y a amenés nous en fera sortir heureusement.

C'était ainsi que ma bonne et digne femme résumait toujours notre conversation sur ce sujet.

Un jour, il y avait déjà quatre ans que nous étions dans la vallée, nous avions beaucoup causé de ces projets, Marie venait d'exprimer encore une fois sa ferme confiance dans la protection de la Providence, quand notre conversation fut soudainement interrompue par Harry, qui accourait tout essoufflé et l'air tout joyeux :

— Papa ! maman ! s'écria-t-il, deux élans !... deux jeunes élans... pris dans la fosse ! Cudjo les apporte dans la voiture. Ce sont deux élans magnifiques, presque aussi gros que des veaux d'un an !

Il n'y avait rien de bien nouveau ni de bien extraordinaire dans la nouvelle que venait nous annoncer Harry. Nous avions déjà pris des élans dans la fosse et nous en avions plusieurs dans notre parc... mais ils étaient tous vieux. Ce qui avait causé tant de joie à Harry, c'est que ces deux nouveaux captifs étaient tout jeunes.

Cela ne me frappa pas immédiatement, mais j'allai cependant avec Marie et les petites filles voir les deux prisonniers. Pendant que Cudjo, Frank et Harry les mettaient dans le parc, je me rappelai tout-à-coup avoir lu quelque part que le grand élan d'Amérique peut être apprivoisé et employé à traîner ou à porter des fardeaux.

Je n'ai pas besoin de vous dire, mes amis, que ce souvenir me suggéra une foule d'idées. Pourrions-nous parvenir à atteler les élans? Pourraient-ils nous traîner hors du Désert?

Je ne fus pas long à communiquer ces pensées à ma femme. Elle se souvint aussi de cette circonstance ; bien plus, elle avait vu un élan attelé dans une ménagerie de Londres. La chose était donc faisable : nous résolûmes d'essayer tous les moyens pour parvenir à les apprivoiser.

Je ne vous fatiguerai pas, mes amis, de tous ces détails : nous réussîmes à les accoutumer à porter le joug. Personne ne savait mieux que Cudjo comment dresser une couple de bœufs à la charrue, et quand les élans furent assez grands, il les attela à sa charrue et les fit labourer plusieurs acres de terre. Pendant l'hiver Cudjo leur fit traîner de grandes charretées de bois à brûler, et ils ne tardèrent pas à être aussi accoutumés à la charrue ou à la voiture que des bœufs ou des chevaux.

XLII. — LES CHEVAUX SAUVAGES.

Nous avions obtenu un résultat merveilleux : nous n'avions plus qu'à élever un nombre suffisant d'élans. Nous attrapâmes plusieurs faons, et Cudjo les dressa comme les premiers.

Il nous arriva vers le même temps encore une aventure qui vérifiait la prédiction de ma femme et nous prouvait que la main de la Providence ne nous abandonnerait pas.

Nous nous éveillâmes tous un matin, un peu après le lever du soleil, nous étions saisis de frayeur ; il se faisait un grand bruit autour de notre maison. C'était comme un piétinement. Nous reconnûmes bientôt que c'était une troupe de chevaux ; ils hennissaient d'ailleurs en réponse à Pompo, qui était enfermé dans son écurie. Nous pensions qu'il y en avait au moins une demi-douzaine.

— Les Indiens! nous écriâmes-nous.

Nous nous crûmes perdus. Notre première idée fut de sauter sur nos armes : Harry, Frank et moi nous saisîmes nos carabines, tandis que Cudjo prenait sa lance. J'ouvris une croisée et je regardai au-dehors.

Il y avait des chevaux, mais je ne voyais pas de cavaliers. J'en comptai près d'une douzaine : de blancs, de noirs, de rouges, de tachetés, de marqués comme des chiens! Ils couraient çà et là, hennissant, se cabrant les uns contre les autres, et fouettant l'air de leurs longues et ondoyantes queues. Ils ne portaient ni bride ni selle, n'avaient rien qui pût indiquer que la main de l'homme les eût jamais touchés. Je reconnus immédiatement ces animaux : c'étaient des *mustangs*, des chevaux sauvages du Désert !

Nous eûmes bientôt pris une résolution. Il était évident qu'ils étaient venus des plaines de l'Est en remontant la rivière, et que voyant la vallée, ils avaient été tentés d'y entrer. Nous résolûmes donc de les empêcher d'en sortir.

Le seul moyen d'atteindre ce but était de fermer le passage par lequel ils étaient entrés, et de le faire sans les effrayer. Ils étaient à se jouer devant la maison, et nous ne pouvions ouvrir la porte sans nous montrer : nous craignions qu'à notre vue ils ne partissent au grand galop et ne disparussent pour toujours. Nous savions qu'ils ne nous laisseraient pas approcher d'eux : car nous en avions vu plusieurs troupes en traversant le Désert, et ces animaux défiants n'avaient jamais laissé nos chasseurs les approcher à moins d'un mille.

Il est assez curieux que le cheval, qui semble être le compagnon naturel de l'homme, ait plus peur de sa puissance et soit plus difficile à attraper que toute autre bête quand une fois il est sorti de captivité et qu'il a regagné sa liberté. Je n'ai jamais rencontré une troupe de chevaux sauvages sans penser qu'il devait y avoir dans le nombre quelque vieux fugitif qui disait aux autres comment on le traitait et qui leur conseillait de se bien garder de nous laisser approcher.

Il est certain que dans l'état de nature le cheval est le plus sauvage de tous les animaux.

Comment faire pour nous rendre maîtres de ce troupeau ? Cela fut bientôt décidé : je dis à Cudjo de prendre la hache et de me suivre ; et sortant par la croisée de derrière, nous nous traînâmes, hors la vue des chevaux, entre l'écurie et le magasin, et nous entrâmes bientôt dans le bois. Nous en suivîmes toute la lisière jusqu'au point où la route sort de la vallée : là Cudjo se mit joyeusement à l'œuvre, et en une demi-heure il avait abattu à travers le chemin un arbre qui le fermait complètement. Nous eûmes soin de le barricader de manière qu'un cheval sans ailes ne pût franchir l'obstacle que nous venions de créer. Il nous importait fort peu ensuite que les chevaux nous vissent ou non ; nous revînmes donc à la maison par le plus court chemin. Aussitôt que les mustangs nous aperçurent, ils partirent au grand galop dans le bois ; mais nous ne nous en inquiétâmes pas, nous savions que nous pourrions les retrouver.

Pompo fut sellé et bridé; nous fîmes un *lasso* de courroies de cuir, et en moins de trois jours toute la *caballada* de chevaux sauvages, il y en avait onze, était logée dans notre parc.

Maintenant, mes amis, je crains de vous avoir fatigués en vous racontant toutes ces aventures; je pourrais vous en narrer beaucoup d'autres, et je le ferai peut-être un jour. Ainsi je pourrais dire comment nous avons attrapé et apprivoisé le mouton sauvage et l'antilope, comment nous avons pris de jeunes buffalos, et comment nous les avons réduits à l'état domestique, de sorte qu'aujourd'hui nous avons du lait, du beurre et du fromage. Je pourrais encore vous raconter comment nous avons élevé les petits du cougar et de l'ours noir, comment les oies sauvages, les cygnes, les grues et les pélicans sont venus à notre lac et se sont accoutumés à y rester; puis je vous dirais les voyages que Cudjo et moi nous avons fait à cheval, à travers le Désert jusqu'au camp du Deuil, comme nous appelons l'endroit où notre caravane a été surprise et nos amis massacrés : nous y prîmes deux des meilleurs chariots, nous retirâmes la poudre qui était dans les bombes, et nous revînmes ici avec beaucoup d'objets utiles. J'aurais encore à vous retracer des rencontres avec des loups et des wolverenes, des panthères et des peccaris, des porcs-épics et des opossums; mais je m'arrête, car vous êtes probablement fatigués de tout ce que vous avez déjà entendu.

Voilà bientôt dix ans que nous sommes arrivés dans cette oasis : pendant tout ce temps le contentement et le bonheur l'ont habitée avec nous. Dieu a favorisé nos efforts et les a couronnés de succès. Mais nos enfants sont devenus presque sauvages, vous le voyez, ils n'ont reçu d'autres leçons que celles que nous avons pu leur donner nous-mêmes; aussi nous désirons à cause d'eux retourner dans le monde civilisé.

Nous avions l'intention de faire le voyage de Saint-Louis quand viendra le printemps : nous avons préparé tout ce qu'il nous faut, nos chariots, nos chevaux, nos pelleteries, il ne nous manque plus que celles que nous prendrons l'hiver prochain. Je ne sais si nous reviendrons jamais dans cette jolie vallée; mais son souvenir nous sera toujours cher. Notre retour dépendra de circonstances que nous ne pouvons prévoir en ce moment. Avant de partir cependant, nous abattrons toutes nos barrières et nous donnerons la liberté à tous nos captifs, afin qu'ils retournent vivre libres comme autrefois.

Et maintenant, mes amis, je n'ai plus qu'une prière à vous adresser. La saison est avancée : vous avez perdu votre chemin, et vous savez tous combien il est dangereux de traverser la Prairie pendant la saison d'hiver. Restez avec moi jusqu'au printemps, nous partirons tous ensemble. L'hiver ne sera pas long, et je tâcherai de vous le faire paraître encore plus court. Je vous promets des chasses merveilleuses, et quand la saison sera venue nous aurons une battue générale de castors. Voyons ! qu'en dites-vous ? Voulez-vous rester ?

Est-il besoin de vous dire, chers lecteurs, que nous acceptâmes avec empressement ! Notre ami Macknight était tout porté à rester à cause de Loïsa, et quant à nous, nous étions effrayés des dangers que nous aurions à courir, si nous cherchions à traverser les grandes plaines du Désert pendant l'hiver. Nous savions que Rolfe avait raison de nous prédire un hiver court : il n'est jamais long dans cette latitude, et nous ne devions pas perdre beaucoup de temps à attendre le retour de la belle saison. L'étrange genre de vie avec lequel nous allions faire connaissance nous semblait plein de charmes, et nous consentîmes à rester.

Suivant la promesse de Rolfe, nous eûmes des chasses magnifiques : nous ne prîmes pas moins de deux mille castors dans une grande battue.

Quand le printemps revint, nous pensâmes à nous mettre en route. Trois chariots furent préparés : il y en avait deux chargés de pelleteries et de castoréum, le troisième portait la femme de Rolfe et les deux petites filles ; Rolfe et ses fils étaient à cheval. Les palissades du parc furent abattues, les volières furent ouvertes, et quand on eut distribué une provision de nourriture aux bêtes apprivoisées on les laissa en liberté, puis nous quittâmes la vallée.

Nous allâmes vers le nord chercher l'ancien chemin, et aussitôt que nous l'eûmes atteint nous prîmes la direction de Saint-Louis. Nous y arrivâmes dans le mois de mai, et bientôt après Rolfe vendit ses fourrures pour une grosse somme d'argent.

Ces événements ont eu lieu il y a déjà plusieurs années ; pendant longtemps l'auteur de ce petit volume, qui demeurait dans un pays éloigné, n'eut aucune nouvelle de Rolfe et de sa famille. Mais ces jours derniers j'ai reçu une lettre qu'il venait de m'écrire ; elle m'apprend que lui et toute sa famille sont pleins de santé et de vigueur. Frank et Harry viennent de finir leurs études ; ce sont des hommes accomplis et pleins de savoir. Marie et Loïsa, car Loïsa était encore de la famille, venaient de sortir de pension.

La lettre de Rolfe contenait encore d'autres nouvelles très intéressantes : il était question de quatre mariages. Harry allait épouser la petite sœur brune Loïsa, Frank avait pris ses arrangements avec une jolie personne, fille d'un planteur du Missouri, et la blonde Marie aux yeux bleus avait enchaîné le cœur d'un jeune marchand de la Prairie, un de ceux qui avaient passé l'hiver avec nous dans l'oasis, et qui s'était montré plein d'attention pour elle pendant tout le voyage. Mais quel était le quatrième couple? Cudjo avait trouvé quelque part une beauté brune que sa teinte noire n'avait pas effrayée.

Rolfe m'annonçait en outre qu'aussitôt les mariages conclus, il était décidé à retourner dans la vallée. Ils y allaient tous ensemble, Macknight et les nouveaux mariés. Ils devaient emmener avec eux un grand nombre de chariots, des chevaux, du bétail, des outils d'agriculture, et voulaient former là une colonie permanente.

La lettre respirait l'espérance ; en la lisant, je pensai aux jours heureux que j'avais passés avec ces braves gens, et je ne pus m'empêcher de remercier le sort qui m'avait fait connaître la maison du Désert.

FIN.

TABLE.

FIN DE LA TABLE.

LIMOGES ET ISLE. — Typographies EUGÈNE ARDANT et C. THIBAUT.

www.ingramcontent.com/pod-product-compliance
Ingram Content Group UK Ltd.
Pitfield, Milton Keynes, MK11 3LW, UK
UKHW031841260826
14628UKWH00002B/522

9 782019 175573